Special Thanks to

세상이 아무리 바쁘게 돌아가더라도
책까지 아무렇게나 빨리 만들 수는 없습니다.

길벗은 독자 여러분이
가장 쉽게, 가장 빨리 배울 수 있는 책을
한 권 한 권 정성을 다해 만들겠습니다.

독자의 1초를 아껴주는 정성을
만나보세요.

홈페이지의 '독자광장'에서 책을 함께 만들 수 있습니다.

㈜ 도서출판 길벗 www.gilbut.co.kr
길벗이지톡 www.eztok.co.kr
길벗스쿨 www.gilbutschool.co.kr

독자 지원 센터

책을 읽다가 막히는 부분이 있나요?

책을 읽다가 막히는 부분이 있으면, 길벗출판사 홈페이지의 '자료검색/내용문의/요청하기' 게시판에 질문을 올려보세요. 길벗출판사 직원들과 저자가 친절하게 답변해 드립니다.

1단계 길벗출판사 홈페이지(www.gilbut.co.kr)로 찾아오세요.

2단계 '자료검색/내용문의/요청하기' 게시판을 이용하려면, 길벗출판사 홈페이지의 회원으로 가입해야 합니다. '회원가입'을 클릭해 무료 회원으로 가입한 후 회원 ID와 비밀번호를 입력해 로그인하세요.

3단계 '독자지원/자료실 → 자료/문의/요청' 메뉴를 클릭해 게시판을 열고, 도서 검색에서 "모두의 일러스트레이터"을 입력한 다음 〈검색〉 버튼을 클릭하세요.

베타테스터가 되고 싶어요

여러분도 길벗의 베타테스트에 참여해 보세요!

길벗출판사는 독자의 소리와 평가를 바탕으로 더 나은 책을 만들려고 합니다. 원고를 미리 따라 해보면서 잘못된 부분은 없는지, 더 쉬운 방법은 없는지 길벗과 함께 책을 만들어 보면서 여러분의 소중한 의견을 전달해 주세요.

1단계 길벗출판사 홈페이지(www.gilbut.co.kr)로 찾아오세요.

2단계 '독자광장 → 베타테스터' 게시판을 이용하려면, 길벗출판사 홈페이지의 회원으로 가입해야 합니다. '회원가입'을 클릭해 무료 회원으로 가입한 후 회원 ID와 비밀번호를 입력해 로그인하세요.

3단계 '독자광장 → 베타테스터' 메뉴를 클릭해 게시판을 열고, 원하는 도서를 선택한 후 신청하세요.

즐거운 디자인 경험

TOOLS

TEXT

GLUE

CREATIVITY

모두의
일러스트레이터

하루 30분, 핵심만 콕! 집어 예제로 배운다

김은혜(뽀얀) 지음

길벗

모두의 일러스트레이터
ILLUSTRATOR FOR EVERYONE

초판 발행 · 2017년 11월 30일
초판 3쇄 발행 · 2021년 4월 12일

지은이 · 김은혜(뽀얀)
발행인 · 이종원
발행처 · (주)도서출판 길벗
출판사 등록일 · 1990년 12월 24일
주소 · 서울시 마포구 월드컵로 10길 56(서교동)
대표 전화 · 02)332-0931 | **팩스** · 02)322-0586
홈페이지 · www.gilbut.co.kr | **이메일** · gilbut@gilbut.co.kr

기획 및 책임편집 · 최근혜(kookoo1223@gilbut.co.kr) | **감수** · 조서희
표지 디자인 · 배진웅, 박상희 | **본문 디자인** · 박상희 | **전산편집** · 김보경
제작 · 이준호, 손일순, 이진혁 | **영업마케팅** · 임태호, 전선하, 차명환 | **웹마케팅** · 조승모, 지하영
영업관리 · 김명자 | **독자지원** · 송혜란, 윤정아

CTP 출력 및 인쇄 · 상지사피앤비 | **제본** · 상지사피앤비 | **CD 제작** · 멀티미디어테크

ISBN 979-11-6050-310-4 03000
(길벗 도서번호 006932)

가격 18,000원

독자의 1초까지 아껴주는 정성 **길벗출판사**
길벗 | IT실용서, IT/일반 수험서, IT전문서, 경제실용서, 취미실용서, 건강실용서, 자녀교육서
더퀘스트 | 인문교양서, 비즈니스서
길벗이지톡 | 어학단행본, 어학수험서
길벗스쿨 | 국어학습서, 수학학습서, 유아학습서, 어학학습서, 어린이교양서, 교과서
페이스북 · www.facebook.com/gilbutzigy
네이버 포스트 · post.naver.com/gilbutzigy

금손으로 가는 지름길!
모두의 일러스트레이터가 도와 드립니다.

●

자신을 닮은 캐릭터를 펜 툴로 그려오는 과제를 받았던 대학교 2학년 시절. 일러스트레이터 프로그램을 한 번도 사용해본 적이 없어 얼마나 겁을 먹었던지요. 도서관에서 책을 여러 권 빌려와 책상 위에 두고 일러스트레이터와 씨름했던 그날을 생생하게 기억합니다. 생각해보면 처음이 어렵지 조금씩 반복해서 공부하다보면 익숙해질 때가 옵니다. 운동도 꾸준히 해야 몸에 근육이 붙고 단련되는 것처럼 반복하면 쉬워지고 변화는 일어납니다.

모두의 일러스트레이터. 이 책을 쓸 때 독자에게 큰 힘이 되도록 꼼꼼히 집필하려고 노력했습니다. 배우려는 자의 마음을 알기에 가능한 쉽게 풀어내려 했고, 실무에서 바로 써먹을 수 있는 다양한 예제들을 기획하는데 많은 시간을 들였습니다. 툴을 배우고도 디자인하는 방법을 모르는 이유는 백과사전식 습득 요인이 큽니다. 모든 기능을 익히려는 매뉴얼 사고를 버리고 배우고 싶은 예제 위주로 공부해보세요.

이 책은 전반부에 필수로 알아야 할 주요 기능을 소개하고 후반부에 주요 기능이 사용된 예제를 따라 해보는 학습법을 제시합니다. 최소한 이 책에서 소개하는 방법들 중 몇 개라도 완전히 익힌다면 원하는 작업을 표현하는 데 큰 도움이 되리라 생각합니다. 실력 있는 디자이너가 되기 위해서 새로운 기능을 익히고 실무에 적용해보려는 자세를 갖는 것이 중요합니다. 새로운 것을 배우면 자신의 장점이 확대되고 창의력을 자극하는 기회들이 자연스럽게 생겨나기 마련입니다.

이 책을 독자 여러분과 함께 나눌 수 있는 인연에 감사합니다. 책이 나올 수 있도록 도와주신 길벗 관계자분들과 사랑하는 가족과 친구들, 주위의 모든 분들께 고마움을 전합니다. 저의 그림을 좋아해 주시는 분들께도 감사의 마음을 전합니다. 더욱더 노력하는 작가가 되겠습니다.

마지막으로 이 책이 일러스트레이터를 배우는 탐험의 길에 즐겁고 설레는 동반자, 창의력의 날개가 되길 바랍니다.

화이팅!

지은이 뽀얀(김은혜)

일러스트레이터를 꿈꾸는 분들에게

●

일러스트레이터는 어떤 일을 하나요?

일러스트를 그리는 일러스트레이터(Illustrator)를 사전에서 찾으면 '삽화가'라고 나옵니다. 과거 일러스트레이터는 주제를 형상화하여 삽화를 그리는 인쇄 쪽 활동이 주를 이뤘지만 현대에 와서는 인쇄뿐만 아니라 순수예술, 영상, 광고, 웹, 애니메이션, 게임, 패션, 음반, 제품 그 어떤 분야도 상관없이 경계를 넘나들고 있습니다. 일러스트는 상업성 또는 목적성을 띈 그림이기 때문에 클라이언트가 요구한 그림의 정확한 용도를 파악하는 것이 중요합니다. 그림의 사용 목적을 이해했으면 그림을 자유롭게 변형하고 가공하는 것에 익숙해지고 편집, 인쇄에 관한 지식도 숙지하고 있으면 좋습니다.

▲ 책 표지

▲ 동화책 – 빨간모자

어떻게 하면 일러스트레이터가 될 수 있나요?

회사 VS 프리랜서

어느 회사에 소속되지 않고 혼자 개인으로 일하는 1인 사업가를 '프리랜서'라고 합니다. 요즘은 일러스트레이터를 위한 좋은 책들이 많이 나와 있고 자신을 홍보할 수 있는 매체가 다양해져 사회 초년생이 직장에 다니지 않고 바로 프리랜서로 활동하는 경우가 많습니다. 디자이너라면 계속 회사를 다닐지, 프리랜서로 독립할지 고민하는 갈등의 시기가 있을 거라 생각합니다. 결혼과 출산을 이유로 다니던 회사를 그만둬야 하는 경우 프리랜서로 독립하고 싶은 갈망이 커질 수 있습니다. 어떤 길을 선택해도 장단점이 있기 때문에 둘의 차이를 알아보고 깊이 있게 고민해봐야 합니다. 회사에 속한 디자이너는 규칙적인 생활, 각종 복지 혜택, 안정된 수입, 보너스가 보장되고 인맥을 쌓을 수 있습니다. 하지만 하고 싶은 디자인을 할 수 없고 작업물 모두 회사 소유가 된다는 단점이 있습니다. 반복되는 일상에서 찾아 오는 슬럼프와 마음대로 휴가를 쓸 수 없다는 점도 단점입니다. 반면 프리랜서는 홍보, 스케줄 관리, 디자인 작업, 행정 업무, 세금 업무 등 여러가지 일을 혼자 해야하는 어려움이 있습니다. 일이 규칙적이지 않을 때 재정 문제로 고민하게 되고, 사람들을 만날 기회가 적어 인간 관계가 고립될 수 있습니다. 하지만 자유로운 생활이 보장되고 언제든지 여행을 떠날 수 있는 장점이 있습니다. 저는 2년 정도 문구 회사에 다니다 1년 정도 영화 수입사에서 애니메이션 배경 감독일을 했습니다. 둘 다 경험해본 결과 "가능하다면 둘 다 해보라!"고 말하고 싶습니다. 회사 생활은 업무의 흐름을 배우고 조직 생활을 하는데 밑거름이 되고 프리랜서로 독립했을 때 그림 일을 소개 받을 수 있는 연결고리가 될 수 있습니다. 프리랜서 생활은 큰 자유가 보장되지만 혼자 그림을 그리고 혼자 밥을 먹고 혼자 휴식 시간을 보냅니다. 점심시간 동료들과 함께 식사하며 웃고 대화하는 회사원들의 모습이 부러울 때가 많습니다. 하나를 얻으면 하나를 포기해야 하기에 어떤 길이든 쉬운 길은 아닙니다. 마음 단단히 먹고 자신이 선택한 길을 열심히 달려간다면 그 안에서 즐거움을 찾을 수 있을 거라 믿습니다.

▲ 사보 – 현대 모터스 라인 / 앤써맘

▲ 에세이 책 – 오늘도, 골든 땡큐

뽀얀 작가님은 어떻게 일러스트레이터가 되었나요?

일러스트레이터를 하려면 뭐부터 해야 하나요? 어떻게 일 의뢰를 받나요? 어떻게 일러스트레이터가 되었나요? 요즘에도 많이 받는 질문입니다. 저는 중학교 시절부터 연습장에 '일러스트레이터 뽀얀'이라고 적고 다닐 만큼 그림작가가 되는 게 꿈이었습니다. 대학교 시절 포토샵과 일러스트레이터 프로그램을 처음으로 접하고 디지털 일러스트레이션 세계에 빠져들었고 틈틈이 홈페이지와 블로그에 그림을 올렸습니다. 그림을 본 디자인 회사에서 일을 외뢰하였고 이때 처음으로 화료를 받아 그림을 그리는 일러스트레이션 업무를 경험할 수 있었습니다. 졸업반이 되어서는 통장에 있는 돈을 몽땅 털어 〈별자리〉 작품으로 개인전을 열었습니다. 앞으로의 생활이 좀 걱정되기도 했지만 전시가 잡지에 소개되면서 그림이 점차 알려지기 시작했고 다양한 그림 의뢰가 들어왔습니다. 손맛 나는 디지털 일러스트레이션에 관한 튜토리얼을 잡지에 연재할 기회가 생기고 포토샵 메뉴얼 책을 쓸 기회와 강의할 기회도 생겼습니다.

▲ 패키지 콜라보레이션 – 아름드레

▲ 팬시용품 콜라보레이션 – 아르디움

▲ 아트상품 판매 – L자 홀더, 공책

홍보하기

아무리 멋진 작업물을 만들어도 그것을 많은 사람들 앞에 보여주지 않는다면 의미가 없습니다. 그림이 쓰이고 싶은 분야에 우선적으로 맞춰 포트폴리오를 만들어 놓은 뒤 온라인에 포트폴리오를 개시하여 자신의 작품을 적극적으로 홍보하세요. 그림 실력이 좋다고 다양한 그림체를 보여주는 것보다는 하나의 그림체로 통일된 느낌을 주는 것이 좋습니다. 개인 SNS는 물론 아래 사이트에 가입하여 자신의 작품을 꾸준히 올리는 것을 추천합니다.

작품 홍보 사이트

산그림 ▶ www.picturebook-illust.com | 그라폴리오 ▶ www.grafolio.net | 노트폴리오 ▶ www.notefolio.net
비핸스 ▶ www.behance.net | 핀터레스트 ▶ www.pinterest.com

어떻게 하면 그림을 잘 그릴 수 있고, 나만의 그림 스타일을 찾을 수 있나요?

그림을 잘 그리기 위해서 많은 연습이 뒤따라야겠지만 어떤 마음가짐을 갖느냐가 중요합니다. 목표점에 빨리 도달하려고 하기보다 그림을 '일'이 아닌 '즐거운 놀이'로 생각하고 꾸준히 한발짝씩 나아갔으면 좋겠습니다. 그림 소재는 주변에서 찾아봅니다. 자신이 잘 알고 있는 소재는 평소 충분한 관찰이 이루어졌기 때문에 형태를 잡기 수월합니다. 친숙한 소재를 먼저 그리다가 낯선 소재로 눈을 돌려 그려보고, 이전 작업과 현재 작업을 비교하여 드로잉 실력을 점검해보면 좋습니다. 나만의 그림 스타일을 찾는 것은 일러스트레이터에게 가장 중요한 일이고 능력입니다. 클라이언트의 시선을 사로잡는 그림 스타일은 여러 유형이 있습니다. 희소가치가 있는 개성 있는 그림체, 아동 출판물에 자주 쓰이는 귀여운 그림체, 특정 분야의 전문성을 갖춘 그림체 등 그림체는 곧 자신의 무기가 됩니다. 내가 좋아하는 취향과 성향은 그림에 자연스럽게 담깁니다. '내가 좋아하는 것 Top 10' 목록을 만든 뒤 그것만 자신 있게 그려나가도 나만의 색이 확실하게 생깁니다. 여러 경험을 쌓는 것도 도움이 됩니다. 전시, 책, 음악, 영화를 감상하는 일은 뇌를 자극시키고 영감을 얻을 수 있는 통로가 됩니다. 영감을 통해 느낀 감정을 표현하려고 애쓰다보면 점차 나를 닮은, 나를 대변하는, 나다운 그림을 그릴 수 있게 됩니다. 그림 분야 외에 다른 분야를 공부해보는 것도 방법입니다. 독창적인 아이디어가 때로는 생각지도 못한 분야에서 나옵니다. 다른 분야에 관심을 가질수록 생각하는 폭이 넓어질 수 있습니다. 또한 한 분야에서 주목받고 있는 일러스트레이터의 작업물을 찾아보거나 온라인을 통해 국내외 아티스트의 작업물을 보는 것도 충분한 훈련이 됩니다. 그림 실력이 모든 재능을 대변하지 않습니다. 색채 감각이 부족하면 흑백의 연필 드로잉을 하면 되고, 형태 감각이 부족하면 비율과 관절을 무시한 드로잉을 하면 됩니다. 그림 실력 외에 기획력, 아이디어, 마케팅 능력이 뛰어나다면 '1인 사업가' 프리랜서 활동에 플러스 요인이 될 수 있습니다.

디지털 작업을 꼭 배워야 하나요? 태블릿 추천해주세요.

디지털 작업을 배워야 하는 이유

일을 진행할 때 보통 스케치 단계에서 클라이언트와 충분히 커뮤니케이션하는 시간을 갖습니다. 이는 제작 의도를 명확히 파악하고 그림의 컨셉과 방향을 잡아나가는 중요한 과정입니다. 스케치에 별다른 의견이 없으면 채색 작업을 진행하지만 그렇지 않은 경우 스케치 수정 작업에 들어갑니다. 스케치를 손으로 그렸다면 스케치를 수정하기 위해 지우개로 그림 일부를 지워 새롭게 그린 뒤 다시 스캔을 받아야 합니다. 반면 포토샵이나 일러스트레이터에서 스케치를 수정한다면 과정이 쉽고 간단해집니다. 인물 스케치에서 머리를 크게 그렸다면 선택 툴로 머리만 선택하고 드래그하여 줄이면 되고, 부분적으로 눈코입을 지워 표정을 바꿀 수 있습니다. 그림의 일부를 바꾸거나 없애야 할 때 레이어를 분리해놓고 레이어 눈을 감기면 됩니다. 수정한 스케치 파일을 다른 이름으로 저장하면 새로운 파일이 만들어져 스캔을 다시 받을 필요가 없습니다. 채색이 마무리 되고 최종 검수를 볼 때 색, 밝기, 표현 방식 등 부족한 부분을 그래픽 프로그램에서 조절해주면 그림의 완성도를 높일 수 있습니다. 디자인 작업물의 최종 단계는 인쇄되어 나오는 상품입니다. 원하는 최종 결과물이 나오기까지 디지털 프로그램에서 디자인을 다듬고 수정하는 일은 이제 선택이 아닌 필수입니다.

추천 태블릿

태블릿은 컴퓨터에 연결하여 그림을 그릴 수 있게 해주는 입력장치입니다. 펜마우스와 패드로 구성되어 있습니다. 평평한 패드 위에 펜 마우스로 드래그하면 마우스처럼 사용할 수 있습니다. 태블릿으로 그림을 그리면 필압(힘의 압력)에 따라 선 굵기를 조절할 수 있기 때문에 브러시를 보다 효과적으로 사용할 수 있습니다. 태블릿은 입문용이라면 와콤 인튜어스 (Wacom Intuos), 전문가용이라면 와콤 인튜어스 프로 (Wacom Intuos Pro)를 추천합니다. 인튜어스와 인튜어스 프로와의 차이는 압력감지입니다. 인튜어스 프로 중형, 대형 사이즈는 압력감지 레벨이 굉장히 높아 펜 마우스로 드래그했을 때 응답 속도가 빠르고 감도가 뛰어납니다. 태블릿 기종을 찾다 보면 Graphire, Intuos4, Intuos3, Intuos2, bamboo 모델이 검색되는데, 이는 인튜어스와 인튜어스 프로의 구모델입니다. 구모델과 신모델 어느것을 구입하더라도 압력감지 레벨을 꼭 확인하여 1024 레벨 이상으로 선택하기 바랍니다.

▲ Intuos

▲ Intuos Pro

	소형	중형	대형
Intuos	모델번호 : CTL-490 펜 영역 : 152 x 95 mm 압력감지 : 2048 레벨	–	–
Intuos Pro	모델번호 : PTH-451 펜 영역 : 320 x 208 mm 압력감지 : 2048 레벨	모델번호 : PTH-651 펜 영역 : 338 x 219 mm 압력감지 : 8192 레벨	모델번호 : PTH-851 펜 영역 : 430 x 287 mm 압력감지 : 8192 레벨

▲ 정보출처 : https://store.wacom.kr

핵심만 콕 집어 배우는 이론

기초를 콕 집어 탄탄한 실력을 만들어보세요!
복잡한 일러스트레이터를 알짜배기만 콕 집어 빠르게 배울 수 있습니다.

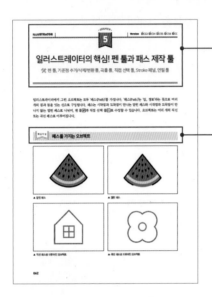

제목 & 핵심 키워드

각 챕터에서 배우게 될 가장 핵심적인 내용을 제목으로 삼고, 관련 키워드를 주황색 글자로 표시하였습니다.

핵심 기능

따라하기 실습에 들어가기 전에 일러스트레이터에서 알아야 할 핵심 기능을 살펴봅니다.

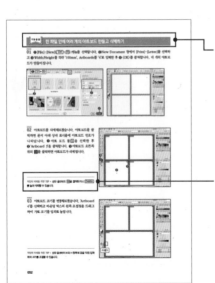

기능 실습

핵심 기능을 살펴본 후 해당 기능을 따라하기로 익힐 수 있도록 안내합니다.

작업의 이해를 위한 TIP

따라하는 과정에서 함께 이해하면 좋을 내용을 안내합니다.

실제 활용 가능한 예제

예제에 필요한 기능만 골라 배우는 재미가 있습니다!

한 가지 툴로 다양한 예제를 만들어 낼 수 있는 창의적인 툴 사용법을 알려줍니다.

예제 미리보기

각 예제에서 중점으로 사용되는 기능을 안내하는 POINT SKILL, 해당 예제에서 배우고자 하는 학습 내용을 간략히 설명한 HOW TO, 예제 학습 시간 및 STEP을 살펴보고 원하는 예제를 골라 학습할 수 있습니다.

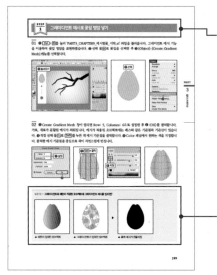

예제 실습

예제를 통해 일러스트레이터의 다양한 기능을 익혀 실무에서 활용할 수 있도록 안내합니다.

NOTE

본문에서 추가로 알아야 할 기능들을 설명한 코너로, 한 가지 기능을 익히더라도 제대로 학습할 수 있도록 안내합니다.

나에게 딱 맞는 공부 방법이 무엇인지 알아보고, 학습 기간을 정해서 체계적으로 배워보세요. 자신의 실력과 일러스트레이터를 배우는 목적에 맞춰 다음 안내를 참고하면 더욱 효율적입니다.

1 ··· 일러스트레이터를 처음 배우는 분이라면?

일러스트레이터를 처음 배운다면 PART 1부터 차근차근 살펴봅니다. 각 예제별로 구성된 [핵심기능] 설명을 빠짐없이 살펴보고, 책 안내에 따라 [예제]를 하나하나 따라해 봅니다.

2 ··· 일러스트레이터를 사용해본 적이 있는 분이라면?

일러스트레이터 개념과 대략의 명령어를 알고 있다면 [핵심기능] 설명은 참고로 살펴보고, [예제]로 바로 따라하기를 시작하여 해당 기능을 익힐 수 있도록 합니다.

3 ··· 이 책으로 강의를 진행하려는 분이라면?

'모두의' 시리즈는 실무 중심의 예제로 구성되어 있습니다. 각 파트의 [핵심기능]을 설명한 후 [예제]로 수업을 진행해 보세요.

학습/강의를 위한 자료실

• 예제 파일 제공

따라 하기에 필요한 모든 예제 파일이 부록CD 안에 들어있습니다. 각 작업마다 표시된 경로에서 파일을 불러와 따라 하기를 시작하면 됩니다. 해당 부록CD 파일을 바탕화면에 드래그하여 복사한 다음 사용하세요.

혹시 부록CD 사용이 어려울 경우, 길벗 홈페이지(www.gilbut.co.kr)에서 다운로드할 수 있습니다. 길벗 홈페이지에 가입하고 검색창에 도서 이름을 입력하여 해당 도서를 검색할 수 있습니다. 책이 표시되면 〈자료실〉 버튼을 클릭하고 필요한 자료를 다운로드한 다음 찾기 쉬운 위치에 압축을 풀어 사용하세요.

• 교수/강사 자료

길벗 홈페이지에서는 '모두의' 시리즈를 이용해 강의를 진행하는 선생님들을 위해 PT 자료와 소스 파일 등 다양한 강의용 자료를 제공합니다. 길벗 홈페이지에 로그인 한 후 '교수/강사'로 등록하여 인증을 받으면 [고객센터]-[교수, 강사 자료]에서 강의용 자료를 다운로드할 수 있습니다.

독학/강의를 위한 학습 계획표

하루에 30분씩 각 챕터를 공부하면 한 달 안에 이 책을 끝낼 수 있습니다. 만약 일러스트레이터 기능을 급하게 익혀야 한다면 해당하는 기능을 찾아 익히세요.

주	해당 파트	챕터	주제	키워드
1일	1, 2 일러스트레이터 기초	1	일러스트레이터 CC 소개	설치, 사용분야
		2	작업환경 살펴보기	나만의 작업화면
		3	툴 패널 살펴보기	툴 패널, 툴 기능
2일		1	비트맵 VS 벡터, RGB VS CMYK	컬러모드 설정
3일		2	새 문서 만들기 저장하기, 파일 열고 닫기	새 문서, 저장, 내보내기
4일		3	아트보드 자유롭게 편집하기	아트보드 패널, 아트보드 편집
5일		4	레이어 개념 익히기	레이어, 레이어 혼합모드
6일		5	펜 툴과 패스 제작 툴 사용법 익히기	펜 툴, 패스 제작 방법
7일		6	브러시 툴 사용법 익히기	브러시 종류, 태블릿 필압 설정
8일		7	오브젝트 선택, 이동, 수정, 복제하기	선택, 직접 선택, 그룹 선택 툴
9일		8	패스 편집 툴 기능 익히기	지우개, 연필 지우개, 스무드, 연결, 가위, 칼 툴
10일		9	채색 기능 익히기	스와치, 패턴, 컬러 가이드 패널, 리컬러 아트웍
11일	3 일러스트레이션	1	컬러링북 스타일의 라인 그리기	펜, 도형, 선, 곡선, 나선형 툴
12일		2	북유럽 스타일 문양 그리기	도형 툴, 회전 툴, 반전 툴,
13일		3	투톤 명암의 나무 그리기	지우개 툴, 가위 툴, Pathfinder 패널
14일		4	도형 툴과 왜곡 기능으로 나뭇잎 그리기	자유변형 툴, 이펙트, 반전 툴, Pathfinder 패널
15일		5	눈 내리는 풍경 그리기	산포 브러시 툴, 심벌 툴, 개체 반복
16일		6	붓 느낌을 살려 디저트 그리기	블랍 브러시 툴, 그리기 모드
17일		7	망점효과로 팝아트 풍의 일러스트 그리기	컬러하프톤 이펙트 효과, 패턴, 팝아트 효과
18일		8	3D 건물 그리기	원근감 격자 툴, 원근감 선택 툴, 이펙트
19일		9	정밀한 명암이 들어간 벚꽃 그리기	그레이디언트 툴, 메시 툴, 명암 표현
20일	4 캐릭터	1	판화 느낌의 동물 그리기	아트브러시 툴, 판화 느낌 표현
21일		2	물에 비치는 홍학 그리기	혼합 모드 레이어 합성, 투명 마스크, 클리핑 마스크
22일		3	빈티지 풍의 캐릭터 그리기	비트맵 이미지 백터로 변환, 이미지 트레이스
23일		4	표 툴을 이용해 픽셀아트 캐릭터 그리기	표 툴, 라이브 페인트 환경, 라이브 페인트 버킷 툴
24일	5 아이덴티티 & UI	1	종이접기 컨셉의 영문 로고 디자인하기	기울기 툴, 그레이디언트 툴, 투명 마스크
25일		2	명함 디자인하기	블렌드 툴
26일		3	아이콘 만들기	각진 모퉁이 둥글이기, 선 굵기 조정
27일		4	스마트폰 앱 만들기	도형 툴, 도형 구성 툴로 오브젝트 병합
28일		5	라벨 디자인하기	패턴 브러시, 지그재그 이펙트
29일	6 타이포그라피	1	생일 태그에 글자 입력하고 편집하기	글자&글자 손질 툴, Character 패널, Create Outlines
30일		2	캘리그라피 쓰기	폭 툴로 선 굵기 조절, 아트 브러시로 붓글씨 효과 표현
31일		3	활판에 인쇄한 듯한 왜곡 글자 만들기	핸드 레터링 효과, 패스 수정
32일		4	빈티지 스타일의 글자 만들기	Appearance 패널, 이펙트(Rectangle, Inflate, Grain)
33일		5	3D 입체 글자 만들기	3D 이펙트, 그래픽 스타일 패널
34일	7 편집 디자인	1	웨딩 카드 만들기	컬러 가이드 패널, 리컬러 아트웍
35일		2	카페 메뉴판 만들기	탭 기능, 글자 스타일, 문단 스타일
36일		3	페이지 디자인하기	글상자 링크 기능, 글 밀어내기 기능, 문단 편집

PART 01

일러스트레이터와 첫인사 나누기

일러스트레이터는 벡터 이미지를 만듭니다. 간단한 도형에서 자유로운 일러스트레이션, 귀여운 캐릭터, 아날로그 감성이 느껴지는 타이포그라피에 이르기까지 축소, 확대해도 품질에 손상을 주지 않는 이미지를 마음껏 만들어낼 수 있습니다. 이런 다재다능한 일러스트레이터와 친하게 지내보면 어떨까요? 일러스트레이터의 생김새를 살펴보고 기본적인 작업을 위한 기능을 살펴보겠습니다.

CHAPTER 1

일러스트레이터 CC 소개

✕ 일러스트레이터 사용 분야, 설치 방법 알아보기

 ## 일러스트레이터가 사용되는 분야

일러스트레이터는 벡터 방식으로 구성되어 이미지를 확대하거나 축소해도 깨지지 않으며, 이미지 크기에 따라 파일 용량이 변하지 않아 크기 제약 없이 작업할 수 있는 것이 장점입니다. 로고, 아이콘, 타이포그래피, 일러스트레이션, 캐릭터 등을 제작할 수 있으며, 이러한 아트웍은 인쇄, 웹, 인터랙티브, 비디오, 모바일 등 다양한 영역에서 활용할 수 있습니다.

1. 일러스트레이션

일러스트레이터 버전이 높아짐과 동시에 패스를 그리는 툴 기능도 편리하게 보완되어 정밀하고 매끄러운 라인의 일러스트레이션을 쉽게 만들어낼 수 있는 매력을 가지고 있습니다.

▲ Jordan Metcalfdml의 일러스트레이션(http://www.chibirmingham.com/)

2. 캐릭터 디자인

캐릭터는 기업이나 상품을 더 친밀하게 느끼도록 합니다. 비트맵 방식으로 제작된 캐릭터를 팬시, 광고, 제품 등 다양한 분야에 활용하기 위해서는 벡터 방식으로 다시 만들어야 합니다. 패스 방식으로 만들어진 캐릭터는 수정이 쉬워 캐릭터의 응용 동작과 표정을 다양하게 만들 수 있습니다.

▲ Rilakkuma(www.san-x.co.jp/rilakkuma/)

▲ Dalki(http://dalkicafe.com/)

3. CI, BI, UI 디자인

아이덴티티를 형상화한 CI, BI, UI 디자인은 다양한 크기로 제작되어야 하므로 대부분 일러스트레이터로 작업합니다.

▲ Starbucks(http://www.
istarbucks.co.kr/)

▲ 서울시(http://www.seoul.go.kr/)

▲ Facebook(https://www.
facebook.com/)

4. 타이포그라피, 캘리그라피 디자인

일러스트레이터는 Adobe Typekit 라이브러리에서 수많은 폰트를 검색하고 다운받아 사용할 수 있으며 글자를 자유롭게 편집할 수 있습니다. 글자 윤곽선을 만들어 왜곡 효과를 주거나 패스를 수정하여 원하는 모양으로 변형할 수 있습니다.

▲ Jordan Metcalfdml의 타이포그라피(http://www.jordan-metcalf.com/)

5. 편집 디자인

일러스트레이터는 파일 하나에 여러 개의 아트보드를 만들 수 있고 텍스트 링크와 스타일을 편집할 수 있어 여러 페이지를 한꺼번에 완성할 수 있습니다. EPS, PDF 등 인쇄용에 적합한 파일 형식을 지원하여 책 표지, 내지, 설명서와 메뉴판, 포스터 등의 인쇄물을 만들 수 있습니다.

▲ 뽀얀의 편집 디자인(www.bboyan.com)

6. 팬시 디자인

팬시 디자인은 생활용품, 사무용품에 디자인과 패션을 가미시키는 작업입니다. 일러스트레이터는 후가공을 위한 칼선을 넣을 수 있고 재단선, 도무송 선을 오차 없이 정교하게 작업할 수 있습니다.

▲ 뽀얀의 팬시 디자인(www.bboyan.com)

7. 패키지 디자인

패키지 디자인은 제품의 첫인상을 결정하며 제품을 돋보이게 만들고 보호하는 역할을 합니다. 일러스트레이터는 도형 툴과 선 툴로 정확한 수치를 입력하여 지기구조(종이상자 펼친 면)를 그릴 수 있어 패키지 디자인할 때 유용합니다.

▲ UNO Branding 회사의 패키지 디자인(http://unobranding.com/)

일러스트레이터 CC 알아보기

일러스트레이터 CC(Creative Cloud)는 단품 판매 방식을 추구하던 이전 버전과 다르게 연간 또는 월간 결제 방식으로 운영되고 있습니다. 클라우드 시스템을 기반으로 하고 있어 Creative Cloud 앱을 이용하여 여러 디바이스에서 작업 환경을 동기화할 수 있고 파일을 공유할 수 있습니다. Creative Cloud 앱은 홈, Apps, 에셋, 커뮤니티 패널로 구성되어 있으며, 각 패널 기능들은 다음과 같습니다.

Creative Cloud 앱 살펴보기

❶ '홈' 패널 : 다른 작업자와의 인터랙션을 모니터링하고 공유한 파일에 대하여 의견을 주고받을 수 있으며 업데이트 정보를 확인할 수 있습니다.

❷ 'Apps' 패널 : 현재 사용자가 설치한 앱을 확인하고 새로운 기능이 추가되면 업데이트 버튼을 클릭하여 다운받을 수 있습니다.

❸ '에셋' 패널 : 클라우드로 파일을 동기화하고 다른 작업자와 파일을 공유할 수 있으며, Typekit 글꼴 관리 및 마켓에서 템플릿 및 그래픽 소스를 다운받을 수 있습니다.

❹ '커뮤니티' 패널 : Behance 사이트와 연동되어 자신의 작품을 선보이고 영감을 얻을 수 있습니다.

▲ 홈 패널   ▲ Apps 패널   ▲ 에셋 패널   ▲ 커뮤니티 패널

작업의 이해를 위한 TIP ▶ CC 버전부터는 연간 혹은 월간으로 이용료를 지불하고 사용하는 정액제 서비스로 바뀌어 비용 부담을 줄이고 신기능이 나오면 업데이트하여 그 기능을 바로 사용할 수 있습니다.

일러스트레이터 CC 시험 버전 설치하기

어도비 홈페이지에서 일러스트레이터 CC 시험 버전을 다운로드하면 7일 동안 무료로 이용할 수 있고, Creative Cloud를 구매하면 제한 없이 이용할 수 있습니다.

01 ❶ 어도비 홈페이지(http://www.adobe.com/kr)에 접속하여 상단의 [지원]을 클릭하고 ❷ [다운로드 및 설치]를 선택한 다음 ❸ [Illustrator]를 클릭합니다.

02 ❶ [로그인] 버튼을 클릭합니다. ❷ 로그인 페이지에서 이메일 주소와 암호를 입력한 후 ❸ 로그인합니다.

작업의 이해를 위한 **TIP** ▶ ID가 없으면 [Adobe ID 등록] 버튼을 클릭하여 계정을 만듭니다.

03 ❶ 기술 수준을 선택하고 ❷ [계속] 버튼을 누르면 다운로드가 시작되고 설치가 진행됩니다.

04 설치가 완료되면 Creative Cloud 창이 나타납니다. ❶ 언어 설정을 위해 오른쪽 상단의 ⚙버튼을 클릭하여 환경 설정을 선택합니다. ❷ Apps 탭을 클릭하여 웹 언어를 원하는 국가로 설정합니다. ❸ ◁버튼을 클릭하여 Apps 탭으로 돌아갑니다. ❹ Illustrator CC의 [설치] 버튼을 클릭하여 설치합니다.

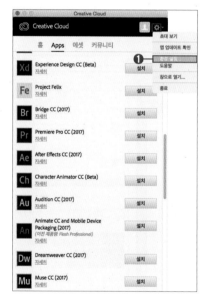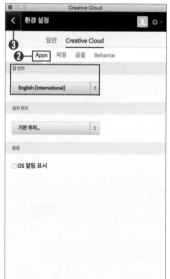

일러스트레이터 작업환경 살펴보기

일러스트레이터를 실행하면 툴 패널과 기능 패널, 메뉴로 구성된 화면이 나타납니다. 효율적인 디자인 작업을 위해 작업화면의 구성 요소 및 기능에 대해 알아보고 사용자 요구에 맞게 구성하는 방법을 살펴 보겠습니다.

핵심기능 **일러스트레이터 CC 기본 화면**

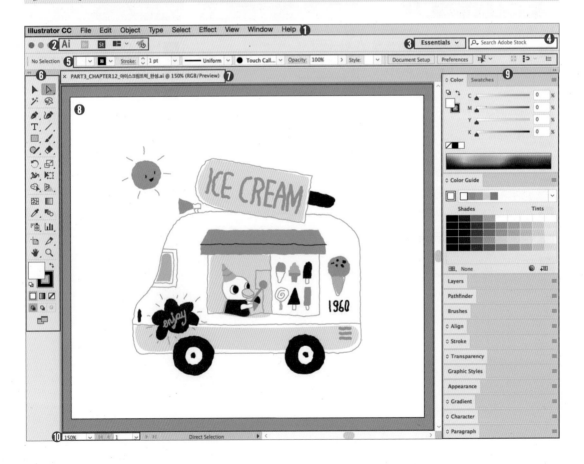

❶ **메뉴바** : 일러스트레이터에서 자주 이용하는 기능을 모아놓은 바(Bar)입니다. 메뉴를 클릭하면 하위 메뉴가 나타납니다.

  • File : 파일을 만들고 열고 저장하는 가장 기본적인 기능을 제공합니다.

  • Edit : 자르고 복사하고 붙여넣기와 같은 편집 기능을 제공합니다.

  • Object : 오브젝트를 변형하고 정렬하고 패스를 확장하는 등 오브젝트와 관련된 기능을 제공합니다.

  • Type : 글자 툴과 글자 관련 패널들과 함께 글자와 관련된 기능을 제공합니다.

  • Select : 오브젝트를 선택하고 반전하고 배치하는 등 패스를 선택하는 기능을 제공합니다.

  • Effect : 오브젝트에 3D 변형, 자유 변형 등 특수한 효과를 주는 기능을 제공합니다. 포토샵의 필터 메뉴와 비슷합니다.

  • View : 화면을 보는 다양한 기능을 제공합니다.

  • Window : 일러스트레이터의 모든 패널이 모여 있습니다. 클릭 유무에 따라 패널을 보이고 감출 수 있습니다.

  • Help : 도움말을 찾아볼 수 있습니다.

❷ 　 **브릿지** : 이미지 뷰 프로그램인 어도비 브릿지를 실행합니다.

  　 스톡 : 스톡 마켓 플레이스 사이트로 연결됩니다.

  　 도큐먼트 재배열 : 작업 창이 여러 개일 경우 20개의 배열 방법을 선택하여 재배열 할 수 있습니다.

  　 GPU Performance : 환경설정 창을 띄워 GPU 성능을 체크합니다.

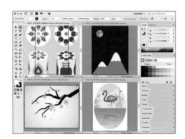 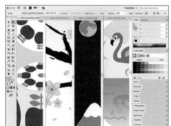 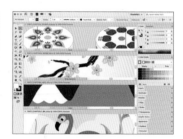

❸ **작업화면 선택** : 작업 목적에 맞는 화면 구성을 선택합니다.

❹ **도움말** : 검색 창에 궁금한 점을 입력하여 도움말을 볼 수 있습니다.

❺ **옵션바** : 컨트롤 패널이라고도 부릅니다. 선택한 툴의 옵션과 오브젝트와 관련된 옵션을 표시합니다. 어떤 오브젝트를 선택했느냐에 따라 옵션 사항이 다르게 나타납니다.

❻ **툴 패널** : 작업에 필요한 툴을 모아놓은 패널입니다.

❼ **파일 이름 탭** : 파일명과 화면 확대/축소 비율, 색상 모드를 표시합니다.

❽ **아트보드** : 일러스트 작업 공간을 표시합니다.

❾ **패널** : 작업에 필요한 기능 패널을 표시합니다. Window 메뉴에서 패널 이름을 선택하여 표시할 수 있습니다.

❿ **상태 표시줄** : 화면 확대/축소 비율을 조절하고, 현재 선택한 아트보드를 표시합니다. 여러 개의 아트보드를 만들었을 경우 아트보드 순서를 선택하여 이동할 수 있습니다.

작업화면 밝기 조정하기

CS5 버전까지는 밝은 회색이었던 기본 화면이 CS6 버전부터는 검회색으로 바뀌었습니다. 화면의 밝기는 취향에 따라 조정할 수 있습니다. 예제를 통해 화면 밝기를 직접 수정해보겠습니다.

01 일러스트레이터를 실행한 후 ❶[Illustrator CC]-[Preference]-[User Interface] 메뉴를 선택하여 Preferences 창을 엽니다. ❷Brightness를 '가장 밝은 회색(Light)'으로 선택하고 ❸⟨OK⟩를 클릭합니다.

02 일러스트레이터 화면이 밝게 변경됩니다.

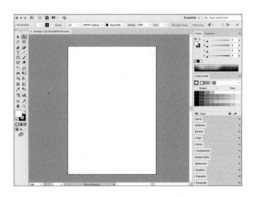

NOTE ▸ Preferences 창 띄우기

Mac 사용자 : [Illustrator CC]-[Preference]-[User Interface] 메뉴를 선택합니다.
PC 사용자 : [Edit]-[Preference]-[User Interface] 메뉴를 선택합니다.

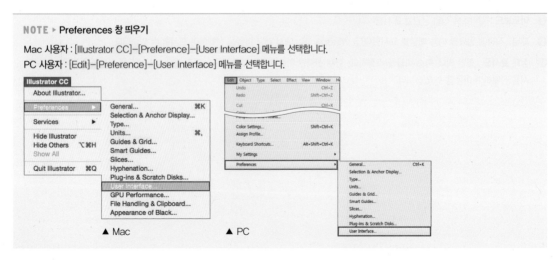

▲ Mac　　　　　　　▲ PC

핵심 기능 | ## 사용 목적에 따라 선택할 수 있는 작업화면

Essentials를 클릭하면 작업화면을 선택할 수 있는 메뉴가 나타납니다.

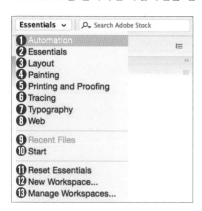

❶ **Automation** : Actions 패널과 Libraries 패널이 포함됩니다. 자동적이고 반복적인 작업을 할 때 유용한 화면입니다.

❷ **Essentials** : 일러스트레이터의 가장 기본적인 작업화면으로 필수 기능만으로 화면이 구성됩니다.

❸ **Layout** : 편집 디자인에 필요한 Character Style, Paragraph Styles, Glyphs 패널 등을 포함합니다.

❹ **Painting** : 그림을 그리고 색을 선택할 때 필요한 Brushes, Color Themes 패널 등을 포함합니다.

❺ **Printing and Proofing** : 그림을 그리고 편집 디자인에 필요한 여러 패널들을 화면으로 구성합니다.

❻ **Tracing** : 비트맵 이미지를 벡터 이미지로 변형할 때 필요한 Image Trace 패널을 화면으로 구성합니다.

❼ **Typography** : 글자를 편집할 때 필요한 패널들을 화면으로 구성합니다.

❽ **Web** : 웹디자인을 할 때 필요한 패널들을 화면으로 구성합니다.

❾ **Recent Files** : 최근 작업했던 파일을 보여주는 Recent Files 패널만 보입니다.

❿ **Start** : 아트보드를 만들기 전이나 파일을 불어오기 전에 Start 메뉴가 활성화됩니다. 클릭하면 New와 Open 버튼이 나오는 화면으로 바뀝니다.

⓫ **Reset Essentials** : 현재 선택된 작업화면을 재정렬합니다.

⓬ **New Workspace** : 사용자가 직접 새로운 작업화면을 구성한 후 저장할 수 있습니다.

⓭ **Manage Workspaces** : 사용자가 저장한 작업화면을 수정할 수 있습니다.

나만의 작업화면 만들어 등록하기

01 ❶ 툴 패널 상단의 [◀◀] 버튼을 클릭하여 툴 패널을 한 줄로 만듭니다. ❷ 기능 패널의 [▶▶] 버튼을 클릭하여 패널을 최소화합니다.

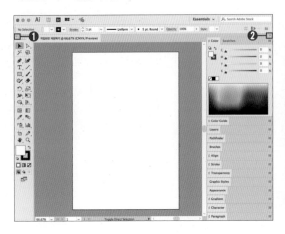 

02 ❶[Essentials]을 클릭하고 ❷[New Workspace] 메뉴를 선택합니다. ❸New Workspace 창이 열리면 '뽀얀'을 입력하고 ❹⟨OK⟩를 클릭합니다.

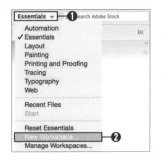 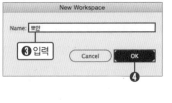

03 ❶Essentials 버튼을 클릭하면 [뽀얀] 메뉴가 생겼습니다. ❷[뽀얀] 메뉴를 클릭하면 01번 과정에서 설정한 화면으로 바뀝니다. ❸작업화면의 이름을 바꾸기 위해 [Manage Workspace] 메뉴를 클릭합니다. ❹Manage Workspace 창이 열리면 '뽀얀'을 선택한 후 ❺빈칸에 '뽀얀작업환경'을 입력하고 ❻⟨OK⟩를 클릭하면 작업화면의 이름을 바꿀 수 있습니다.

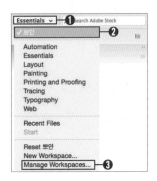 

NOTE ▶ **Tap을 이용해 화면 모드 바꾸기**

일반화면 모드에서 Tab을 누르면 화면 양쪽에 있는 툴 패널과 기능 패널이 사라집니다. 다시 Tab을 누르면 일반화면 모드로 돌아갑니다. Shift + Tab을 누르면 화면 오른쪽 기능 패널만 사라집니다. 다시 Tab을 누르면 일반화면 모드로 돌아갑니다.

▲ 일반화면 모드   ▲ Tab 누르기 – 모든 패널이 사라짐

▲ Shift + Tab 누르기 – 기능 패널만 사라짐

CHAPTER 3

만능 도구함! 툴 패널 살펴보기

일러스트레이터에서 오브젝트를 만드는데 필요한 모든 도구는 툴 패널에 차곡차곡 정리되어 있습니다. 툴 패널에 담긴 다양한 툴의 종류와 사용법을 알아보고, 나만의 툴 패널을 만들어 등록하는 방법을 살펴보겠습니다.

핵심기능 | 툴 패널 사용법

툴 패널 안에서 원하는 모양의 아이콘을 클릭하면 툴을 선택할 수 있습니다. 툴 아이콘 밑에 ◢표시는 숨은 툴이 있다는 뜻입니다. 해당 툴을 길게 누르면 숨은 툴이 나타나고 클릭하여 선택할 수 있습니다. 숨은 툴 메뉴의 ▶버튼을 클릭하면 툴들이 하나의 패널 형태로 빠져나옵니다. 밖으로 나온 툴 패널은 ☒을 클릭해 닫을 수 있습니다.

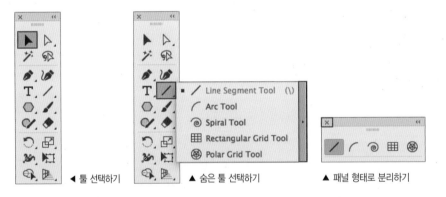

◀ 툴 선택하기　　　▲ 숨은 툴 선택하기　　　▲ 패널 형태로 분리하기

◢표시가 있는 툴을 Alt 를 누른 채 계속 클릭하면 차례대로 숨은 툴로 변경됩니다.

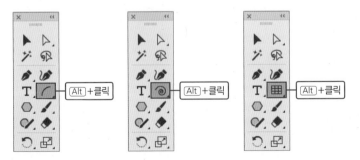

핵심기능 **툴 기능 살펴보기**

툴 패널에는 툴들이 옹기종기 모여 있습니다. 툴 아이콘을 보면 그 기능을 미리 짐작할 수 있습니다. 본문 예제를 따라하면서 툴의 기능을 자연스럽게 익힐 수 있으므로 처음부터 툴의 기능을 외울 필요는 없습니다. 훑어보는 정도로 공부하고 모르는 부분이 있을 때 찾아보도록 합시다.

❶ **선택 툴** ▶ V : 오브젝트를 선택하거나 드래그하여 옮깁니다.

❷ **직접 선택 툴** ▷ A : 오브젝트를 부분적으로 선택하거나 패스의 기준점을 선택해 세밀하게 수정합니다.

❸ **마술봉 툴** ⚡ Y : 클릭한 부분과 비슷한 속성을 가진 패스를 선택합니다.

❹ **올가미 툴** ⟮ Q : 드래그한 영역 안의 오브젝트를 모두 선택합니다.

❺ **펜 툴** ✒ P : 패스를 만드는 기본 툴로 패스를 그리고 수정합니다.

❻ **곡률 툴** ⟮ Shift + ~ : 기준점을 추가하면서 기준점의 방향선과 연결해 자동으로 곡선으로 된 방향선을 추가합니다.

❼ **글자 툴** T T : 글자를 입력합니다.   ❽ **선 툴** ／ W : 직선을 그립니다.

❾ **사각형 툴** ▢ M : 사각형을 그립니다.   ❿ **브러시 툴** ／ B : 패스에 다양한 형태의 붓터치 느낌을 더합니다.

⓫ **셰이퍼 툴** ✓ Shift + N : 드래그하는 형태대로 직선 또는 곡선, 도형을 만듭니다.

⓬ **지우개 툴** ⬙ Shift + E : 포토샵의 지우개처럼 드래그하여 오브젝트를 지워 닫힌 패스로 만듭니다.

⓭ **회전 툴** ↻ R : 오브젝트를 원하는 각도로 드래그하여 회전합니다.

⓮ **스케일 툴** ⊡ S : 오브젝트를 원하는 크기로 자유롭게 조정합니다.

⓯ **폭 툴** ⟮ Shift + W : 선 폭을 조정하여 선의 굵기를 변화시킵니다.

⓰ **자유 변형 툴** ⟮ E : 바운딩 박스를 드래그하여 오브젝트의 크기, 기울기, 회전 등을 자유롭게 조절합니다. 일러스트레이터 CC에서는 네 가지 변형모드를 제공합니다.

⓱ **도형 구성 툴** ⟮ Shift + M : 겹쳐진 여러 오브젝트를 합치고 빼고 나눕니다.

⓲ **원근감 격자 툴** ⟮ Shift + P : 원근감 있는 가이드를 만들어 입체 오브젝트를 만듭니다.

⓳ **메시 툴** ⟮ U : 그물망 모양의 패스와 기준점을 만들어 정교한 그레이디언트를 만듭니다.

⓴ **그레이디언트 툴** ▢ G : 오브젝트에 두 가지 이상의 색이 점진적으로 변하는 그레이디언트를 적용합니다. ▣

㉑ **스포이드 툴** ⟮ I : 색을 추출합니다.

㉒ **블렌드 툴** ⟮ W : 두 개 이상의 오브젝트를 자연스럽게 연결하여 자동으로 중간 단계를 만듭니다.

㉓ **심벌 스프레이 툴** ⟮ Shift + S : 스프레이로 분사하듯 심벌을 뿌립니다. Alt 를 누른 채 클릭하면 뿌려진 양을 조절할 수 있습니다.

㉔ **그래프 툴** ⟮ J : 그래프를 만듭니다.

㉕ **아트보드 툴** ⟮ Shift + O : 아트보드 추가 및 삭제, 크기 및 위치를 수정합니다.

㉖ **슬라이스 툴** ⟮ Shift + K : 오브젝트를 조각내어 웹용 HTML 문서를 만들 수 있습니다.

㉗ **손바닥 툴** ⟮ H : 화면을 드래그하여 이동합니다. 어떤 툴을 선택한 상태에서 Spacebar 를 누르고 있으면 그 동안은 손바닥 툴이 됩니다.

㉘ **돋보기 툴** ⟮ Z : 클릭하면 화면을 확대하고 Alt 를 누른 채 클릭하면 화면을 축소합니다. 더블클릭하면 화면 비율이 100%가 됩니다.

㉙ **면 색과 선 색 초기화 버튼** ⟮ D : 면 색과 선 색을 기본색인 흰색과 검정색으로 바꿉니다. 선 굵기는 1px로 초기화됩니다.

㉚ **바꾸기 버튼** ↰ Shift + X : 선택한 오브젝트 또는 툴 패널의 면 색과 선 색을 맞바꿉니다.

㉛ **면 색과 선 색** ⟮ X : 오브젝트의 면 색과 선 색을 표시합니다.

㉜ **단일 색, 그레이디언트, 투명** ▢□⟋ < > / : 선택된 오브젝트의 면 또는 선을 단일 색, 그레이디언트, 투명으로 바꿉니다.

㉝ **그리기 모드** ⟮ ⟮ ⟮ Shift + D : 그리기 모드를 선택할 수 있습니다.

㉞ **화면 모드** ⟮ ⟮ ⟮ : F 를 눌러 화면 모드를 바꿉니다.

PART 02

일러스트레이터
기초를 충실하게!

무언가 새로운 것을 배우려면 기초가 중요합니다. 기초부터 차근차근 익혀두면 어려운 과정을 접할 때 보다 쉬운 방법을 찾아 작업할 수 있습니다. 일러스트레이터에 입문한 분들이라면 꼭 알고 넘어가야하는 필수 기능을 살펴보겠습니다. 작업에 효율을 높이기 위한 기초 공사! 본격적인 작업을 위한 준비 운동! 함께 시작해볼까요?

·CHAPTER·

1

비트맵 vs 벡터, RGB vs CMYK

⚒ 이미지가 만들어지는 방식과 이미지 컬러 모드 설정하기

핵심기능 ## 비트맵과 벡터의 차이점

컴퓨터 그래픽 이미지는 크게 비트맵 방식과 벡터 방식을 이용합니다. 비트맵 이미지는 색 정보를 가진 픽셀의 조합으로 만들어집니다. 화려하고 풍부한 색을 가진 사진이 대표적인 비트맵 방식이고 포토샵(Photoshop) 프로그램으로 구현합니다. 반면 벡터 이미지는 점과 점, 좌표값을 잇는 수학적 공식에 의해 만들어집니다. 진한 포스터 물감이나 색종이를 오려 붙인 듯한 느낌을 주어 주로 단순한 캐릭터 작업과 CI 작업에 이용되고 일러스트레이터(Illustrator) 프로그램으로 구현합니다. 하지만 요즘은 두 프로그램이 서로 호환될 뿐만 아니라 어느 프로그램에서나 비트맵 형식과 벡터 형식의 파일을 만들 수 있어 사용한 프로그램에 따라 이미지 파일 형식을 나누는 것은 무리가 있습니다. 그럼 비트맵과 벡터의 개념을 비교하며 어떤 차이가 있는지 살펴보겠습니다.

	비트맵(Bitmap)	벡터(Vector)
개념	비트맵은 '비트의 지도'(map of bits)라는 뜻으로 픽셀(Pixel)에 저장된 비트 정보가 모인 것입니다. 비트맵은 색상값을 가진 픽셀(Pixel) 하나하나가 모여 이미지를 만들어가는 방식입니다.	벡터는 점과 점을 연결하는 수학적 함수관계에 의해 이미지를 만들어가는 방식입니다. 마치 수학 공식처럼 좌표와 수치를 바탕으로 이미지를 화면에 표시합니다.
특징	수많은 픽셀이 모여 이미지를 구성하므로 자연스럽고 세밀한 색감 표현이 가능합니다. 이미지를 확대하거나 축소하면 기존에 이루고 있던 픽셀의 수가 변화하여 깨짐 현상이 발생합니다.	벡터는 기본적인 점의 위치정보(x,y좌표)가 모여 이미지를 구성하므로 아무리 축소하고 확대해도 깨짐현상이 없습니다. 대형 인쇄물 출력에 용이합니다.
확대시	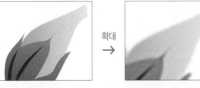 확대하면 선명도가 떨어지고 이미지가 깨집니다(계단현상).	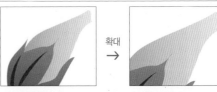 확대해도 선명도가 떨어지지 않고 이미지가 깨지지 않아 깔끔합니다.

경계	뚜렷하지 않습니다.	뚜렷합니다.
해상도	픽셀의 개수에 따라 해상도의 수치를 결정합니다. 보통 웹, 모바일, 영상의 경우 72dpi, 인쇄의 경우 300dpi를 기본으로 합니다.	크기에 따라 용량이 변하지 않으므로 해상도의 개념이 필요하지 않습니다.
용량	픽셀의 개수에 따라 용량이 커집니다. A4용지 크기의 300dpi 비트맵 파일 = 약 2M	기준점의 개수에 따라 용량이 커집니다. A4용지 크기의 벡터 파일 = 약 900kb
어떤 작업	사진이나 픽셀수가 많은 이미지 영화 포스터, 손 느낌 나는 일러스트	도형으로 만드는 이미지 CI, 캐릭터, 명함
확장자	jpg, gif, png, bmp, eps, pdf	ai, svg, swf, wmf, cdr
대표 프로그램	포토샵, 페인터, 그림판, 오픈캔버스	일러스트레이터, 코렐드로우, 플래시, 프리핸드

핵심 기능

RGB와 CMYK의 차이점

컬러 모드는 컴퓨터 그래픽 이미지가 화면에 표시되어 나타나는 색상으로 고유한 색상 공간이 있어 정해진 색상 영역 내의 색상만 표현할 수 있습니다.

RGB는 각각 Red, Green, Blue를 뜻하며 모니터 색상에 기초하여 색을 구현하는 컬러 모드입니다. 모니터나 TV, 휴대폰 액정과 같은 '빛으로 표현되는 색상'을 나타낼 때 사용됩니다. R, G, B를 모두 더하면 투명한 흰색이 되기 때문에 '가색혼합'이라 합니다.

CMYK는 각각 Cyan, Magenta, Yellow, Black을 뜻하며 잉크 색상에 기초하여 색을 구현하는 컬러 모드입니다. 종이나 제품과 같은 '잉크를 섞어 표현되는 색상'을 나타낼 때 사용됩니다. C, M, Y, K를 모두 더하면 검정색이 되기 때문에 '감색혼합'이라 합니다.

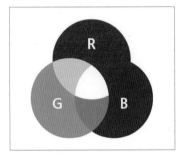
▲ RGB 모드(Red/Green/Blue)

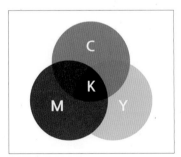
▲ CMYK 모드(Cyan/Magenta/Yellow/Black)

모니터 상으로 RGB 모드와 CMYK 모드로 작업한 이미지를 비교했을 때 큰 차이가 없어 보입니다. 하지만 알고 보면 두 컬러 모드 간에는 엄청난 차이가 있습니다. 컬러 모드에 대한 이해 없이 아무거나 선택해서 작업하면 최종 결과물에서 차이가 클 수 있습니다. RGB 모드로 작업한 이미지를 인쇄물로 볼 경우 파스텔과 같은 중간색의 차이가 도드라져 보일 수 있으며, CMYK 모드로 작업한 이미지를 영상으로 볼 경우 칙칙하고 탁한 색이 도드라져 보일 수 있습니다.

따라서 웹, 영상, 모바일, 애니메이션과 같이 결과물이 화면으로 보이는 이미지는 RGB 모드로, 포스터, 브로슈어, 팜플렛과 같이 결과물이 인쇄물로 보여지는 이미지는 CMYK 모드로 처음부터 설정하고 작업하는 것이 좋습니다.

01 ❶[File]−[New](Ctrl+N) 메뉴를 선택하여 New Document 창을 엽니다. ❷Print 항목을 클릭한 후 ❸A4용지를 선택하면 Color Mode가 자동으로 CMYK Color로 설정됩니다. 〈Create〉를 클릭하면 새로운 작업 창이 열립니다.

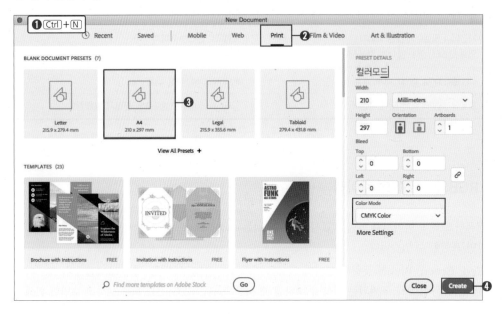

작업의 이해를 위한 **TIP** ▶ Print 항목 대신 Web 항목의 용지를 선택하면 Color Mode가 자동으로 RGB Color로 설정됩니다.

02 상단의 탭을 보면 'CMYK'가 보입니다. 현재 작업 창의 컬러 모드는 CMYK 모드인 것을 확인할 수 있습니다. 컬러 모드를 변경해야 한다면 [File]−[Document Color Mode]−[RGB Color] 메뉴를 선택합니다. 상단의 탭을 보면 컬러 모드가 RGB 모드로 바뀐 것을 확인할 수 있습니다.

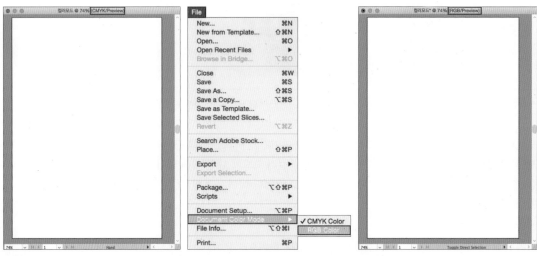

▲ CMYK 모드 작업 환경   ▲ RGB 모드 작업 환경

NOTE ▶ Color 패널의 컬러 옵션

[File]-[Document Color Mode] 메뉴를 선택하여 도큐먼트의 컬러 모드를 설정할 때와 별개로 컬러를 만들기 위한 컬러 옵션을 선택할 수 있습니다. Color 패널의 ☰ 버튼을 클릭하면 5가지 컬러 옵션이 나옵니다. 기본적으로 도큐먼트의 컬러 모드가 RGB면 RGB 컬러 옵션을 이용하고, CMYK면 CMYK 컬러 옵션을 사용하는 것이 좋습니다.

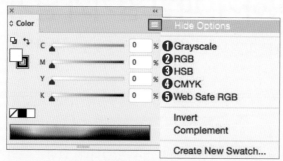

❶ Grayscale

흑백으로 컬러를 표현합니다. 0~100%

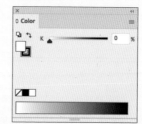

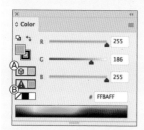

❷ RGB

Red, Green, Blue로 컬러를 표현합니다.

Ⓐ 설정 컬러가 실제 웹상에서 표현될 컬러를 보여줍니다.

Ⓑ 설정 컬러가 인쇄에 적합한 컬러가 아님을 경고하며 인쇄물에 표현될 컬러를 보여줍니다.

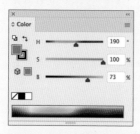

❸ HSB

색상(Hue), 채도(Saturation), 명도(Brightness)로 구분해 컬러를 표현합니다.

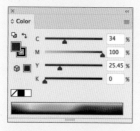

❹ CMYK

Cyan, Magenta, Yellow, Black으로 컬러를 표현합니다.

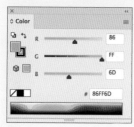

❺ Web Safe RGB

웹상에서 안전하게 구현되는 컬러를 표현합니다.

새 문서 만들기와 저장하기, 파일 열기와 닫기

⚒ 새 문서 만들기와 저장하기, Export로 파일 내보내기, 화면 확대 축소 이동하기

일러스트레이터에서는 새 문서를 만들고, 템플릿을 불러와 작업을 시작할 수 있습니다. 그림을 그리기 위해서 그림을 그릴 종이를 만들고 수정하고 저장하는 방법에 대해 알아보겠습니다.

기능실습 | 새 문서 만들고 다양한 형식으로 저장하기

01 ❶[File]−[New]([Ctrl]+[N]) 메뉴를 선택하여 New Document 창을 엽니다. ❷ Print 항목을 클릭한 후 ❸A4용지를 선택합니다. ❹ 이름을 '문서만들기'로 설정한 후 ❺〈Create〉를 클릭하면 A4크기의 새 문서가 열립니다.

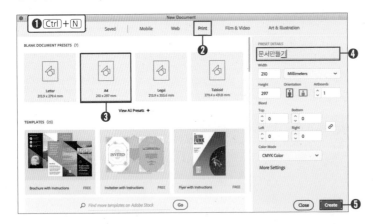

02 파일 탭 부분을 보면 파일 이름, 화면 비율, 컬러 모드가 표시됩니다. New Document 창에서 Print용으로 용지를 설정했기 때문에 컬러 모드가 CMYK Color로 설정되어 있습니다.

NOTE ▶ New Document 창

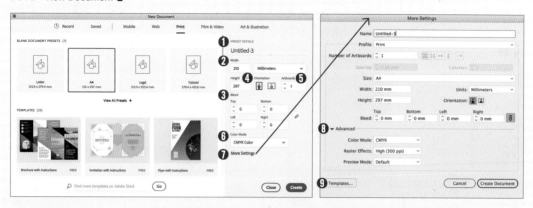

❶ **PRESET DETAILS** : 새 문서의 이름을 설정합니다. 이름을 쓰지 않으면 'Untitled—숫자'로 입력됩니다.

❷ **Width/Height** : 새 문서의 가로/세로 크기를 설정합니다. 새 문서의 길이 단위도 함께 설정합니다.

❸ **Orientation** : 새 문서의 방향을 설정합니다. 📄 세로 방향 / 📄 가로 방향

❹ **Artboards** : 새 문서 안에 만들 아트보드의 수를 정합니다.

❺ **Bleed** : 상하좌우 여백을 설정합니다.

❻ **Color Mode** : 컬러 모드를 CMYK Color, RGB Color 중에서 선택합니다.

❼ **More Settings** : More Settings 창이 열립니다.

❽ **Advanced** : Color Mode(컬러 모드), Raster Effects(해상도) Preview Mode(미리 보기 모드)를 설정합니다.

❾ **Templates** : 일러스트레이터에서 제공하는 템플릿 파일을 엽니다.

03 다른 이름으로 저장해보겠습니다. ❶[File]−[Save As]([Ctrl]+[Shift]+[S]) 메뉴를 선택합니다. ❷Save As 창이 열리면 '완성'이라 입력하고 ❸〈저장〉을 클릭합니다. ❹Illustrator Options 창이 열리면 Version을 Illustrator CC로 설정하고 ❺〈OK〉를 클릭합니다.

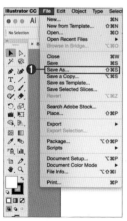

NOTE ▶ 저장할 때 Illustrator Version을 확인하는 이유

Illustrator Options 창에서 Version 옵션 단추를 열면 Illustrator의 낮은 버전이 나타납니다. 낮은 버전이 설치된 컴퓨터에서 Illustrator CC로 저장한 파일을 열 경우 오류가 날 가능성이 있습니다. 따라서 여러 사람들과 작업물을 공유해야 할 경우 Illustrator 버전을 확인해야 합니다. 또한 인쇄소에 작업물을 보내야 할 경우 Illustrator 10 이하 버전을 사용하는 곳이 있으므로 버전을 [Illustrator 10] 이나 [Illustrator CS]로 낮춰 저장하는 것을 추천합니다.

일러스트레이터는 [Save As] 창에서 6가지 형식으로 파일을 저장할 수 있습니다. 일러스트레이터에서는 낮은 버전으로 저장하면 오류가 자주 발생하므로 별도로 원본 AI 파일과 변환한 EPS 파일로 저장해두는 것이 좋습니다.

❶ **Adobe Illustrator(ai)** : 일러스트레이터에서 작업한 모든 구성 요소를 저장하는 원본 파일입니다.

❷ **Illustrator EPS(eps)** : 인쇄하기 가장 적합한 파일로 비트맵/벡터 형식 모두를 지원하며 CMYK를 지원해 분판 출력할 수 있습니다.

❸ **Illustrator Template(ait)** : 일러스트레이터에서 이용할 수 있는 템플릿 형식으로 저장합니다.

❹ **Adobe PDF(pdf)** : 전자책 출판물을 만들거나 인쇄할 때 이용할 수 있으며 그대로 출력하므로 쉽게 교정할 수 있습니다.

❺ **SVG Compressed(svgz)** : 벡터 그래픽을 표현하기 위한 XML 기반의 파일 형식으로 문서 편집기로도 편집할 수 있습니다.

❻ **SVG(svg)** : SVG 파일 형식을 압축하여 저장합니다.

기능실습

Save for Web – 웹용 이미지로 저장하기

01 ❶ [File]-[Open]([Ctrl]+[O]) 메뉴를 선택하여 'PART2_CHAPTER2_웹용으로 저장하기.ai' 파일을 불러옵니다. 파일을 웹용 이미지로 저장해보겠습니다. ❷ [File]-[Export]-[Save for Web]([Alt]+[Shift]+[Ctrl]+[S]) 메뉴를 선택합니다.

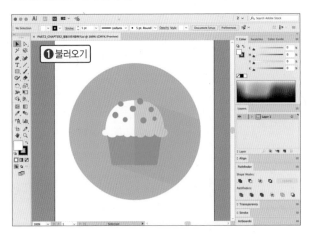

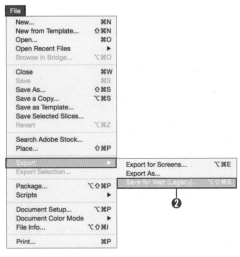

02 ❶ Save for Web 창이 열리면 파일 형식을 JPEG로 선택하고 ❷ 〈Save〉를 클릭합니다. ❸ Save Optimized As 창이 열리면 저장 경로를 설정하고 ❹ 〈저장〉을 클릭합니다.

NOTE ▸ Save for Web 창

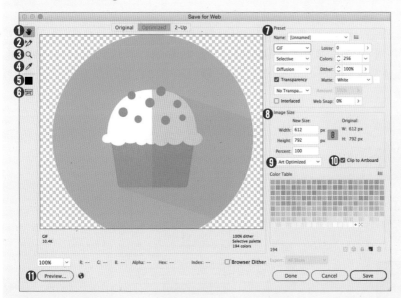

❶ 🖐 : 화면을 이동합니다.　　❷ 📎 : 분할된 이미지를 선택합니다.　　❸ 🔍 : 이미지를 확대/축소 합니다.

❹ 🖊 : 이미지 색을 추출합니다.　　❺ ⬛ : 스포이드 도구로 선택한 색을 표시합니다.

❻ 📱 : 분할된 상태의 격자를 표시합니다.

❼ Preset : GIF, JPEG, PNG-8, PNG-24 파일 형식을 선택하여 저장하고 세부 옵션을 설정합니다.

❽ Image Size : 수치를 입력하거나 %를 조절하여 이미지 크기를 수정합니다.

❾ Art Optimized : 이미지의 곡선을 부드럽게 설정합니다. None으로 설정하면 이미지의 곡선이 딱딱해지고, Type Optimized로 설정하면 텍스트가 선명해집니다.

❿ Clip to Artboard : 체크하면 아트보드 크기에 맞는 이미지를 만듭니다.

⓫ Preview : 이미지를 웹 브라우저에서 표시합니다.

Asset Export 패널에서 오브젝트만 따로 내보내기

01 ❶[File]–[Open](Ctrl + O) 메뉴를 선택하여 'PART2_CHAPTER2_Asset Export.ai' 파일을 불러옵니다. 일러스트 파일 안의 오브젝트를 따로 저장해보겠습니다. ❷[Window]–[Asset Export] 메뉴를 선택합니다. Asset Export 패널이 열립니다.

 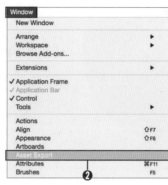 

02 ❶선택 툴▶로 ❷오브젝트를 선택한 후 ❸Asset Export 패널로 드래그합니다. 오브젝트가 등록됩니다. ❹나머지 오브젝트도 같은 방법으로 등록합니다. ❺Scale을 '1x', Format을 'JPG 100'으로 설정합니다. ❻다른 포맷 형태로 추가 저장을 위해 〈Add Scale〉을 클릭합니다. ❼Scale을 '2x', Format을 'PNG'로 설정합니다.

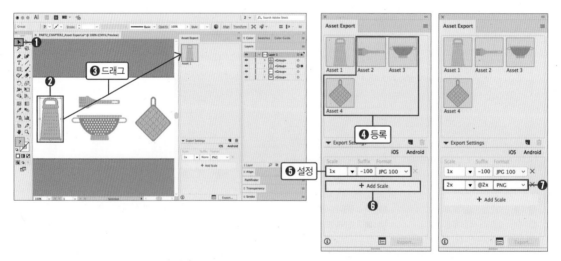

03 ❶Asset Export 패널에서 Asset 1- Asset 4까지 [Shift]를 누른 채 선택한 후 ❷〈Export〉를 클릭합니다. ❸Pick Location 창이 열리면 저장경로를 설정한 후 ❹〈Choose〉를 클릭합니다. 오브젝트가 'JPG'와 'PNG' 파일로 동시에 내보내기가 완료됩니다.

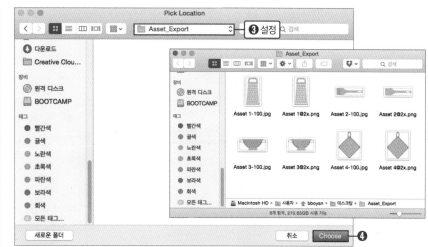

<pre>
┌──────────┐
│ 기능실습 │ **Adobe Stock 템플릿으로 열기**
└──────────┘
</pre>

01 ❶[File]-[New]([Ctrl]+[N]) 메뉴를 선택하여 New Document 창을 엽니다. ❷Web 항목을 클릭한 후 ❸'Landing Page UI KIt' 템플릿을 선택합니다. ❹〈Download〉를 클릭하면 다운로드가 진행됩니다.

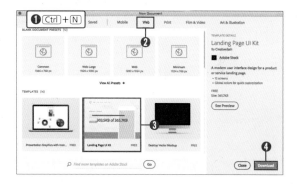

02 다운로드 완료 후 〈Open〉을 클릭하면 템플릿이 열립니다.

> **NOTE ▸ Adobe Stock 사이트에서 수백 개의 템플릿 다운로드하기**
>
> 일러스트레이터 CC에서는 다양한 디자인 템플릿을 제공합니다. 템플릿을 이용하면 디자인 작업을 빠르게 진행할 수 있습니다. 어도비 스톡 사이트(https://stock.adobe.com)에 들어가면 더 많은 템플릿을 검색하여 다운로드할 수 있습니다.

화면 확대, 축소, 이동하기

01 ❶ [File]-[Open]([Ctrl]+[O]) 메뉴를 선택하여 'PART2_CHAPTER2_화면확대축소이동.ai' 파일을 불러옵니다. 화면을 확대해보겠습니다. ❷ 툴 패널에서 돋보기 툴 🔍을 선택합니다. ❸ 화면 가운데로 가져가 커서가 🔍 모양으로 바뀌면 클릭합니다. 하단의 화면 비율을 보면 150%로 확대된 것을 확인할 수 있습니다.

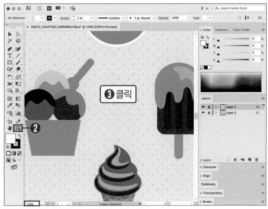

02 화면을 축소해보겠습니다. [Alt]를 눌러 커서가 🔍 모양으로 바뀌면 클릭합니다. 하단의 화면 비율을 보면 50%로 축소된 것을 확인할 수 있습니다.

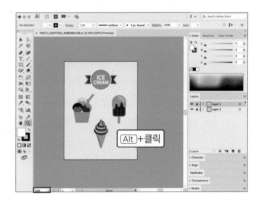

03 화면을 일부분만 확대해보겠습니다. 돋보기 툴 🔍을 선택한 상태에서 Ⓐ지점에서 Ⓑ지점으로 드래그합니다. 드래그한 부분이 확대되어 나타납니다.

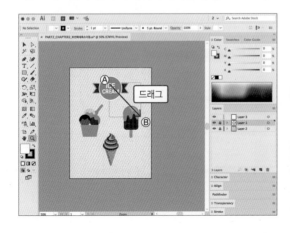
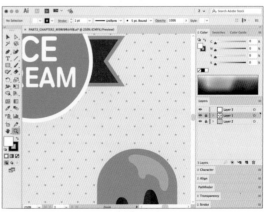

04 화면을 이동해보겠습니다. ❶ 툴 패널에서 손바닥 툴 🖑을 선택합니다. ❷ 화면을 이리저리 드래그하여 움직입니다. 확대된 화면에서 가려진 오브젝트를 볼 때 손바닥 툴 🖑을 이용합니다.

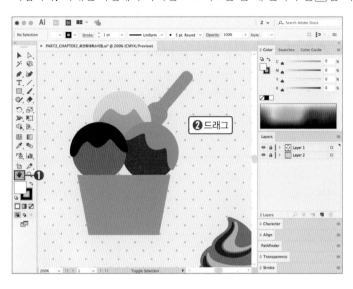

PART

2

일러스트레이터 기초를 충실하게!

NOTE ▶ 보기 관련 단축키

❶ 화면 확대 : `Ctrl`+`+`, `Ctrl`+`Space`+드래그 또는 클릭

❷ 화면 축소 : `Ctrl`+`-`, `Ctrl`+`Alt`+`Space`+드래그 또는 클릭

❸ 화면 이동하기 : `Space`를 누른 채 이동하기 (`Space`를 누르고 있는 동안은 손바닥 툴 🖑이 선택됨)

❹ 화면에 딱 맞게 보기 : `Ctrl`+`0`

❺ 100% 실사이즈로 보기 : `Ctrl`+`1`

NOTE ▶ 화면 확대/축소 비율 직접 조절하기

아트보드 하단에 있는 상태 표시줄의 화면 확대/축소 칸에 수치를 직접 입력해 비율을 조절할 수 있습니다. 드롭 단추를 누르면 최소 3.13%에서 최대 64000%까지 화면 비율을 선택할 수 있습니다.

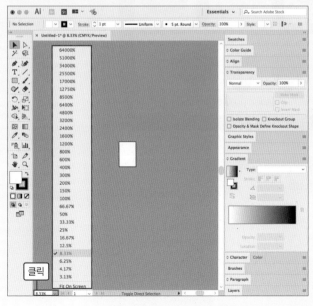

· CHAPTER ·

3

아트보드 자유롭게 편집하기

⚒ 다양한 방법으로 아트보드 만들고 설정하기

일러스트레이터에서 아트보드는 실제로 작업하는 흰색 영역으로 종이와 같은 역할을 합니다. 아트보드 툴과 Artboards 패널을 이용하여 아트보드를 편집할 수 있습니다. 아트보드 개수를 추가하거나 삭제하고 크기를 조절하고 위치를 옮겨 종이를 자유롭게 구성해보세요. 일러스트레이터 CS4 버전부터는 한 파일 안에 아트보드를 최대 100개까지 만들 수 있습니다.

핵심기능 **Artboards 패널 살펴보기**

[Window]−[Artboards] 메뉴를 선택하면 Artboards 패널이 열립니다.

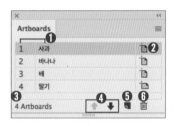

❶ 아트보드의 순서와 이름을 나타냅니다. 선택하면 해당 아트보드로 이동합니다.

❷ 📄 : 아트보드를 편집할 수 있는 Artboard Options 창을 띄웁니다.

❸ 아트보드의 개수를 나타냅니다.

❹ ⬆ ⬇ : 아트보드의 순서를 조정합니다.

❺ 📄 : 아트보드를 추가합니다.

❻ 🗑 : 아트보드를 삭제합니다.

아트보드 컨트롤 패널 살펴보기

| Artboard | Presets: A4 | ∨ | | Name: Artboard 1 | | X: 105 mm | Y: 148.5 mm | W: 210 mm | H: 297 mm | Artboards: 1 |

❶ **Preset** : 아트보드를 규정된 크기로 선택할 수 있습니다.

❷ : 아트보드를 가로 또는 세로 방향으로 설정합니다.

❸ : 아트보드를 추가합니다.

❹ : 아트보드를 삭제합니다.

❺ : 클릭된 상태에서 아트보드를 옮기면 아트보드 안에 있는 오브젝트들이 함께 옮겨집니다. 클릭하지 않으면 아트보드만 이동합니다.

❻ : 아트보드의 중심선을 보이게 하거나 숨깁니다.

❼ : 아트보드의 외곽선의 중앙선을 보이게 하거나 숨깁니다.

❽ : 영상작업에서 안전한 영역을 표시하거나 숨깁니다.

❾ : 아트보드를 편집할 수 있는 Artboard Options 창을 띄웁니다.

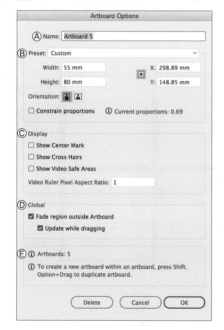

Ⓐ **Name** : 아트보드 이름을 정합니다.

Ⓑ **Preset** : 아트보드 크기와 위치, 페이지 방향을 정합니다.

Ⓒ **Display** : 아트보드에 점과 십자선, 비디오 적합 영역 표시 유무를 체크합니다.

Ⓓ **Global** : 아트보드 툴이 선택된 상태에서 아트보드 외부에 있는 영역을 내부 영역보다 어둡게 표시할지 정합니다.

Ⓔ **Artboards** : 대지의 수를 나타냅니다.

❿ : X, Y 좌표점의 위치를 수정합니다.

⓫ **X/Y** : 아트보드의 가로, 세로 위치 값을 나타냅니다.

⓬ **W/H** : 아트보드의 넓이, 높이 값을 나타냅니다.

⓭ **Artboard 숫자** : 현재 생성된 아트보드의 개수를 나타냅니다.

01 ❶[File]–[New]([Ctrl]+[N]) 메뉴를 선택합니다. ❷New Document 창에서 [Print]–[Letter]를 선택하고 ❸Width/Height를 각각 '100mm', Artboards를 '4'로 입력한 후 ❹〈OK〉를 클릭합니다. 네 개의 아트보드가 만들어집니다.

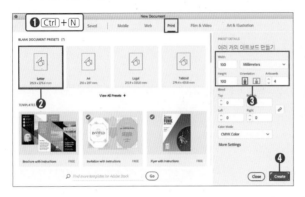 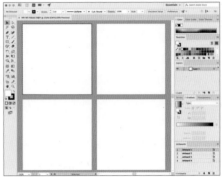

02 아트보드를 삭제해보겠습니다. 아트보드를 클릭하면 문서 아래 상태 표시줄에 아트보드 번호가 나타납니다. ❶ 아트 보드 툴ⓑ을 선택한 후 ❷'Artboard 3'을 클릭합니다. ❸아트보드 오른쪽 위의 ⊠를 클릭하면 아트보드가 삭제됩니다.

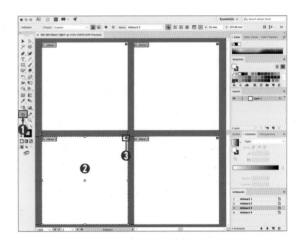

작업의 이해를 위한 **TIP** ▸ 상단 옵션바의 🗑을 클릭하거나 [Delete]를 눌러 삭제할 수 있습니다.

03 아트보드 크기를 변경해보겠습니다. 'Artboard 4'를 선택하고 바운딩 박스의 왼쪽 조절점을 드래그하여 가로 크기를 임의로 늘립니다.

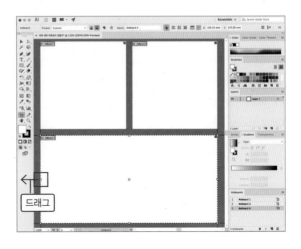

드래그

작업의 이해를 위한 **TIP** ▸ 상단 옵션바의 W와 H 항목에 값을 직접 입력하여 크기를 조절할 수 있습니다.

04 아트보드 위치를 옮겨보겠습니다. ❶ 'Artboard 1'을 드래그하여 'Artboard 4' 옆으로 옮깁니다. ❷ 상단 옵션바의 X와 Y 항목에 값을 직접 입력하여 위치를 옮길 수 있습니다.

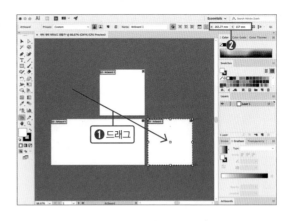

05 아트보드 편집 모드에서 나오겠습니다. [Esc]를 누르거나 툴 패널에서 아무 툴이나 선택하면 편집 모드가 해제됩니다.

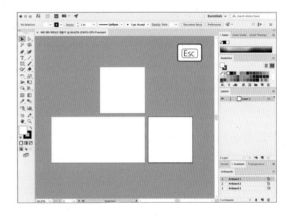

기능실습

Artboards 패널 이용하여 아트보드 만들고 삭제하기

01 ❶ [File]-[Open]([Ctrl]+[O]) 메뉴를 선택하여 'PART2_CHAPTER3_Artboard패널.ai' 파일을 불러옵니다. ❷ [Window]-[Artboards] 메뉴를 선택하여 Artboards 패널을 엽니다. ❸ Artboards 패널의 🔳을 클릭하면 패널에 'Artboard 2'가 생성되고 작업 창에 새 종이가 만들어집니다.

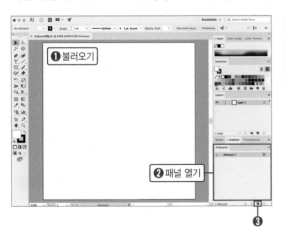

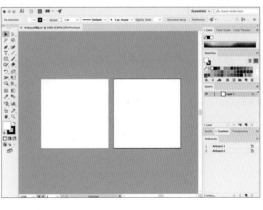

02 아트보드를 삭제해보겠습니다. ❶ Artboards 패널에서 'Artboard 1'을 선택하고 ❷ 🗑를 클릭하면 아트보드가 삭제됩니다.

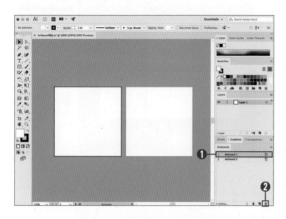 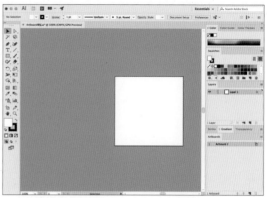

Version : CS3~CC

기능실습

아트보드 정렬하기, 아트보드를 구분하여 JPEG 파일로 저장하기

01 [File]-[Open]([Ctrl]+[O]) 메뉴를 선택하여 'PART2_CHAPTER3_Artboard정렬_시작.ai' 파일을 불러옵니다. 여러 개의 아트보드를 정렬해보겠습니다.

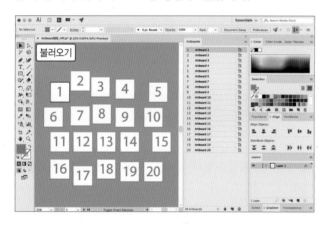

02 ❶ [Object]-[Artboards]-[Rearrange] 메뉴를 선택하여 Rearrange Artboards 창을 엽니다. ❷ Layout을 🔳로 선택하고 ❸ Columns를 5로 설정한 후 ❹ 〈OK〉를 클릭합니다.

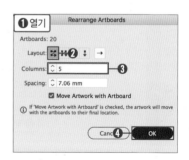

03 아트보드가 가로격자로 5칸씩 정렬됩
니다.

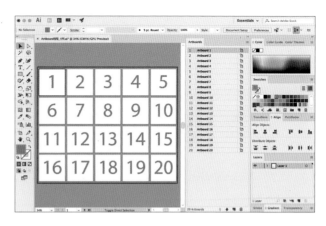

04 여러 개의 아트보드를 구분하여 JPG 파일로 저장해
보겠습니다. ❶[File]−[Export]−[Export As] 메뉴를 선
택하여 Export 창을 엽니다. ❷파일형식은 JPEG, Use
Artboards 박스 체크, All 항목을 클릭한 후 ❸⟨Export⟩
를 클릭합니다.

05 Export for Screens 창이 열리면 ❶Export to의 폴더 버튼을 클릭하여 JPEG 파일 저장 경로를 설정한
후 ❷⟨Export Artboard⟩를 클릭합니다. 저장 폴더를 열어보면 20개의 아트보드 전체가 JPEG 파일로 저장된
것을 확인할 수 있습니다.

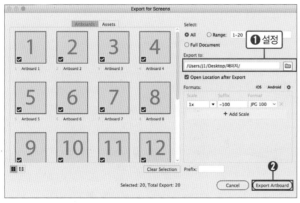

차곡차곡 쌓아올린 종이!
레이어와 레이어 혼합모드

 레이어 그룹화와 잠금 설정, 레이어 혼합모드, 레이어 순서 바꾸기

핵심 기능 | ## 레이어란?

레이어(Layer)는 '층'입니다. 아파트의 가장 밑층을 1층, 그 위층을 2층이라고 구분합니다. 일러스트레이터에서 오브젝트를 구성하는 요소들도 건물처럼 여러 층으로 구성되어 있습니다. 각 층에 위치한 오브젝트는 분리되어 있어 수정 작업이 쉽습니다. 일러스트레이터의 레이어(Layer)는 포토샵과 다르게 여러 개의 레이어를 하나의 레이어로 합칠 수 없지만, 그룹으로 묶어 활용할 수 있습니다.

일러스트레이터에서 오브젝트를 만들 때마다 자동으로 레이어가 생성됩니다. 가장 나중에 만든 오브젝트가 위로 올라오며 레이어 패널에서 제일 위층을 차지하게 됩니다. 예를 들어, 웃는 표정을 그릴 때 얼굴을 그린 후 눈과 입을 차례대로 그린다고 가정하면 그린 순서대로 레이어가 만들어집니다.

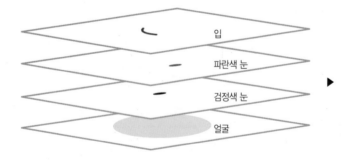

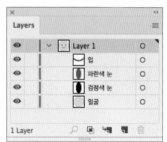

Layers 패널 살펴보기

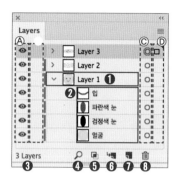

Ⓐ 보이기열 : 눈 클릭 유무에 따라 보이기 기능이 설정됩니다. 눈을 끄면 개체가 보이지 않습니다.

Ⓑ 편집열 : 박스 클릭 유무에 따라 잠금 기능이 설정됩니다. 자물쇠🔒가 채워진 레이어는 편집할 수 없고, 자물쇠🔒가 보이지 않는 레이어는 편집할 수 있습니다.

Ⓒ 대상열 : ◎ 원형 표시를 클릭하면 레이어 속한 모든 오브젝트를 선택할 수 있습니다.

Ⓓ 선택열 : ▣ 사각형 표시는 선택한 개체가 속해 있는 레이어라는 뜻입니다. 사각형 색은 오브젝트의 패스, 바운딩 박스와 동일한 색으로 표시됩니다.

❶ **상위 레이어** : 상위 레이어와 이름을 표시합니다. 이름 부분을 더블클릭하면 Layer Option 창이 열리며, 레이어 이름과 레이어에 표시되는 패스 색을 수정할 수 있습니다.

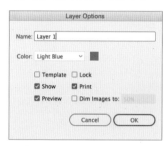

❷ **하위 레이어** : 하위 레이어와 이름을 표시합니다.

❸ **레이어 표시** : 레이어 패널에 3개의 상위 레이어가 있음을 알려줍니다.

❹ **레이어 찾기** : 선택한 레이어가 있는 곳을 찾아줍니다.

❺ **마스크 만들기** : 선택한 레이어의 가장 상단에 위치한 오브젝트에 하단 오브젝트를 마스크 씌웁니다.

❻ **하위 레이어 만들기** : 선택한 레이어에 하위 레이어를 생성합니다.

❼ **새 레이어 만들기** : 새 레이어를 만듭니다.

❽ **레이어 삭제하기** : 레이어를 삭제합니다.

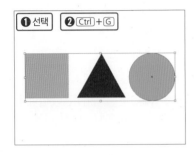

레이어 그룹화/그룹 풀기

레이어 그룹화는 여러 레이어를 하나의 그룹으로 만들 때 사용합니다. ❶ 그룹화할 오브젝트를 선택한 후 ❷ [Object]–[Group]([Ctrl]+[G]) 메뉴를 선택합니다. 가장 상단에 있는 레이어에 Group 하위 레이어가 만들어지고 오브젝트가 옮겨집니다.

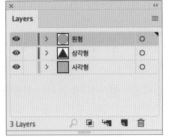

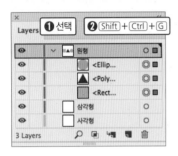

그룹을 풀고 싶으면 ❶ 그룹을 선택한 후 ❷ [Object]–[Ungroup]([Shift]+[Ctrl]+[G]) 메뉴를 선택합니다.

레이어 숨기기/모두 숨기기

❶ 숨기고 싶은 오브젝트를 선택한 후 ❷ [Object]–[Hide]–[Selection]([Ctrl]+[3]) 메뉴를 선택합니다. 숨긴 오브젝트를 다시 보이게 하고 싶으면 ❸ [Object]–[Show All]([Alt]+[Ctrl]+[3]) 메뉴를 선택합니다.

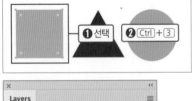
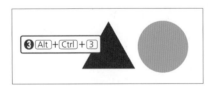

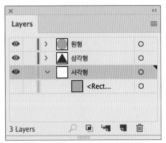

레이어 잠금/잠금 풀기

❶ 잠그고 싶은 오브젝트를 선택한 후 ❷ [Object]−[Lock]−[Selection](Ctrl +2) 메뉴를 선택합니다. 잠긴 오브젝트를 풀고 싶으면 [Object]−[Unlock All](Alt + Ctrl +2) 메뉴를 선택합니다.

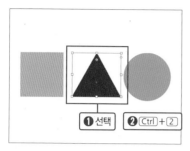

레이어 혼합모드 살펴보기

레이어 혼합모드를 설정하여 오브젝트에 다양한 효과를 줄 수 있습니다. 이러한 레이어 혼합모드는 Transparency 패널의 Opacity 옵션과 Blending 옵션을 이용해 다양한 방식으로 혼합하고 겹칠 수 있습니다. [Window]−[Transparency](Shift + Ctrl + F10) 메뉴를 선택하여 Transparency 패널을 엽니다.

Normal 기본 모드	Darken 어둡게하기	Multiply 곱하기	Color Burn 색상 번
가장 기본 상태입니다.	어둡게 겹쳐집니다.	겹쳐진 오브젝트의 색을 섞어줍니다.	겹쳐진 부분의 색과 채도를 강하게 표현합니다.

Lighten 밝게 하기	Screen 스크린	Color Dodge 색상 닷지	Overlay 오버레이
겹쳐진 부분을 밝게 표현합니다.	밝은 색 부분이 더 밝아집니다.	Color Burn과 반대입니다. 기본 색상을 더 밝게 만듭니다.	Multiply와 Screen이 합쳐진 상태로 밝은 색은 더 밝게, 어두운 색은 더 어둡게 표현합니다.

Soft Light 소프트 라이트	Hard Light 하드 라이트	Difference 차이	Exclusion 제외
위의 오브젝트가 명도 50% 이상이면 밝게, 50% 이하면 어둡게 합성됩니다.	Soft Light보다 밝기 대비가 큽니다.	보색으로 겹쳐집니다. 대부분 어둡게 겹쳐집니다.	Difference와 비슷하지만 좀 더 약하게 합성됩니다.

Hue 색조	Saturation 채도	Color 색상	Luminosity 광도
겹쳐진 부분의 채도, 색상, 명도를 중간으로 합성합니다.	겹쳐진 부분의 채도만 합성됩니다.	겹쳐진 부분의 색상만 합성됩니다.	Color와 반대입니다. 겹쳐진 부분의 채도와 명도만 합성됩니다.

핵심 기능

레이어 순서(층) 바꾸기

❶ 오브젝트를 선택하고 [Object]–[Arrange] 메뉴를 선택하면 레이어 순서를 바꿀 수 있는 옵션이 나타납니다.

❷ 오브젝트를 선택하고 마우스 오른쪽 버튼을 누르면 메뉴창이 열립니다. Arrange 메뉴를 선택하면 레이어 순서를 바꿀 수 있는 옵션이 나타납니다.

[Object]–[Arrange] 메뉴

마우스 오른쪽 버튼 클릭 → [Arrange] 메뉴

❸ 단축키를 이용하면 빠르고 쉽게 오브젝트 순서를 바꿀 수 있습니다.

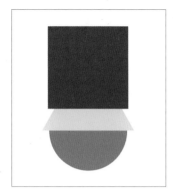
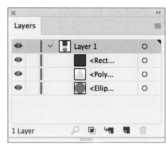

▲ 원본

NOTE ▶ 오브젝트 순서 정하기 단축키

• Ctrl + Shift +] : 오브젝트를 맨 위로 올리기

▲ 파란색 원을 맨 위로 올리기

• Ctrl +] : 오브젝트를 한층 올리기

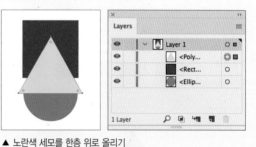

▲ 노란색 세모를 한층 위로 올리기

• Ctrl + Shift + [: 오브젝트를 맨 아래로 내리기

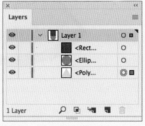

▲ 노란색 세모를 맨 아래로 내리기

• Ctrl + [: 오브젝트를 한층 내리기

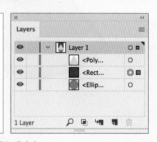

▲ 초록색 네모를 한층 아래로 내리기

일러스트레이터의 핵심! 펜 툴과 패스 제작 툴

펜 툴, 기준점 추가/삭제/변환 툴, 곡률 툴, 직접 선택 툴, Stroke 패널, 연필 툴

일러스트레이터에서 그린 오브젝트는 모두 '패스(Path)'를 가집니다. '패스(Path)'는 '길, 경로'라는 뜻으로 여러 개의 점과 점을 잇는 선으로 구성됩니다. 패스는 시작점과 도착점이 만나는 닫힌 패스와 시작점과 도착점이 만나지 않는 열린 패스로 나뉘며, 펜 툴 🖊과 직접 선택 툴 ▷로 수정할 수 있습니다. 오브젝트는 여러 개의 직선 또는 곡선 패스로 이루어집니다.

핵심기능 **패스를 가지는 오브젝트**

▲ 닫힌 패스

▲ 열린 패스

▲ 직선 패스로 이루어진 오브젝트

▲ 곡선 패스로 이루어진 오브젝트

핵심기능 패스의 구성 요소와 명칭

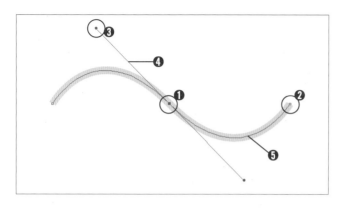

❶ **선택된 기준점** : 기준점은 선과 선을 이어주는 역할을 합니다. 기준점의 숫자가 많아질수록 오브젝트의 형태가 정교해지지만 그만큼 파일 용량이 커집니다. 선택된 기준점은 검정색입니다. 오브젝트의 형태를 부분적으로 수정하고 싶을 때 해당 기준점만 선택합니다.

❷ **미선택 기준점** : 미선택 기준점은 선택되지 않은 점으로 흰색입니다.

❸ **방향점** : 방향선의 끝에 있는 점으로, 점을 잡고 움직이면 방향선이 조절되어 곡선의 형태를 수정할 수 있습니다.

❹ **방향선** : 곡선을 만들 때 곡선의 방향과 각도와 길이를 설정할 수 있습니다.

❺ **선분(세그먼트)** : 기준점과 기준점을 연결하는 선입니다. 곡선과 직선으로 만들 수 있습니다.

방향점과 방향선을 통틀어 핸들(Handle)이라고 부르며, 이 모든 것을 합쳐 패스(Path)라고 부릅니다.

핵심기능 패스 제작 툴 살펴보기

연필을 쥐는 법을 모르면 스케치를 하지 못하는 것과 마찬가지로 패스 제작 툴을 모르면 그리고 싶은 오브젝트의 형태를 제대로 만들지 못합니다. 패스를 만드는 툴은 ❶펜 툴🖊, ❷기준점 추가 툴🖊, ❸기준점 삭제 툴🖊, ❹기준점 변환 툴⯈, ❺곡률 툴🖊, ❻직접 선택 툴⯈, ❼연필 툴🖊 등이 있습니다. 펜 툴로 다양한 패스를 그리며, 다른 툴들로 기준점을 추가, 삭제, 이동하고 방향선과 방향점을 변형하는 보조 역할을 합니다. 패스 제작 툴은 일러스트레이터의 가장 기초가 되는 중요한 툴들입니다. 기능은 단순하지만 능숙하게 사용하려면 충분한 연습이 필요합니다.

❶ 🖊 **펜 툴** : 패스를 만드는 기본 툴입니다. 펜 툴🖊을 선택한 상태에서 Alt 를 누르면 일시적으로 기준점 변환 툴⯈로 바뀌고, Ctrl 을 누르면 일시적으로 직접 선택 툴⯈로 바뀝니다.

❷ 🖊 **기준점 추가 툴** : 선분(세그먼트)을 클릭하여 기준점을 추가합니다.

❸ 🖊 **기준점 삭제 툴** : 기준점을 클릭하여 기준점을 삭제합니다.

❹ ⯈ **기준점 변환 툴** : 기준점을 클릭 앤 드래그하여 직선을 곡선으로 바꾸고, 기준점을 클릭하여 곡선을 직선으로 바꿉니다.

❺ 🖊 **곡률 툴** : 기준점을 추가할 때 이전 기준점의 방향선과 연결하여 자동으로 곡선을 만듭니다.

❻ ⯈ **직접 선택 툴** : 오브젝트를 부분적으로 선택하거나 패스의 기준점을 선택하여 세밀하게 수정합니다.

❼ 🖊 **연필 툴** : 연필처럼 자유롭게 드래그하여 패스를 그립니다. 연필 툴로 그린 선은 삐뚤빼뚤 자연스러운 선입니다. 연필 툴을 이용할 때 Alt 를 누르면 스무드 툴🖊로 전환되어 선의 형태를 다듬을 수 있습니다.

01 일러스트레이터를 실행한 후 ❶펜 툴 을 선택하고 ❷면을 클릭한 후 ❸ 버튼을 눌러 비활성화합니다. ❹선을 클릭한 후 ❺Color 패널에서 원하는 색을 선택합니다. ❻빈 곳을 클릭하여 시작점을 만들고 ❼다른 곳을 클릭하여 시작점과 이어진 직선을 만듭니다. ❽이어서 아래쪽을 클릭하면 직선이 연결됩니다.

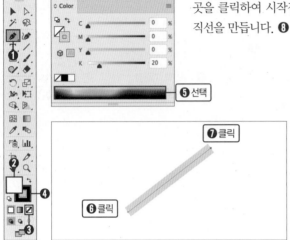

02 이번에는 수직선과 수평선, 45각도의 직선을 그리겠습니다. ❶ Shift 를 누른 채 위쪽을 클릭합니다. ❷이 어 Shift 를 누른 채 오른쪽을 클릭합니다. ❸이어 Shift 를 누른 채 사선 방향의 아래쪽을 클릭합니다. ❹ Enter 를 누르면 패스가 선택 해제되고 그리기가 종료됩니다.

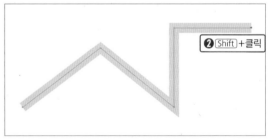

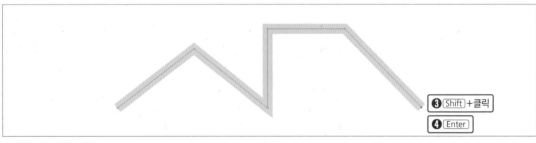

NOTE ▶ 패스를 끊어주는 방법

패스를 끊어주지 않으면 패스가 계속 이어집니다. 패스로 원하는 모양을 만든 후 다른 모양을 만들려고 할 때 반드시 패스를 선택 해제한 후 다음 과 정을 진행해야 합니다.

❶ Enter 누르기　　❷ Ctrl 을 누른 채 빈 곳 클릭하기　　❸ 툴 패널에서 다른 툴 선택하기

01 ❶펜 툴 ✏️ 로 빈 곳을 클릭하여 시작점을 만들고 ❷오른쪽 한 부분을 클릭한 채 아래로 드래그합니다. 드래그하는 쪽으로 방향선이 나타나고 위로 볼록한 곡선이 만들어집니다. ❸오른쪽 한 부분을 클릭한 채 위로 드래그합니다. 드래그하는 대로 방향선이 나타나고 아래로 볼록한 곡선이 만들어집니다. ❹ Ctrl 을 누른 채 빈 곳을 클릭하면 패스가 선택 해제되고 그리기가 종료됩니다.

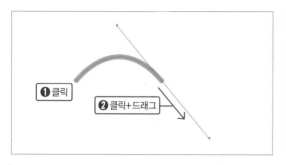
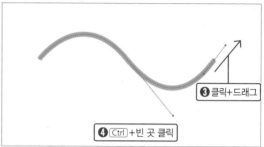

02 이번에는 반 곡선을 그려보겠습니다. ❶펜 툴 ✏️ 로 빈 곳을 클릭하여 시작점을 만듭니다. ❷오른쪽 한 부분을 클릭한 채 아래로 드래그하여 위가 볼록한 곡선을 만듭니다. ❸끝점을 클릭하면 방향선 하나가 사라집니다. ❹다시 오른쪽 한 부분을 클릭한 채 아래로 드래그하여 위가 볼록한 곡선을 만듭니다.

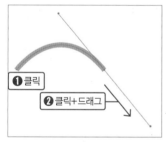

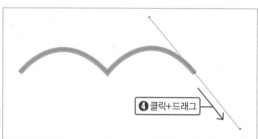

03 마찬가지로 끝점을 클릭하여 방향선 하나를 삭제합니다. 같은 방법을 반복하면 반 곡선을 계속 그려나갈 수 있습니다.

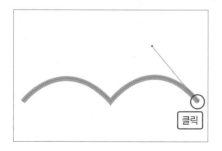
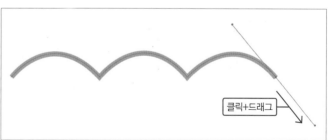

04 폭이 다른 곡선을 그려보겠습니다. ❶ 펜 툴 로 빈 곳을 클릭하여 시작점을 만듭니다. ❷ 오른쪽 한 부분을 클릭한 채 위로 높게 드래그하여 아래가 볼록한 곡선을 만듭니다. 방향선의 길이가 긴만큼 곡선의 폭이 넓어집니다. ❸ 오른쪽 한 부분을 클릭한 채 아래로 드래그하여 위가 볼록한 곡선을 만듭니다. ❹ 이전 기준점의 위쪽 방향점을 Alt 를 누른 채 아래로 드래그합니다. 방향선의 길이가 짧아지고 곡선의 폭이 좁아집니다.

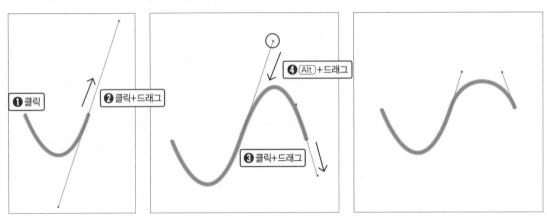

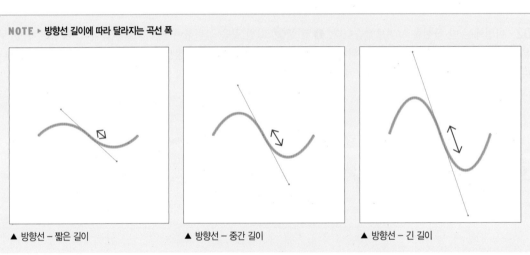

▲ 방향선 – 짧은 길이 　　　　　　▲ 방향선 – 중간 길이 　　　　　　▲ 방향선 – 긴 길이

05 이번에는 곡률 툴 로 곡선을 그려보겠습니다. ❶ 곡률 툴 을 선택하고 ❷ 빈 곳을 클릭하여 시작점을 만듭니다. ❸ 오른쪽 한 부분을 클릭한 후 위로 드래그하면 곡선으로 된 방향선이 자동으로 이어집니다. ❹ 위쪽 한 부분을 클릭하면 방향선 과 동일한 곡선이 만들어집니다.

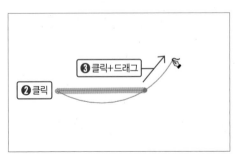
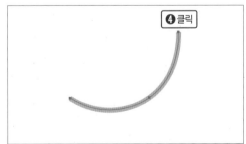

06 원하는 방향으로 기준점을 추가하면 방향선이 자동으로 이어지고 곡선이 그려집니다.

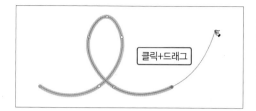 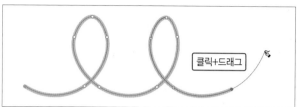

기능실습 **열린 패스를 닫힌 패스로 만들기**

01 펜 툴 로 'ㄴ' 모양의 패스를 만듭니다. 처음 클릭했던 시작 지점 위에 마우스를 가져가면 커서가 모양으로 바뀝니다. 시작점을 클릭하면 직선이 연결되어 패스가 닫히고 면이 됩니다.

 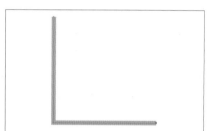 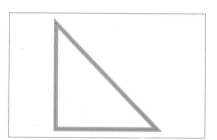

> **NOTE ▶ 열린 패스와 닫힌 패스**
> ❶ **열린 패스** : 시작점과 끝점이 만나지 않는 패스. 열린 패스에서도 면 색과 선 색을 만들 수 있지만 작업 중 왜곡되거나 문제가 생길 수 있습니다. 패스의 면을 만들어 색을 입힐 계획이라면 되도록 닫힌 패스로 작업하는 것이 좋습니다.
> ❷ **닫힌 패스** : 시작점과 끝점이 만나는 패스. 열린 패스의 시작점과 끝점을 연결하면 닫힌 패스(면)를 만들 수 있습니다. 면(Fill)과 선(Stroke)을 가진 오브젝트를 만들 때 사용합니다.

▲ 열린 패스　　▲ 닫힌 패스

기능실습 **직선에서 곡선, 곡선에서 직선 이어 그리기**

01 직선에서 곡선을 이어 그려보겠습니다. ❶ 펜 툴 로 직선을 그린 후 ❷ 위쪽 한 부분을 클릭한 채 왼쪽 사선으로 드래그하여 오른쪽이 볼록한 곡선을 만듭니다.

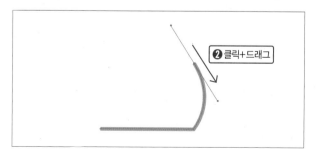

02 곡선에서 직선을 이어 그려보겠습니다. ❶ 곡선의 끝점을 클릭하면 방향선 하나가 사라집니다. ❷ Shift 를 누른 채 왼쪽 한 부분을 클릭하여 직선을 만듭니다. ❸ 처음 클릭했던 시작 지점을 클릭한 채 오른쪽 사선으로 드래그하면 왼쪽이 볼록한 곡선이 만들어집니다.

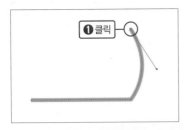  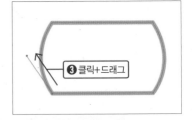

[패스 부분 수정하기]

01 ❶ [File]-[Open](Ctrl + O) 메뉴를 선택하여 'PART2_CHAPTER5_패스수정하기.ai' 파일을 불러옵니다. ❷ 직접 선택 툴 ▷로 원 하단의 기준점을 클릭합니다. ❸ 기준점을 아래로 드래그합니다. 기준점이 이동되면서 형태가 수정됩니다.

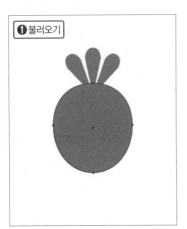 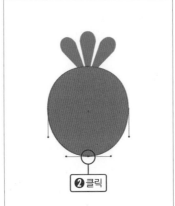 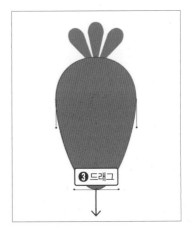

[기준점 추가/삭제하기]

02 기준점을 추가해보겠습니다. ❶ 펜 툴 🖊을 길게 눌러 기준점 추가 툴 🖊을 선택한 후 ❷ 다음과 같이 패스의 중간 지점을 클릭합니다. 기준점이 추가됩니다. ❸ 직접 선택 툴 ▷로 새로 추가한 기준점을 드래그하여 아래로 드래그합니다. 기준점이 이동되면서 형태가 수정됩니다.

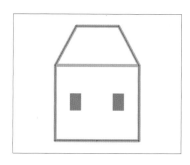
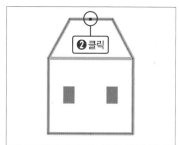
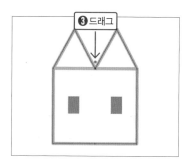

03 기준점을 삭제해보겠습니다. ❶ 선택 툴 로 ❷ 삼각형을 선택합니다. ❸ 펜 툴 을 길게 눌러 기준점 삭제 툴 을 선택한 후 ❹ 삼각 오브젝트 하단의 기준점을 클릭합니다. 기준점이 삭제되면서 형태가 수정됩니다.

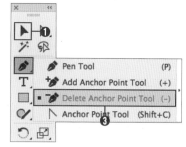

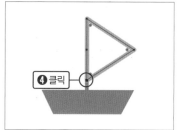

[직선을 곡선으로 만들기]

04 ❶ 직접 선택 툴 로 각진 모서리의 기준점을 선택합니다. ❷ 옵션바에서 를 클릭합니다. 모서리가 둥글게 바뀝니다. ❸ 방향선을 조절하여 곡선을 완만하게 만듭니다.

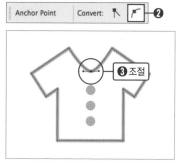

05 옵션바에서 를 클릭합니다. 곡선이었던 모서리가 다시 직각으로 바뀝니다.

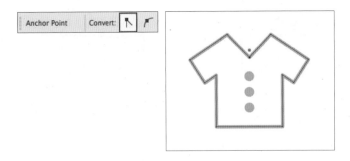

06 ❶ 펜 툴 을 길게 눌러 기준점 변환 툴 을 선택합니다. ❷ 모자의 각진 모서리를 선택하고 오른쪽 방향으로 드래그합니다. 방향선이 생기면서 곡선이 되었습니다.

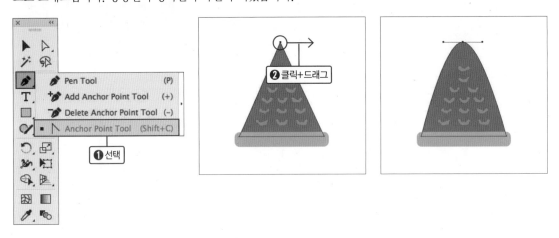

[패스 선 재설정하기_CC17.1 신기능]

07 기준점 변환 툴 이 선택된 상태에서 직선에 마우스를 가져가면 마우스 커서가 모양으로 바뀝니다. 선분(세그먼트)을 드래그하면 드래그한 방향으로 곡선이 만들어집니다.

[라운드 코너 이용하기_CC17.1 신기능]

08 ❶ 직접 선택 툴▷로 위쪽 각진 모서리 기준점을 드래그하여 선택합니다. 라운드 코너◉가 나타납니다. 라운드 코너 위에 마우스 커서를 가져가면 ▷ 모양으로 바뀝니다. ❷ 라운드 코너를 선택하고 아래쪽 방향으로 드래그합니다. 드래그한만큼 둥근 곡선이 만들어집니다.

09 ❶ 직접 선택 툴▷로 아래쪽 각진 모서리 기준점을 드래그하여 선택합니다. ❷ 라운드 코너◉를 선택하고 위쪽 방향으로 드래그합니다. 드래그한만큼 둥근 곡선이 만들어집니다.

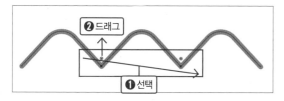

[패스 연결하기]

10 ❶ 직접 선택 툴▷로 마주보고 있는 위쪽 두 개의 기준점을 드래그하여 선택합니다. [Object]-[Path]-[Join](Ctrl+J) 메뉴를 선택하여 패스를 연결합니다.

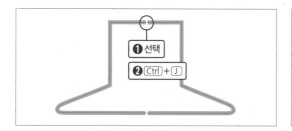
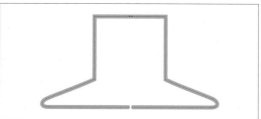

11 ❶ 아래쪽 두 개의 기준점을 드래그한 후 [Object]-[Path]-[Join](Ctrl+J) 메뉴를 선택하여 패스를 연결합니다. ❷ 두 개의 선이 연결되어 하나의 면이 완성되면 Shift+X를 눌러 선 색을 면 색으로 교체합니다.

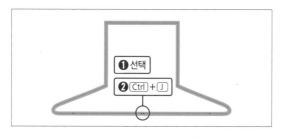
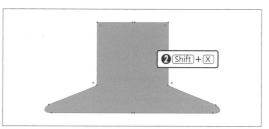

Stroke 패널 살펴보기

일러스트레이터 Stroke 패널에서는 오브젝트의 선 두께, 끝점, 모서리 모양을 지정할 수 있고 점선을 만들 수 있습니다. 선 패스를 그린 후 Stroke 패널의 옵션 값을 조정하여 모양을 다양하게 바꿔보세요.

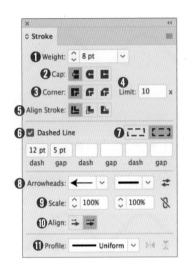

❶ **Weight** : 선 두께를 지정합니다.

❷ **Cap** : 선의 끝 모양을 선택합니다.

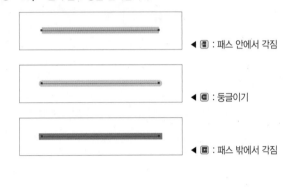

◀ 🔲 : 패스 안에서 각짐

◀ 🔲 : 둥글이기

◀ 🔲 : 패스 밖에서 각짐

❸ **Corner** : 선의 모서리 모양을 선택합니다.

▲ 🔲 : 각진 모서리

▲ 🔲 : 둥근 모서리

▲ 🔲 : 꺾인 모서리

❹ **Limit** : Miter Join의 꺾인 모서리에서 한계점을 지정합니다.

❺ **Align Stroke** : 패스 선 안의 기준점 위치를 중앙, 안쪽, 바깥쪽으로 변경합니다.

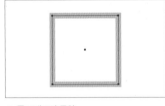

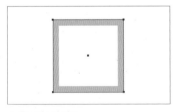

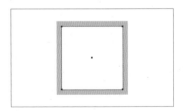

▲ 🔲 : 패스의 중앙

▲ 🔲 : 패스의 안쪽

▲ 🔲 : 패스의 바깥쪽

❻ **Dashed Line** : 점선을 만듭니다.

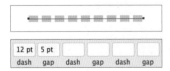

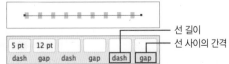

선 길이

선 사이의 간격

❼ 을 클릭하면 지정한 대로 점선 간격이 나타나고, 을 클릭하면 점선이 모서리를 기준으로 나타납니다.

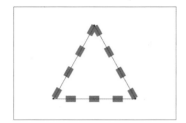 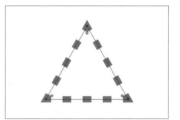

❽ **Arrowheads** : 시작 부분과 끝 부분의 모양을 지정하여 화살표를 만듭니다. 일러스트레이터 CS5 버전부터 이용할 수 있는 옵션입니다. 을 클릭하면 시작과 끝 부분의 모양이 맞바뀝니다.

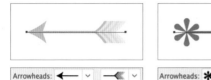 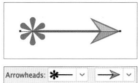 

❾ **Scale** : 화살표 양끝 모양의 크기를 조절합니다. 을 클릭하면 화살표의 어느 한쪽 크기만 변경해도 양끝 모두 같은 비율로 조절할 수 있습니다.

❿ **Align** : 모양을 패스 안쪽에 표시할지 바깥쪽에 표시할지 선택합니다.

⓫ **Profile** : 선의 폭 모양을 스타일리시하게 만들어주는 '선 스타일 6개'를 선택할 수 있습니다. 일러스트레이터 CS5 버전부터 이용할 수 있는 옵션입니다. 을 클릭하면 좌우를 바꿀 수 있고 을 클릭하면 상하를 바꿀 수 있습니다.

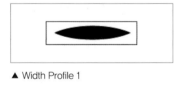 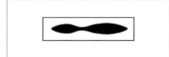 

▲ Width Profile 1   ▲ Width Profile 2   ▲ Width Profile 3

 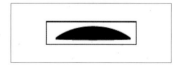

▲ Width Profile 4   ▲ Width Profile 5   ▲ Width Profile 6

01 ❶펜 툴 로 빈 곳을 클릭하여 시작점을 만든 후 ❷ Shift 를 누른 채 오른쪽 한 부분을 클릭하면 수평선이 만들어집니다. ❸ Stroke 패널에서 Dashed Line을 체크하고 dash를 10pt, gap을 5pt로 설정합니다. 길이가 10pt이고 간격이 5pt인 점선이 만들어집니다.

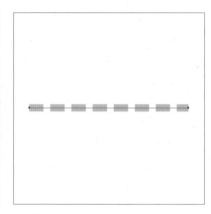

02 점선의 시작과 끝 모양을 설정해보겠습니다. ❶ Stroke 패널에서 Arrowheads의 ⌄을 클릭하여 팝업 목록을 띄웁니다. 시작과 끝 모양 모두 'Arrow 1'모양을 선택합니다. 점선에 화살표가 추가됩니다. ❷ Weight를 2pt로 설정합니다. 화살표 모양과 점선의 굵기가 줄어듭니다.

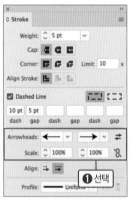

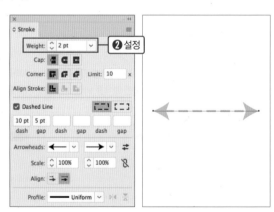

핵심기능

연필 툴 옵션 살펴보기

연필 툴 을 더블클릭하여 Pencil Tool Options 창을 엽니다. 옵션을 체크하고 조절하여 연필 툴 을 세세하게 설정할 수 있습니다.

❶ **Fidelity** : 선의 정밀도를 설정합니다. 기준점이 적으면 파일의 용량이 줄어듭니다.

ⓐ **Accurate(정확도)** – Accurate에 가까울수록 기준점이 많아지고 패스가 정확해집니다.

ⓑ **Smooth(매끄러움)** – Smooth에 가까울수록 기준점이 줄어들고 매끄럽고 단순해집니다.

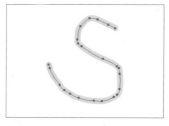

▲ Accurate

▲ Accurate

❷ **Fill new pencil strokes** : 체크하면 면 색을 지정하여 선과 면을 함께 그릴 수 있습니다.

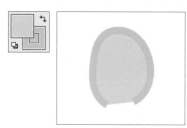

▲ 체크되어 있는 경우

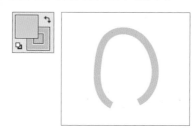

▲ 체크되어 있지 않은 경우

❸ **Keep selected** : 패스를 그린 뒤 마우스에서 손을 떼면 자동으로 그려진 선이 선택된 상태가 됩니다.

❹ **Option key toggles to Smooth Tool** : 체크하면 연필 툴 에서 [Alt]를 눌렀을 때 스무드 툴 로 전환됩니다.

❺ **Close paths when ends are within** : 체크하면 패스와 패스 사이의 간격이 떨어져 있어도 자동으로 닫힌 패스를 만듭니다. 수치 값은 패스 간 근접거리를 나타냅니다.

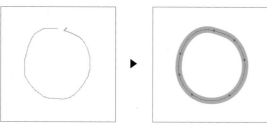

▲ 체크되어 있는 경우 : 근접거리 30pixel, 닫힌 패스가 됨

▲ 체크되어 있는 않은 경우 : 열린 패스로 남아 있음

❻ Edit selected paths : 체크하면 패스 선이 선택된 상태에서 연필 툴 🖉 로 그 위에 패스 선을 그으면 다시 그려집니다.

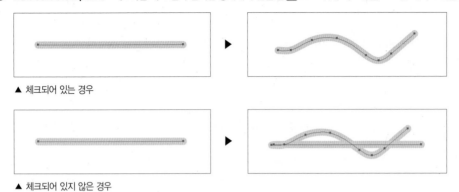

▲ 체크되어 있는 경우

▲ 체크되어 있지 않은 경우

❼ Within : Edit selected paths가 체크되었을 때 활성화됩니다. 패스 선이 이어지는 정도를 수치로 나타냅니다.

▲ 수치 6pixel : 간격을 10pixel 띄우고 드래그, 선 이어지지 않음　　▲ 수치 20pixel : 간격을 10pixel 띄우고 드래그, 선 이어짐

NOTE ▶ 연필 툴로 겹쳐 그리기와 덧대어 그리기

❶ 겹쳐 그리기 : 먼저 그린 선이 선택 해제된 상태에서 먼저 그린 패스와 비슷한 형태로 패스를 그리면 선이 새롭게 그려집니다.

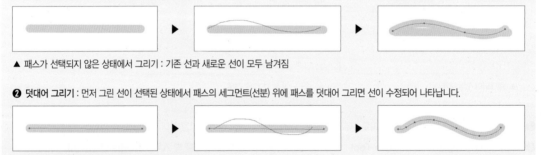

▲ 패스가 선택되지 않은 상태에서 그리기 : 기존 선과 새로운 선이 모두 남겨짐

❷ 덧대어 그리기 : 먼저 그린 선이 선택된 상태에서 패스의 세그먼트(선분) 위에 패스를 덧대어 그리면 선이 수정되어 나타납니다.

▲ 패스가 선택된 상태에서 그리기 : 새로운 선만 남겨짐

화려한 연출의 꽃! 브러시 툴

⚒ 브러시 종류와 태블릿 필압 설정

일러스트레이터 브러시 툴✏로 그릴 수 있는 브러시 종류는 '캘리그라피, 산포, 아트, 강모, 패턴 브러시' 5가지가 있습니다. 브러시 툴✏을 이용하면 패스의 모양을 화려하게 스타일화할 수 있습니다. 기존 패스에 Brushes 패널에서 원하는 형태의 브러시를 선택하여 브러시를 적용하거나 브러시 툴✏로 패스를 그리면서 동시에 브러시를 적용할 수 있습니다. 이밖에 포토샵의 'Hard Round Brush'와 비슷한 블랍 브러시 툴✏이 있습니다. 면과 면을 합쳐 그려나갈 수 있기 때문에 형태를 만들기 수월합니다.

핵심기능
브러시 툴로 그릴 수 있는 브러시 종류

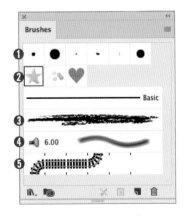

❶ **캘리그라피 브러시(Calligraphic)** : 실제 붓으로 그린 듯한 효과를 냅니다. 태블릿을 함께 사용하면 브러시의 필압에 따라 사이즈 조절이 가능합니다. [[]을 누르면 브러시 사이즈가 작아지고, []]을 누르면 브러시 사이즈가 커집니다.

❷ **산포 브러시(Scatter)** : 패스를 따라 흩뿌리는 효과를 내줍니다. 꽃잎, 나뭇잎, 물방울과 같은 오브젝트를 반복해서 뿌릴 때 유용합니다.

❸ **아트 브러시(Art)** : 다양한 예술적 터치 효과를 냅니다. 목탄, 연필, 펜, 잉크, 수채화 물감과 같이 회화 재료의 특성을 살린 획을 그릴 수 있습니다.

❹ **강모 브러시(Bristle)** : 강모가 느껴지는 자연스러운 터치 효과를 냅니다.

❺ **패턴 브러시(Pattern)** : 개별 타일로 구성된 패턴이 패스를 따라 반복되는 효과를 냅니다. 외곽 프레임을 장식할 때 유용합니다.

핵심 기능 ## 블랍 브러시 툴(Blob Brush) 살펴보기

블랍 브러시 툴 을 이용하면 면의 속성을 가진 그림을 그릴 수 있습니다. [【]을 누르면 브러시 사이즈가 작아지고, []]을 누르면 브러시 사이즈가 커집니다.

▲ 브러시 툴로 그린 그림 : 선의 속성　　　　　▲ 브러시 툴로 그린 그림 : 면의 속성

핵심 기능 ## 태블릿 필압 설정하기

태블릿을 이용하면 브러시의 필압을 조절하여 사용할 수 있습니다. Brushes 패널에 등록된 브러시를 더블클릭하면 옵션 창이 열립니다. Size, Scale, Angle, Roundness 항목에서 'Pressure'을 선택하고 Variation 값을 주면 필압 설정이 완료됩니다. 필압에 의한 굵기(사이즈) 변화만 주고 싶으면 Size, Scale, Width 항목만 'Pressure'로 설정합니다. '강모 브러시'를 제외한 '캘리그라피, 산포, 아트, 패턴 브러시'와 '블랍 브러시'의 필압 설정이 가능합니다.

필압 설정 가능 브러시	옵션 창 설정	필압 설정 전	필압 설정 후
캘리 그라피 브러시	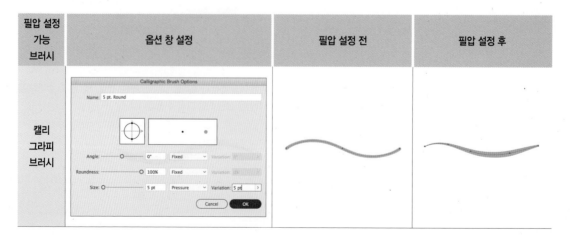		

산포 브러시	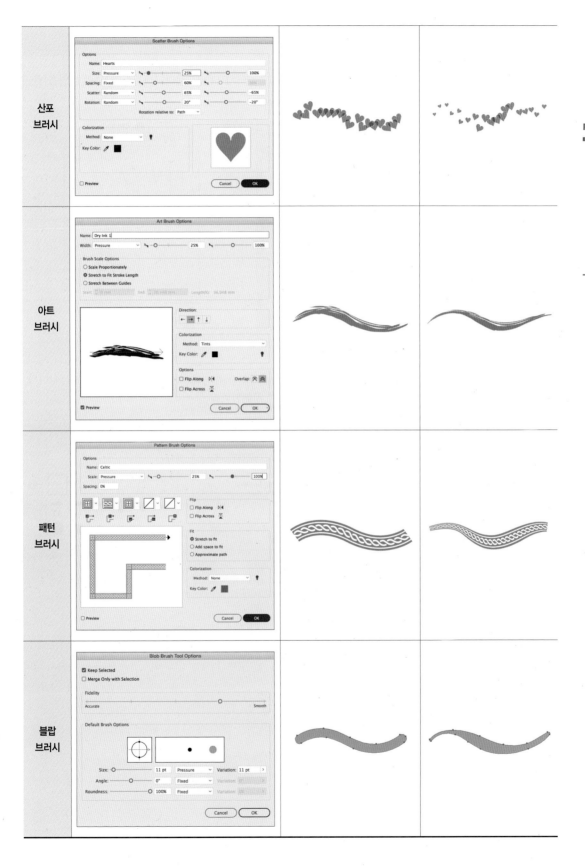		
아트 브러시			
패턴 브러시			
블랍 브러시			

079

01 ❶[File]-[Open]([Ctrl]+[O]) 메뉴를 선택하여 'PART2_CHAPTER6_캘리그라피브러시.ai' 파일을 불러옵니다. ❷선택 툴▶로 ❸글자를 드래그하여 전체 선택합니다.

02 ❶Brushes 패널에서 🖎 버튼을 눌러 ❷[Artistic]-[Artistic_Calligraphic] 메뉴를 선택합니다. ❸Artistic_Calligraphic 창이 열리면 '5 pt. Oval' 브러시를 선택합니다.

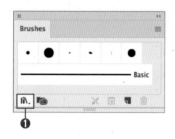
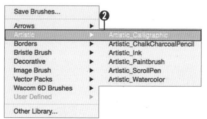
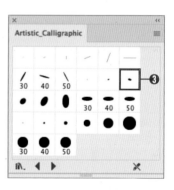

03 30° 기울어진 둥근 모양의 브러시가 패스에 적용되어 두꺼운 손글씨가 완성됩니다.

산포 브러시로 별 무리 그리기

01 ❶ [File]-[Open](Ctrl + O) 메뉴를 선택하여 'PART2_CHAPTER6_산포브러시.ai' 파일을 불러옵니다.
❷ Brushes 패널에서 🔖 버튼을 눌러 ❸ [Decorative]-[Decorative_Scatter] 메뉴를 선택합니다.

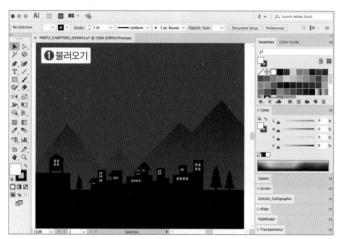

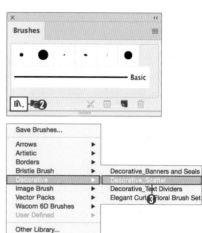

02 ❶ Decorative_Scatter 창이 열리면 'Tiny Stars' 브러시를 선택합니다. Brushes 패널에 'Tiny Stars' 브러시가 등록됩니다. 'Tiny Stars' 브러시 옵션을 변경해보겠습니다. ❷ 'Tiny Stars' 브러시를 더블클릭하여 Scatter Brush Options 창을 엽니다. ❸ Spacing 항목을 60%-300%, Method를 Tints로 설정한 후 ❹ 〈OK〉를 클릭합니다.

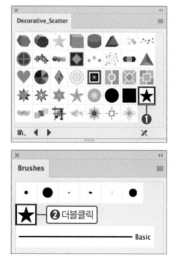

03 ❶ 툴 패널에서 브러시 툴 을 선택합니다. ❷ Color 패널에서 밝은 주황색을 선 색으로 지정합니다. ❸ Stroke를 '2pt'로 설정하고 다음과 같이 밤하늘 위를 드래그합니다. 패스를 따라 별이 흩뿌려집니다. 작은 별을 만들어보겠습니다. ❹ Stroke를 '1pt'로 설정하고 아래쪽을 드래그합니다. 작은 별 무리가 생깁니다.

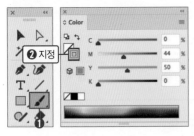

기능실습 **아트 브러시로 수채화 느낌의 꽃 그리기**

01 ❶ [File]-[Open](Ctrl + O) 메뉴를 선택하여 'PART2_CHAPTER6_아트브러시.ai' 파일을 불러옵니다. ❷ 선택 툴 로 ❸ 꽃과 잎을 드래그하여 전체 선택합니다.

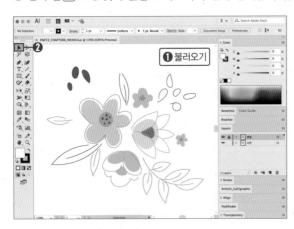

02 ❶ Brushes 패널에서 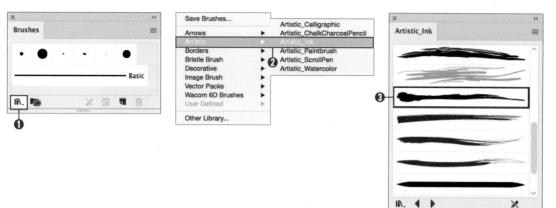 버튼을 클릭하여 ❷ [Artistic]-[Artistic_Ink] 메뉴를 선택합니다. ❸ Artistic_ Ink 창이 열리면 'Fountain Pen'을 선택합니다.

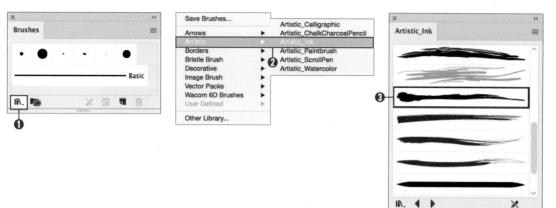

03 Stroke를 '0.8pt'로 설정합니다. 붓으로 그린 듯 한 브러시가 패스에 적용되어 수채화 느낌의 꽃이 완 성됩니다.

기능실습 | **패턴 브러시로 접시 문양 넣기**

01 ❶ [File]-[Open](Ctrl + O) 메뉴를 선택하여 'PART2_CHAPTER6_패턴브러시.ai' 파일을 불러옵니다. ❷ 선택 툴▶로 ❸ 원 패스를 선택합니다.

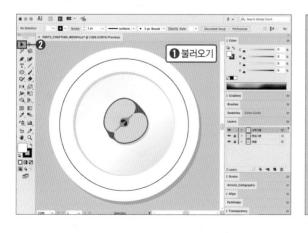

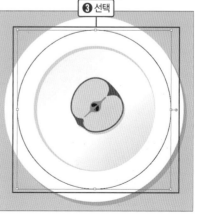

02 ❶Brushes 패널에서 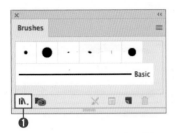 버튼을 클릭하여 ❷[Borders]–[Borders_Geometric] 메뉴를 선택합니다.
❸Borders_Geometric 창이 열리면 'Diamonds 1'을 선택합니다.

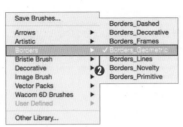
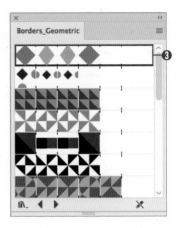

03 다이아몬드 패턴이 패스에 적용되어 접시 문양이 완성됩니다.

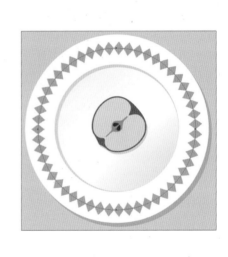

> **기능실습**
> ## 블랍 브러시로 쿠키 위에 설탕 장식하기

01 ❶[File]–[Open](Ctrl + O) 메뉴를 선택하여 'PART2_CHAPTER6_블랍브러시.ai' 파일을 불러옵니다.
❷툴 패널에서 브러시 툴을 길게 눌러 블랍 브러시 툴 을 선택합니다. ❸Brushes 패널에서 '15 pt. Round'
브러시를 선택합니다.

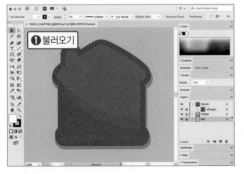

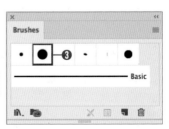

02 ❶ Color 패널에서 밝은 베이지색을 선 색으로 지정합니다. ❷ 그림과 같이 굴뚝과 지붕 위, 집 벽면을 드래그하여 설탕 장식을 넣어줍니다. 포토샵에서 브러시 툴로 드로잉하는 것처럼 선이 아닌 면 형태의 오브젝트가 만들어집니다. ❸ [를 여러 번 눌러 브러시 사이즈를 줄인 후 창문과 문을 그립니다.

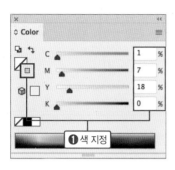
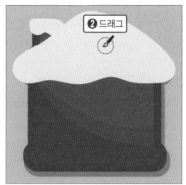

03 Color 패널에서 녹색과 빨간색을 선 색으로 지정한 후 짧게 드래그하여 막대 설탕 장식을 넣어줍니다.

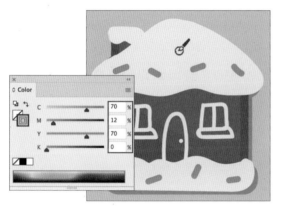
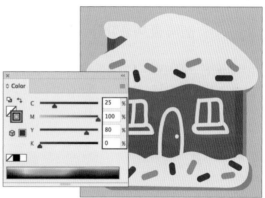

선택 툴, 직접 선택 툴, 그룹 선택 툴의 활용

⚒ 선택하기, 수정하기, 이동하기, 복제하기, 그룹 선택하기

선택 관련 툴은 일러스트레이터에서 가장 많이 이용하는 기본 툴로 선택 툴▶, 직접 선택 툴▷, 그룹 선택 툴▷이 있습니다. 예제를 통해 오브젝트를 선택하여 이동하거나 변형하고 수정할 때 꼭 필요한 선택 관련 툴을 확실히 익히고 넘어가도록 하겠습니다.

핵심기능 | 선택 툴 이용하기

선택 툴▶은 오브젝트를 선택하여 이동하거나 변형할 수 있습니다. 오브젝트를 선택했을 때 표시되는 라운딩 박스를 조절하여 크기를 조절하고 회전합니다.

기능실습 | 오브젝트 선택과 이동하기

01 [File]-[Open](Ctrl+O) 메뉴를 선택하여 'PART2_CHAPTER7_선택관련툴_시작.ai' 파일을 불러옵니다.

02 ❶ 툴 패널에서 선택 툴 ▶ 을 선택합니다. ❷ 주황색 삼각모양을 선택한 후 파인애플 위로 드래그합니다.

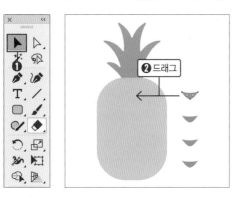

03 ❶ Shift 를 누른 채 나머지 주황색 삼각모양 세 개를 차례대로 클릭하거나 선택 툴 ▶ 로 삼각모양을 드래그합니다. 삼각모양 세 개가 모두 선택됩니다. ❷ Shift 를 누른 채 옆으로 드래그하면 오브젝트가 수평, 수직, 45° 위치로 이동합니다.

기능실습 **오브젝트 복제하기**

01 ❶ 선택 툴 ▶ 로 삼각모양 하나를 선택한 후 ❷ Ctrl + C , Ctrl + V 를 차례대로 누르면 삼각모양이 복제됩니다. ❸ 수평 위치에 맞춰 이동합니다.

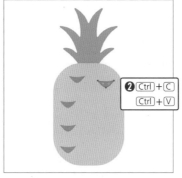

PART

2

일러스트레이터 기초를 충실하게!

02 ❶ 선택 툴 ▶로 삼각모양 세 개를 선택한 후 ❷ [Alt]를 누른 채 옆으로 드래그합니다. 삼각모양 세 개가 복제됩니다. ❸ 다시 한 번 [Alt]를 누른 채 옆으로 드래그하여 복제합니다.

03 ❶ 선택 툴 ▶로 파인애플 전체를 드래그하여 선택합니다. ❷ [Alt]+[Shift]를 누른 채 옆으로 드래그하면 오브젝트가 수평, 수직, 45도 위치로 복제됩니다.

기능실습 오브젝트 크기 조절하기

01 ❶ 바운딩 박스의 위쪽 면에 있는 ⊡을 선택하여 위로 드래그합니다. 파인애플이 세로로 늘어납니다. ❷ 바운딩 박스의 오른쪽 면에 있는 ⊞을 선택하여 오른쪽으로 드래그하면 파인애플이 가로로 늘어납니다.

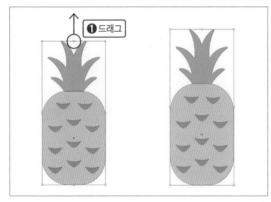

▲ 세로로 늘어남

▲ 가로로 늘어남

작업의 이해를 위한 **TIP** ▶ 선택 툴 ▶로 파인애플을 선택했을 때 외곽에 나타나는 박스를 바운딩 박스라고 부릅니다.

02 바운딩 박스의 모서리에 있는 ⬚을 선택해 대각선으로 드래그하면 가로와 세로 크기가 함께 조절됩니다. **❶** Alt 를 누른 채 드래그하면 중앙을 기준으로 가로와 세로 크기가 조절됩니다. **❷** Shift 를 누른 채 드래그하면 가로 세로 비율이 유지된 채 크기가 조절됩니다. **❸** Alt + Shift 를 누른 채 드래그하면 중앙을 기준으로 가로 세로 비율이 유지된 채 크기가 조절됩니다.

기능실습

오브젝트 회전하기

바운딩 박스 외곽에 마우스를 가까이 가져가면 커서가 ↻ 모양으로 바뀝니다. 원하는 방향으로 드래그하면 드래그한만큼 회전합니다.

오브젝트 그룹으로 묶기

01 ❶ 선택 툴 ▶로 파인애플 전체를 드래그하여 선택한 후 Ctrl + G 를 눌러 파인애플을 그룹으로 묶습니다. ❷ 빈 곳을 클릭하여 선택을 해제한 다음 파인애플 잎을 클릭하면 그룹으로 묶였기 때문에 파인애플 전체가 선택됩니다. 파인애플 두 개를 선택하여 접시 부분까지 아래로 드래그하여 내려줍니다.

02 ❶ 직접 선택 툴 ▷로 두 번째 파인애플을 드래그하여 선택한 후 Alt 를 누른 채 오른쪽으로 드래그하여 복제합니다. ❷ 바운딩 박스를 왼쪽으로 드래그하여 회전시키고 크기를 줄입니다.

NOTE ▸ 그룹 해제하기
Ctrl + Shift + G 를 누르면 그룹이 해제됩니다.

핵심기능

직접 선택 툴 이용하기

직접 선택 툴▷은 오브젝트 기준점 또는 방향선을 선택하여 수정하거나 변형하는 세밀한 작업에 이용합니다.
기준점을 클릭하여 선택하거나 드래그하여 선택합니다.

기능실습

직접 선택 툴로 형태 수정하기

01 ❶툴 패널에서 직접 선택 툴▷을 선택합니다. ❷파인애플 잎 모서리 윗부분을 드래그하여 기준점 두 개를
선택합니다. 왼쪽 상단으로 드래그하면 잎이 위로 길어집니다.

02 직접 선택 툴▷로 파인애플 잎 모서리 오른쪽 부분을 드래그하여 기준점 두 개를 선택합니다. 오른쪽으로
드래그하면 잎이 옆으로 길어집니다. 같은 방법으로 파인애플 잎 형태를 수정합니다.

그룹 선택 툴 이용하기

그룹 선택 툴 ▶은 오브젝트를 그룹별로 선택합니다. 오브젝트를 클릭하면 클릭한 부분이 부분적으로 선택되고 그룹으로 지정된 오브젝트를 더블클릭하면 그룹 오브젝트가 선택됩니다.

그룹 선택 툴로 그룹으로 묶인 오브젝트 하나씩 선택하기

01 ❶ 직접 선택 툴 ▶을 길게 눌러 그룹 선택 툴 ▶을 선택합니다. ❷ 그룹 선택 툴 ▶로 파인애플 잎을 선택하면 파인애플 잎만 선택됩니다. ❸ Color 패널에서 진한 녹색을 선택합니다. 파인애플 잎 색이 바뀝니다.

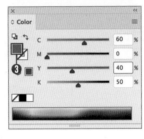

02 ❶ 그룹 선택 툴 ▶로 파인애플 과육 부분을 선택합니다. ❷ Color 패널에서 연한 노란색을 선택합니다. 파인애플 과육 색이 바뀝니다. ❸ 같은 방법으로 파인애플을 구성하는 오브젝트를 하나씩 선택하여 색상을 변경하여 완성합니다.

패스 지우고 자르고 다듬고 연결하기

✂ 지우개 툴, 연필 지우개 툴, 스무드 툴, 연결 툴, 가위 툴, 칼 툴

종이 위에 연필로 스케치를 한 뒤 형태가 틀리면 지우개로 지웁니다. 그림을 가위로 오리거나 칼로 잘라내기도 합니다. 이처럼 일러스트레이터에서도 패스를 만든 후 패스를 지우고 오리고 자를 수 있는 패스 편집 툴들이 있습니다. 패스 제작 툴로도 패스를 편집할 수 있지만, 면과 선을 한꺼번에 지우거나 나누는 섬세한 편집이 필요할 때 패스 편집 툴을 이용합니다.

핵심 기능 **패스 편집 툴 살펴보기**

❶ 🖊 **지우개 툴** : 지우개로 지우듯 패스를 드래그하여 면과 선을 지웁니다.]을 누르면 지우개 사이즈가 커지고, [을 누르면 지우개 사이즈가 작아집니다.

❷ 🖊 **연필 지우개 툴** : 패스를 드래그하여 패스 선의 일부를 지웁니다.

❸ 🖊 **스무드 툴** : 기준점 수를 줄여 패스를 부드럽게 만듭니다.

❹ 🖊 **연결 툴** : 열린 패스에서 두 개의 기준점을 연결하듯 드래그하면 패스가 이어집니다.

❺ ✂ **가위 툴** : 끊고 싶은 위치를 클릭하면 가위로 오리듯 패스를 끊어 분리합니다.

❻ 🖊 **칼 툴** : 면을 자릅니다. Shift + Alt 를 누른 채 오브젝트를 가로/세로로 드래그하면 직선으로 잘립니다.

NOTE ▶ 닫힌 패스와 열린 패스로 재구성된 오브젝트

지우개 툴 🖊과 칼 툴 🖊을 이용하여 패스를 지우거나 자르면 닫힌 패스로 재구성됩니다.

▲ 지우개 툴을 이용한 후 만들어진 닫힌 패스

▲ 칼 툴을 이용한 후 만들어진 닫힌 패스

가위 툴 ✂을 이용하여 패스를 자르면 열린 패스로 재구성됩니다. 열린 패스는 펜 툴 🖊로 추가 작업을 하거나 [Object]-[Path]-[Join] (Ctrl + J)을 선택하여 닫힌 패스로 만드는 것이 좋습니다.

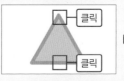 

▲ 가위 툴을 이용한 후 만들어진 열린 패스

지우개 툴로 패스 지우기

01 ❶ [File]–[Open](Ctrl+O) 메뉴를 선택하여 'PART2_CHAPTER8_지우개툴.ai' 파일을 불러옵니다.
❷ 툴 패널에서 지우개 툴◆을 선택합니다.

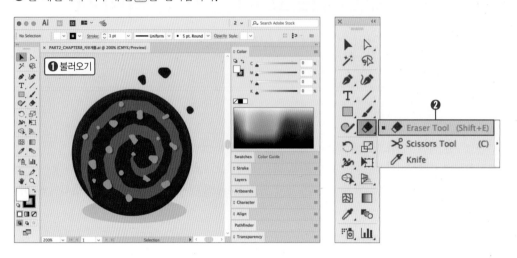

02 ❶ 왼쪽 쿠키의 오른쪽 모서리 부분을 드래그하여 지웁니다. ❷]을 눌러 지우개 툴◆의 크기를 키운 후
❸ 차례대로 세 번을 '톡톡톡' 클릭합니다. 클릭한 부분이 지워져 베어 문 듯한 모양으로 바뀝니다.

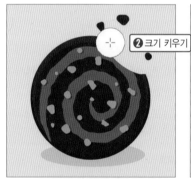

연필 지우개 툴로 패스를 따라 지우기

01 ❶ [File]–[Open](Ctrl + O) 메뉴를 선택하여 'PART2_CHAPTER8_연필지우개툴.ai' 파일을 불러옵니다. ❷ 선택 툴▶로 ❸ 파란색 물줄기를 선택합니다.

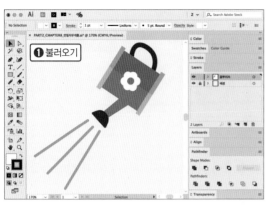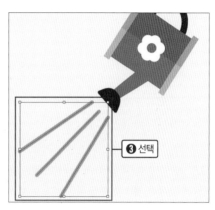

02 ❶ 세이퍼 툴✐을 길게 눌러 연필 지우개 툴✐을 선택합니다. ❷ 지우고 싶은 부분을 드래그하여 그림과 같이 점선으로 만듭니다. 불규칙적으로 지우면 물줄기가 떨어지는 느낌을 만들 수 있습니다.

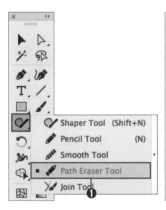

NOTE ▶ 연필 지우개 툴과 지우개 툴

연필 지우개 툴✐과 지우개 툴◈ 모두 패스를 드래그하여 지우는 기능입니다. 지우개 툴◈로 지울 경우 연결된 패스에 영향을 주어 패스의 위치가 바뀌거나 패스가 추가됩니다. 연필 지우개 툴✐은 연결된 패스에 영향을 주지 않아 드래그한 부분만 정확하게 지울 수 있습니다.

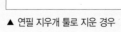

▲ 원본　　　　　　　　▲ 연필 지우개 툴로 지운 경우　　　　　　　　▲ 지우개 툴로 지운 경우

스무드 툴로 패스 부드럽게 수정하기

01 ❶[File]-[Open]([Ctrl]+[O]) 메뉴를 선택하여 'PART2_CHAPTER8_스무드툴.ai' 파일을 불러옵니다. ❷선택 툴▶로 ❸문어 다리를 선택합니다.

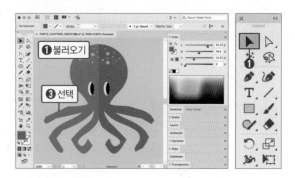

02 ❶연필 툴✏을 길게 눌러 스무드 툴✏을 선택합니다. ❷문어 다리를 드래그하여 그림과 같이 둥글게 만듭니다. 각진 패스가 부드러운 패스로 바뀝니다.

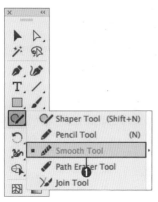

Version : CC

연결 툴로 열린 패스를 닫힌 패스로 만들기

01 ❶[File]-[Open]([Ctrl]+[O]) 메뉴를 선택하여 'PART2_CHAPTER8_연결툴.ai' 파일을 불러옵니다. ❷셰이퍼 툴✐을 길게 눌러 연결 툴✐을 선택합니다. ❸우산 윗 부분의 교차하는 패스를 드래그합니다. 튀어나온 부분이 사라지고 패스가 연결됩니다.

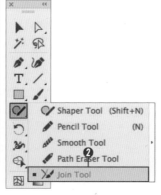

02 연결 툴 로 우산 아래 연결되지 않은 부분을 위에서 아래로 드래그합니다. 패스가 연결되어 닫힌 패스가
됩니다.

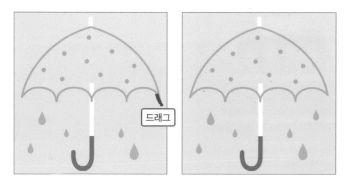

03 ❶ Ctrl 를 누른 채 우산을 선택합니다. ❷ 면 색을 지정하여 완성합니다.

기능실습

가위 툴로 패스 자르기

---

01 ❶[File]−[Open](Ctrl + O) 메뉴를 선택하여 'PART2_CHAPTER8_가위툴.ai' 파일을 불러옵니다. ❷ 툴
패널에서 지우개 툴 을 길게 눌러 가위 툴 을 선택합니다. ❸ 샘크림의 Ⓐ지점과 Ⓑ지점을 클릭합니다. 윗부
분이 잘립니다.

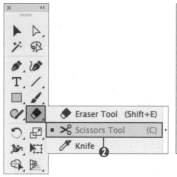

02 ❶ 선택 툴 ▶로 조각난 윗부분을 선택하고 ❷ 360° 회전시켜 ❸ 크기를 늘린 후 그림과 같이 배치합니다.

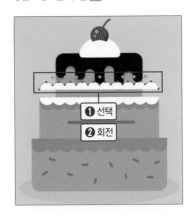 

03 ❶ 선택 툴 ▶로 갈색 선을 선택합니다. ❷ 가위 툴 ✂로 갈색 선을 일정한 간격으로 클릭하여 선을 여러 개로 조각냅니다.

04 선택 툴 ▶로 잘린 선들을 드래그하여 옮긴 후 그림과 같이 각도를 조절하여 배치합니다.

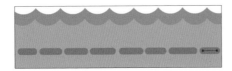 

기능실습 **칼 툴로 패스 자르기**

━━
01 ❶[File]-[Open]([Ctrl]+[O]) 메뉴를 선택하여 'PART2_CHAPTER8_칼툴.ai' 파일을 불러옵니다. ❷툴
패널에서 지우개 툴 ◈을 길게 눌러 칼 툴 ✐을 선택합니다.

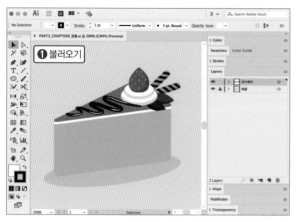
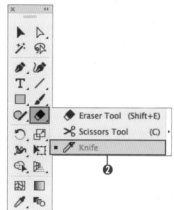

━━
02 ❶칼 툴 ✐로 케이크 안쪽을 사선 방향으로 드래그합니다. ❷여러 번 드래그하여 면을 조각냅니다.
❸[Ctrl]을 누른 채 여백을 클릭하여 선택을 해제합니다.

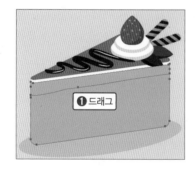
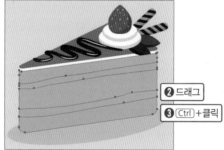

━━
03 ❶선택 툴 ▶로 조각난 면 두 개를 클릭하여 선택합니다. ❷면 색을 흰색으로 지정하여 완성합니다.

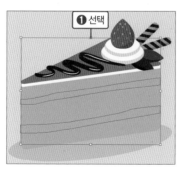

채색의 고민을 덜어주는 다양한 방법

✂ 스와치 패널, 패턴, 컬러 가이드 패널, 리컬러 아트웍

무슨 색으로 칠해야 할지 망설여지거나 색상 계획을 미리 세워놓고 싶을 때 컬러 배합을 이용하거나 일러스트레이터에서 기본적으로 제공하는 Swatch Libraries 소스를 이용하면 유용합니다. 자주 사용하는 색을 스와치 패널에 즐겨찾기 해두고, 추천 배색을 불러와 색을 입히고, 밋밋한 면에 패턴 소스를 입힐 수 있습니다. 복잡한 오브젝트에 색을 입힐 경우 컬러 가이드 패널과 리컬러 아트웍 창을 이용하여 채색의 고민을 덜 수 있습니다.

핵심기능
Swatches 패널 살펴보기

Swatches 패널에는 다양한 색, 그레이디언트, 패턴이 등록되어 있습니다. 오브젝트를 선택하고 Swatches 패널에서 원하는 색을 클릭하면 오브젝트에 바로 적용됩니다. Swatch Libraries를 불러오거나 필요한 색을 등록 및 삭제할 수 있습니다.

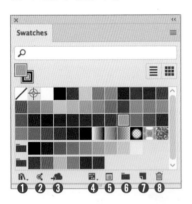

❶ 🔖 : 테마별로 정리된 Swatch Libraries 컬러 배합을 불러옵니다.

❷ 🎨 : Color Themes 패널을 표시합니다.

❸ ☁ : 색상 견본을 Libraries 패널에 저장합니다.

❹ 🔲 : 색, 그레이디언트, 패턴, 색상 그룹별로 볼 수 있습니다.

❺ 🗒 : 선택된 색의 이름, 형식, 색상 모드를 설정합니다.

❻ 📁 : 새로운 스와치 그룹을 만듭니다.

❼ 🗐 : Color 패널에서 설정한 색을 새롭게 등록합니다.

❽ 🗑 : 선택된 색을 삭제합니다.

Swatches 패널에서 색과 패턴 적용하기

01 ❶ [File]-[Open]([Ctrl]+[O]) 메뉴를 선택하여 'PART2_CHAPTER9_스와치패널_시작.ai' 파일을 불러옵니다. ❷ 선택 툴▶로 ❸ 컵을 선택합니다. ❹ Swatches 패널에서 녹색을 선택하면 오브젝트에 색이 적용됩니다.

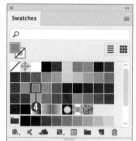

02 패턴을 적용해보겠습니다. ❶ 선택 툴▶로 주전자를 선택합니다. ❷ [Ctrl]+[C], [Ctrl]+[F]를 차례대로 눌러 주전자를 제자리에 복제합니다. ❸ Swatches 패널 하단의 버튼을 클릭하여 ❹ [Patterns]-[Nature]-[Nature_Foliage] 메뉴를 선택합니다. ❺ Nature_Foliage 창에서 'Floral Vines Color'를 선택합니다. 주전자에 꽃무늬 패턴이 적용됩니다.

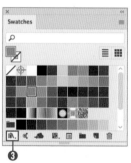

NOTE ▶ 패턴을 적용하기 전 오브젝트를 제자리에 복제하는 이유

일러스트레이터에서 기본적으로 제공하는 패턴 중 배경색이 없는 패턴이 있습니다. 주전자에 입힌 'Floral Vines Color' 패턴은 배경색이 없는 패턴입니다. 주전자를 복제하지 않고 주전자에 바로 패턴을 적용하면 뒤쪽 오브젝트가 비치게 됩니다.

Pattern Options 패널 살펴보기

[Window]-[Pattern Options] 메뉴를 선택하거나 Swatches 패널에서 패턴을 더블클릭하면 Pattern Options 패널이 열립니다.

❶ 버튼을 클릭하면 패턴 테두리에 방향점이 생깁니다. 드래그하여 패턴 영역을 수정합니다.

❷ **Name** : 패턴 이름을 설정합니다.

❸ **Tile Type** : 행과 열이 반복되는 패턴 유형을 선택합니다.

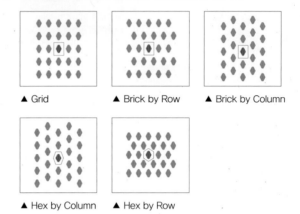

▲ Grid   ▲ Brick by Row   ▲ Brick by Column

▲ Hex by Column   ▲ Hex by Row

❹ **Brick Offset** : 패턴이 벽돌(Brick) 모양일 때 짝수 열과 행의 위치를 설정합니다.

❺ **Width/Height** : 패턴의 크기를 조절합니다.

❻ **Size Tile to Art** : 패턴에 맞게 타일 영역을 설정합니다.

❼ **Move Tile with Art** : 패턴이 선택된 오브젝트를 모두 선택해서 이동할 때 적용되는 기능입니다.

❽ **H/V Spacing** : Size Tile to Art를 체크하면 활성화되며 가로/세로 여백을 지정합니다.

❾ **Overlap** : 좌우, 상하 등 겹쳐지는 방법을 설정합니다.

❿ **Copies** : 복제될 패턴의 개수를 정합니다.

⓫ **Dim Copes to** : 복제될 패턴을 어느 정도 흐리게 보여줄지 설정합니다.

⓬ **Show Tile Edge** : 패턴 영역(타일 모양)을 표시합니다.

⓭ **Show Swatch Bounds** : 패턴의 테두리를 표시합니다.

나만의 패턴 입히고 편집하기

[패턴 만들어 적용하기]

01 ❶ [File]-[Open](Ctrl + O) 메뉴를 선택하여 'PART2_CHAPTER9_패턴_시작.ai' 파일을 불러옵니다. ❷ 선택 툴▶로 ❸ 쇼파 위에 있는 마름모를 클릭하여 선택합니다. ❹ Swatches 패널로 드래그하여 옮기면 마름모가 패턴으로 등록됩니다.

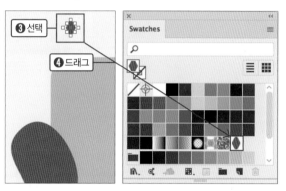

02 패턴을 수정해보겠습니다. ❶ Swatches 패널에 등록한 마름모 패턴을 더블클릭하여 패턴 편집 모드로 들어갑니다. ❷ Pattern Options 패널이 열리면 Name에 '마름모'를 입력, Tile Type을 'Brick by Row'로 선택, Size Tile to Art 박스 체크, H/V Spacing을 '1.5mm'로 설정한 후 ❸ 상단의 Done을 클릭하여 편집 모드에서 나옵니다.

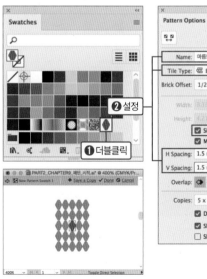

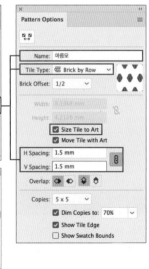

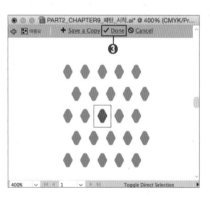

03 ❶ 선택 툴▶로 쇼파 위에 있는 마름모를 Delete 를 눌러 삭제한 후 쇼파를 선택합니다. ❷ Ctrl + C,
Ctrl + F 를 차례대로 눌러 쇼파를 제자리에 복제합니다. ❸ Swatches 패널에서 앞서 수정한 마름모 패턴을
선택합니다. 쇼파에 패턴이 적용됩니다.

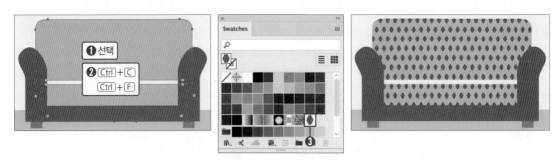

[패턴 색 수정하여 저장하기]

01 ❶ 선택 툴▶로 스탠드를 선택한 후 ❷ Ctrl + C, Ctrl + F 를 차례대로 눌러 스탠드를 제자리에 복제합
니다. ❸ Swatches 패널 하단의 ▥.버튼을 클릭하여 ❹ [Patterns]–[Nature]–[Nature_Foliage] 메뉴를 선택합
니다. ❺ Nature_Foliage 창에서 'Blossoms'패턴을 선택합니다. 스탠드에 꽃무늬 패턴이 적용됩니다.

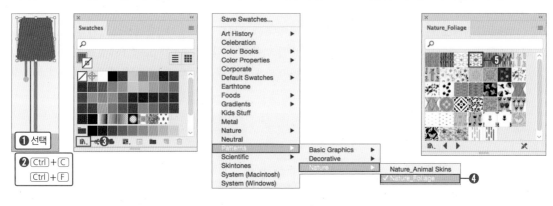

02 ❶ Swatches 패널에 등록한 'Blossoms'을 더블클릭하여 패턴 편집 모드로 들어갑니다. ❷ 선택 툴▶로
드래그하여 전체 선택한 후 ❸ Color 패널에서 선 색을 노란색으로 설정합니다. 'Blossoms' 패턴 색이 수정되
었습니다.

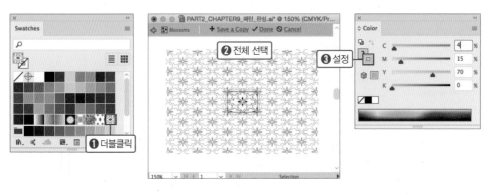

03 상단의 Done버튼을 클릭하여 편집 모드에서 나옵니다. 스탠드에 입혀진 패턴이 노란색으로 수정되어 보입니다.

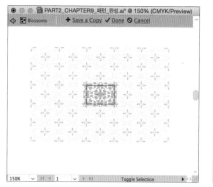

[패턴 크기와 각도 조절하기]

01 ❶선택 툴▶로 액자 그림을 선택합니다. ❷스케일 툴⬚을 더블클릭하여 Scale 창을 엽니다. ❸Uniform에 '50%'를 입력하고 Options 항목의 Transform Patterns만 체크한 후 ❹⟨OK⟩를 클릭합니다. 패턴 사이즈가 작아집니다.

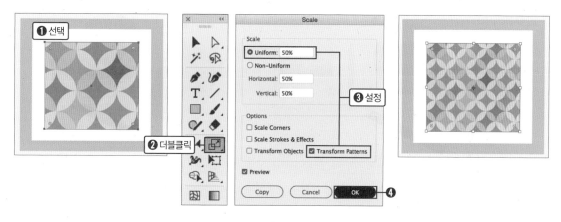

02 ❶액자 그림이 선택된 상태에서 회전 툴⟳을 더블클릭하여 Rotate 창을 엽니다. ❷Angle을 35°로 설정하고 Options 항목의 Transform Patterns만 체크한 후 ❸⟨OK⟩를 클릭합니다. 패턴이 35° 회전되었습니다.

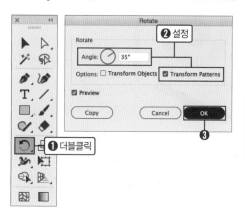

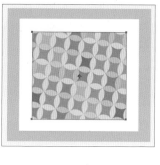

컬러 가이드와 리컬러 아트웍 살펴보기

일러스트레이터의 Color Guide 패널을 이용하면 쉽고 빠르게 원하는 배색을 선택하여 채색할 수 있으며 Recolor Artwork 창을 이용하면 패턴, 브러시, 심벌, 메시 등이 적용된 오브젝트의 전체 색을 손쉽게 바꿀 수 있습니다. 기존 오브젝트에 입혀진 색을 기준으로 색상을 변경할 수 있어 편리합니다. [Window]-[Color Guide] 메뉴를 선택하여 Color Guide 패널을 엽니다. [Edit]-[Edit Colors]-[Recolor Artwork] 메뉴를 선택하거나 Color Guide 패널의 버튼 을 클릭하여 Recolor Artwork 창을 엽니다.

기본색을 지정한 후 컬러 가이드 활용하기

01 ❶[File]-[Open](Ctrl + O) 메뉴를 선택하여 'PART2_CHAPTER9_컬러가이드_시작.ai' 파일을 불러옵니다. ❷선택 툴 로 ❸노트를 클릭하여 선택합니다.

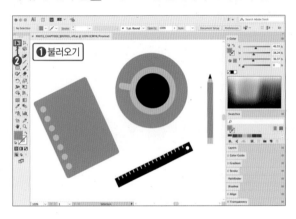
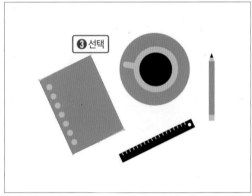

02 [Select]-[Same]-[Fill Color] 메뉴를 선택합니다. 같은 색을 지닌 오브젝트가 모두 선택됩니다.

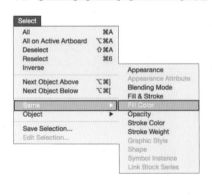
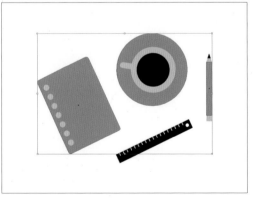

03 ❶Swatches 패널에서 주 색상으로 녹색을 선택합니다. ❷[Window]–[Color Guide] 메뉴를 선택하여 Color Guide 패널을 엽니다. ❸⌄을 클릭하면 주 색상을 기준으로 한 추천 배색 목록이 나타납니다. ❹'Traid' 를 선택합니다.

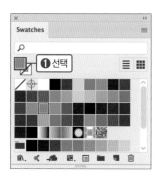

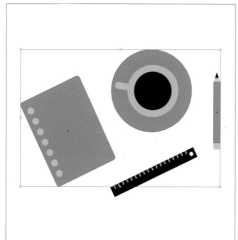

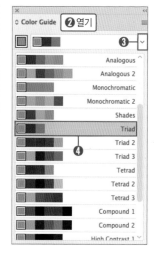

04 선택한 'Traid' 배색과 함께 명도 단계가 나눠진 색상 그룹이 나타납니다. 선택 툴▶로 오브젝트를 선택한 후 배색을 클릭하여 색을 입혀줍니다.

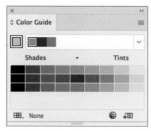

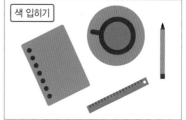

Version : CS4~CC

기능실습 리컬러 아트웍 창에서 색 변경하기

01 ❶[File]–[Open](Ctrl+O) 메뉴를 선택하여 'PART2_CHAPTER9_리컬러아트웍_시작.ai' 파일을 불러옵니다. ❷스포이드 툴🖋로 ❸컵을 클릭하면 주황색이 면 색으로 지정됩니다.

02 ① Color Guide 패널의 ∨을 클릭하면 주 색상을 기준으로 한 추천 배색 목록이 나타납니다. ② 'Split Complementary'를 선택합니다. ③ 하단의 🔳버튼을 클릭하여 ④ 색상 그룹을 Swatches 패널에 등록합니다.

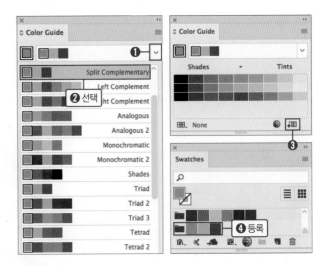

03 ① Color Guide 패널의 ∨을 클릭하여 ② 'Pentagram'를 선택합니다. ③ 하단의 🔳 버튼을 클릭하여 ④ 색상 그룹을 Swatches 패널에 등록합니다.

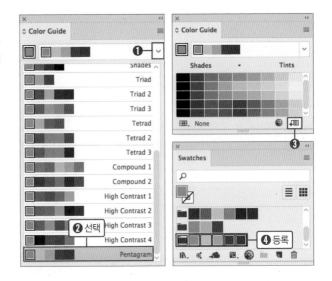

04 ① 선택 툴▶로 오브젝트 전체를 드래그하여 선택합니다. ② 상단 옵션바의 ⊙버튼을 클릭하여 Recolor Artwork 창을 엽니다.

05 ❶'Artwork colors' 컬러 그룹을 선택한 후 ❷〈OK〉를 클릭합니다. 오브젝트가 선택한 컬러 그룹색으로 변경됩니다.

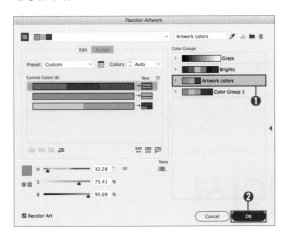

06 ❶상단 옵션바의 🔘버튼을 다시 클릭하여 Recolor Artwork 창을 엽니다. ❷'Color Group 1' 컬러 그룹을 선택한 후 ❸〈OK〉를 클릭합니다. ❹[Edit] 탭을 클릭한 후 ❺🔗링크를 클릭합니다. 작은 원에 연결된 선이 점선에서 일반선으로 바뀝니다. 이는 색이 모두 연결되었다는 뜻입니다. 작은 원을 움직이면 배색이 같이 이동합니다. ❻H:150°, S:50%, B:100%로 설정한 후 ❼〈OK〉를 클릭합니다.

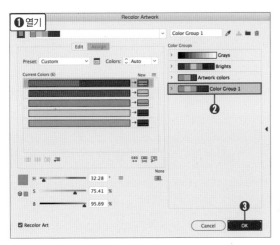

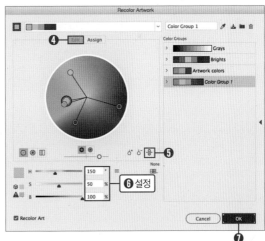

> **NOTE ▸ Recolor Artwork 창의 Edit 탭과 Assign 탭**
>
> Recolor Artwork은 두 가지 방법으로 색을 수정할 수 있습니다. Edit 탭에서는 색상원과 HSB 슬라이드를 조절하여 색을 변화시키고, Assign 탭에서는 Swatches 컬러 그룹을 선택하여 한꺼번에 색을 수정하거나 색을 선택하여 수정할 수 있습니다.

PART 03

일러스트레이션

드로잉 실력을 탄탄하게 만들어주는 패스 관련 툴과 여러 이펙트를 활용하여 쉽고 빠르게 그림 그리는 방법을 학습합니다. 손맛이 살아있는 개성있는 손그림과 디지털 일러스트레이션의 세계로 여행을 떠나봅시다.

CHAPTER 1

컬러링북 스타일의
일러스트 라인 그리기

✂️ 펜 툴과 도형 툴과 선 툴을 이용해 집 그리기

⏳ 10 min

⊙ **시작파일** PART3_CHAPTER1_컬러링북 집스케치.jpg　　⊙ **완성파일** PART3_CHAPTER1_컬러링북 일러스트라인.ai

---

POINT SKILL 펜 툴, 도형 툴, 선 툴, 곡선 툴, 나선형 툴

HOW TO 일러스트레이터에서 펜 툴🖊️과 도형 툴은 모양을 만들어내는 중요한 툴입니다. 이번 예제에서는 격자를 보이게 한 뒤 격자 선에 맞춰 컬러링북 스타일의 일러스트 라인을 그려보겠습니다. 격자에 물리는 기능을 이용하면 패스가 격자에 붙어 보다 쉽게 선을 그릴 수 있습니다. 선 툴🖊️과 곡선 툴🖊️, 나선형 툴◉은 집의 요목조목 세세한 부분을 그리는 데 도움이 됩니다. 집이 완성되면 종이에 프린트하여 색칠공부를 해보고, 다른 스타일의 집 도 만들어보세요.

STEP ❶ 스케치 파일 불러오기 & 고정시키기 ▶ ❷ 사각형 툴로 집 윤곽 그리기 ▶ ❸ 세세한 집 구조 그리기

핵심 기능 곡선 툴

곡선 툴 🖉 을 이용하면 호를 쉽게 만들 수 있습니다.

1. 드래그하여 만들기

화면에서 자유롭게 드래그합니다.

2. 정확한 수치를 입력하여 만들기

블랍 브러시 툴 🖉 을 더블클릭하여 Blob Brush Tool Options 창을 엽니다.

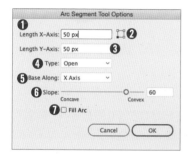

❶ **Length X-Axis** : 호의 폭을 입력합니다.

❷ 🖾 : 호가 만들어질 기준점을 선택합니다.

❸ **Length Y-Axis** : 호의 높이를 입력합니다.

❹ **Type** : 오브젝트가 열린 패스(Open)인지, 닫힌 패스(Closed)인지를 설정합니다.

❺ **Base Along** : 호의 방향을 선택합니다.

❻ **Slope** : 음수 값을 입력할 경우 오목한 호가, 양수 값을 입력할 경우 볼록한 호가 만들어집니다. '0'일 경우 직선을 만듭니다.

❼ **Fill Arc** : 체크하면 현재 지정되어 있는 안쪽 면에 색을 채웁니다.

▲ Slope : 60

▲ Slope : 100

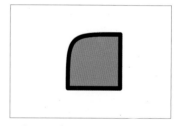

▲ Slope : 100, Type : Closed, Fill Arc 체크

핵심 기능 나선형 툴

나선형 툴 ◎ 을 이용하면 나선 모양을 쉽게 만들 수 있습니다.

1. 드래그하여 만들기

화면에서 자유롭게 드래그합니다.

2. 정확한 수치를 입력하여 만들기

화면의 빈 곳을 클릭하여 Spiral 창을 엽니다. 원하는 수치를 입력해서 정확한 수치로 나선을 그릴 수 있습니다.

❶ **Radius** : 나선의 중심에서 가장 바깥쪽 기준점까지의 거리를 입력합니다.

❷ **Decay** : 나선 패스의 회전이 이전 회전과 비교하여 줄어드는 정도를 설정합니다. 기본값은 80%입니다.

❸ **Segments** : 나선 패스의 선분 개수를 입력합니다. 한 번의 회전은 네 개의 선분으로 구성됩니다. 개수가 많아질수록 회전되는 나선의 양이 많아집니다.

❹ **Style** : 나선의 방향을 선택합니다.

▲ ⬚⬚⬚, Segments : 5

▲ ⬚⬚⬚, Segments: 5

▲ ⬚⬚⬚, Segments: 10

STEP 1 스케치 파일 불러오기 & 고정시키기

01 ❶ Ctrl + N 을 눌러 New Document 창을 엽니다. ❷[Print]-[A4]를 선택하고 ❸[Create]를 클릭합니다.

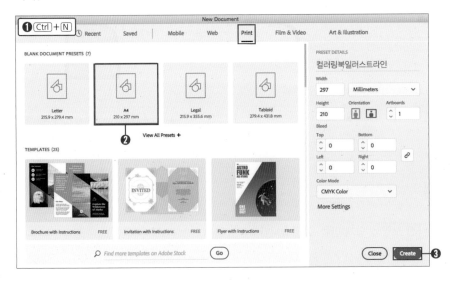

작업의 이해를 위한 **TIP** ▸ A4를 선택하면 PRESET DETAILS 항목에 가로(Width)와 세로(Height)가 '210mm', '297mm'로 자동 설정됩니다. Orientation을 가로방향으로 설정하면 가로(Width) : 297mm, 세로(Height) : 210mm으로 자동 변경됩니다.

02 ❶ [File]−[Place]([Shift]+[Ctrl]+[P]) 메뉴를 선택하여 ❷ 'PART3_CHAPTER1_컬러링북 집스케치.jpg' 파일을 불러옵니다. ❸ 선택 툴▶로 ❹ 불러온 스케치를 중앙으로 옮깁니다.

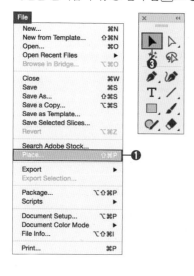

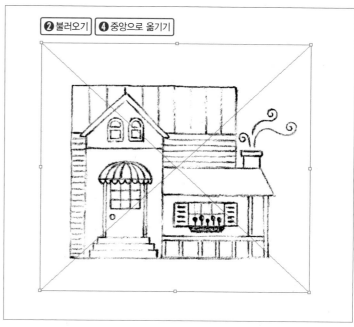

❷ 불러오기 ❹ 중앙으로 옮기기

NOTE ▸ Place

[File]−[Place] 메뉴는 외부 파일을 불러오는 것으로, 파일을 불러올 때 Place 창을 살펴보면 [Link] 박스에 체크 표시되어 있는 것을 확인할 수 있습니다. 이것은 불러온 파일이 작업 중인 일러스트레이터 파일과 연결된 상태를 의미합니다. 작업을 마친 후 일러스트레이터 파일을 다른 폴더로 이동할 때는 스케치 파일도 같은 경로로 이동시켜야 합니다. 파일을 링크로 연결된 상태가 아닌 파일 자체에 포함시키려면 저장할 때 [Options]의 [Include Linked Files] 박스에 체크합니다.

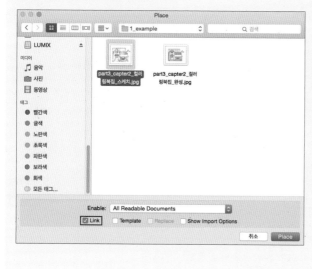

03 ❶Transparency 패널에서 Opacity를 10%로 낮춰 스케치 이미지를 흐릿하게 만듭니다. ❷Layers 패널에서 스케치가 있는 [Layer 1]의 잠금칸을 클릭하여 고정한 후 ❸새 레이어 만들기▣을 클릭하여 [Layer 2]를 생성합니다.

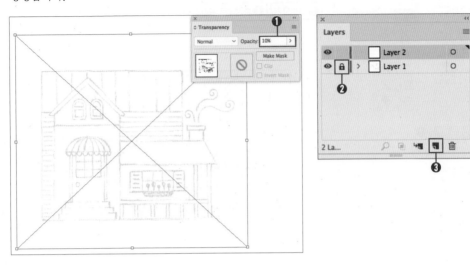

작업의 이해를 위한 **TIP** ▸ 잠금칸을 클릭하여 자물쇠🔒가 표시되면 해당 레이어가 고정됩니다. Opacity는 투명도를 조절하는 값입니다. 값이 작을수록 투명해지고, 값이 클수록 불투명해집니다.

04 단위, 안내선, 격자 옵션 값을 조절하기 위해 ❶[Edit]-[Preferences]-[General](Ctrl+K) 메뉴를 선택합니다. ❷[Units]-[General]을 Pixels로 설정하고 ❸〈OK〉를 클릭합니다. ❹다시 Preferences 창을 연 후 [Guides & Grid]-[Gridline every]를 5px로 설정하고 ❺〈OK〉를 클릭합니다.

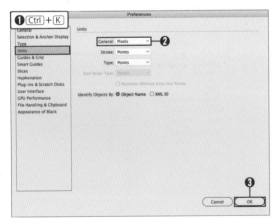
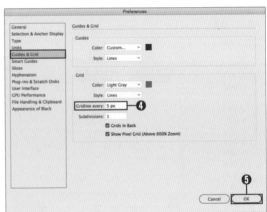

작업의 이해를 위한 **TIP** ▸ Mac 사용자는 [Illustrator CC]-[Preference]-[User Interface] 메뉴를 선택합니다.

05 ❶ 격자를 표시하기 위해 작업 화면에서 마우스 오른쪽 버튼을 눌러 Show Grid 메뉴를 클릭합니다. ❷ [View]−[Snap to Grid](⎇Shift⎇+⎇Ctrl⎇+⎇"⎇) 메뉴를 선택하여 패스를 그릴 때 패스가 격자에 붙을 수 있도록 설정합니다.

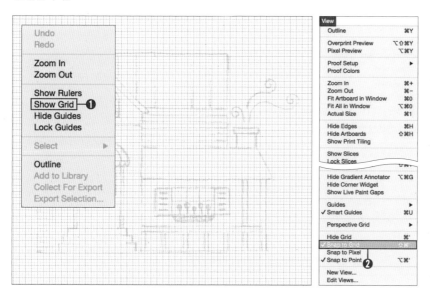

NOTE ▸ 안내선 &
**　　　　격자 단축키**

❶ 안내선 보기/숨기기 :
　⎇Ctrl⎇+⎇;⎇
❷ 안내선 잠그기/풀기 :
　⎇Ctrl⎇+⎇Alt⎇+⎇;⎇
❸ 격자 보기/숨기기 :
　⎇Ctrl⎇+⎇"⎇

STEP 2 | **사각형 툴로 집 윤곽 그리기**

01 본격적으로 그림을 그리기 위해 ❶ 툴 패널에서 [면] 색을 None▨(none)으로, [선] 색을 검정색으로 지정합니다. ❷ Stroke 패널에서 Weight: 2pt로 설정한 후 ❸ 사각형 툴▣을 선택하여 ❹ 큰 사각형을 그립니다.

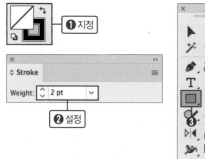

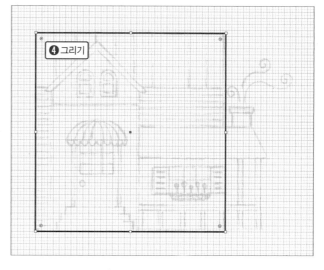

[Edit]–[Preferences]–[Units] 메뉴에서 측정 단위와 단위 값을 설정할 수 있습니다. Points, Picas, Inches, Millimeters, Centimeters, Pixels 단위 값 중에서 선택합니다.

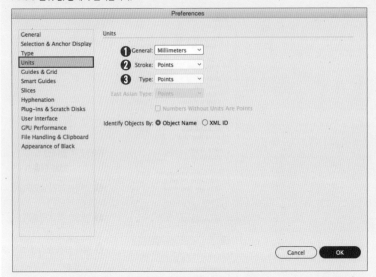

❶ General : 작업 창 측정 단위 설정. 본문에서 설정한 General 단위는 'Millimeters'이며, mm로 표시됩니다.
❷ Stroke : 선 측정 단위 설정. 본문에서 설정한 Stroke 단위는 'Points'이며, pt로 표시됩니다.
❸ Type : 문자 측정 단위를 설정. 본문에서 설정한 Type 단위는 'Points'이며, pt로 표시됩니다.

02 ❶ 지붕이 놓일 위치에 사각형을 그린 다음 ❷ 직접 선택 툴▷을 선택하고 ❸ Ⓐ지점의 기준점을 클릭하여 Ⓑ지점으로 옮깁니다. 기준점이 옮겨가면서 대각선 모양으로 수정됩니다. ❹ 사각형 툴▣로 지붕 아래에 직사각형을 그립니다.

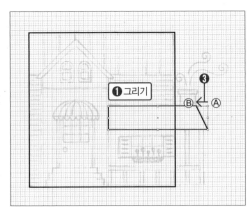
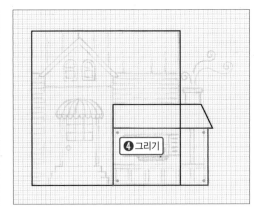

03 집의 겹친 부분 ⓐ와 ⓑ구간을 지우겠습니다. ❶ 선택 툴▶로 전체를 선택한 후 ❷ Pathfinder 패널에서 나누기⬚를 클릭하여 겹쳐지는 영역을 모두 나눕니다. ❸ 직접 선택 툴▷로 ⓐ와 ⓑ부분을 선택한 후 Delete 를 눌러 삭제합니다.

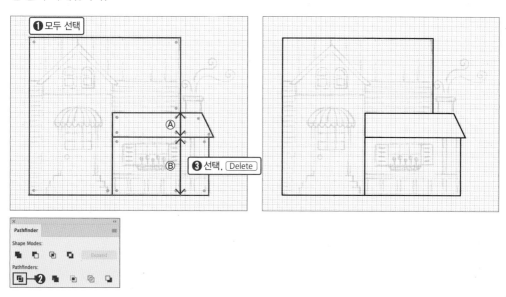

04 ❶ 사각형 툴▢로 계단과 굴뚝, 작은 집의 창문과 기둥, 난간을 그립니다. ❷ Shift + ➕를 눌러 화면을 확대한 후 사각형 툴▢로 창문 아래에 직사각형 모양의 화단을 그립니다. ❸ 화단을 사다리꼴 모양으로 만들기 위해 직접 선택 툴▷로 ⓐ지점의 기준점을 클릭하여 ⓑ지점으로 옮깁니다. ❹ 반대쪽도 같은 방법으로 패스를 수정합니다.

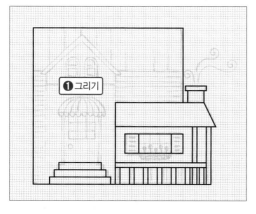

NOTE ▶ 보기 관련 단축키
❶ 화면 확대 : Ctrl + ➕ , Ctrl + Space +드래그 또는 클릭
❷ 화면 축소 : Ctrl + ➖ , Ctrl + Alt + Space +드래그 또는 클릭
❸ 화면에 딱 맞게 보기 : Ctrl + 0
❹ 100% 실사이즈로 보기 : Ctrl + 1

01 ❶펜 툴▨로 Ⓐ선을 그립니다. ❷Ctrl 을 누른 채 도큐먼트의 빈 부분을 클릭하여 선택을 해제한 다음
❸Ⓑ선을 그립니다. ❹선택 툴▶로 Ⓐ와 Ⓑ를 모두 선택한 후 ❺Stroke 패널에서 Cap 모양을 둥글이기ⓒ를
선택하여 선의 끝 모양을 둥글게 바꿉니다.

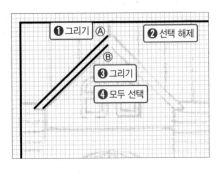

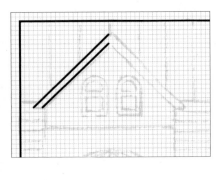

NOTE ▶ 패스를 끊어 그리는 방법
Enter 를 누르거나 Ctrl 을 누른 채 도큐먼트의 빈 부분을 클릭하면 선택이 해제됩니다.

---

02 Ⓐ선과 Ⓑ선을 복제하고 반전시키기 위해 ❶반전 툴◪을 두 번 클릭하여 Reflect 창을 연 다음
❷Vertical에 체크하고 ❸〈Copy〉를 클릭합니다. ❹선택 툴▶로 위치를 맞춰 삼각 모양의 지붕 형태를 만듭
니다. ❺펜 툴▨로 밑 부분에 짧은 가로 선을 그려 지붕을 완성합니다.

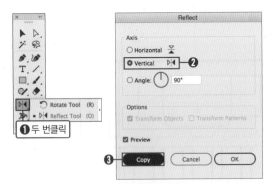

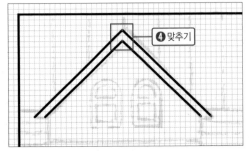
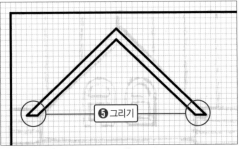

03 줄무늬를 그리기 위해 ❶ 선 툴 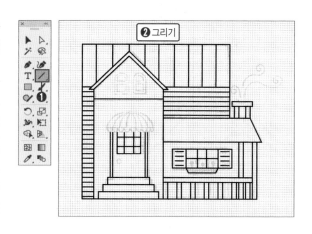을 선택하고 ❷ 지붕과 창문, 굴뚝에 세로 줄을, 벽과 창문에 가로줄을 그립니다.

NOTE ▸ Snap to Grid

[View]–[Snap to Grid]([Shift]+[Ctrl]+[']) 메뉴를 선택합니다. 패스와 오브젝트를 그리거나 움직일 때 격자에 맞춰질 수 있도록 설정하는 기능입니다. 이 기능이 계속 켜져 있으면 오브젝트가 격자에 맞춰 움직이기 때문에 불필요한 때도 있습니다. 이럴 경우 [Shift]+[Ctrl]+[']를 눌러 기능을 끕니다.

---

04 작은 창문을 그리기 위해 ❶ 사각형 툴 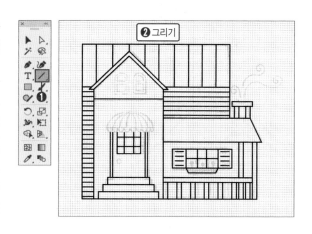로 직사각형을 그립니다. ❷ [Effect]–[Warp]–[Arc Upper] 메뉴를 선택한 후 ❸ Warp Option 창에서 Horizontal 선택, Bend를 90으로 설정하고 ❹ 〈OK〉를 클릭합니다. 상단의 폭이 부채꼴 형태로 볼록해져 라운드 창문이 됩니다.

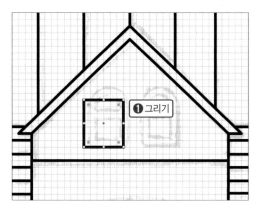

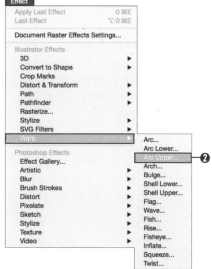

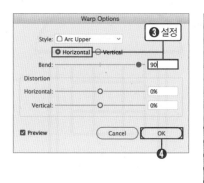

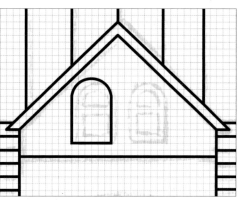

05 ❶ 라운드 창문 안에 사각형 툴▣로 작은 직사각형을 그립니다. ❷ [Effect]-[Warp]-[Arc Upper] 메뉴를 선택한 후 ❸ Warp Option 창에서 Horizontal 선택, Bend를 75로 설정하고 ❹ 〈OK〉를 클릭합니다. 상단이 볼록해진 창문으로 변합니다.

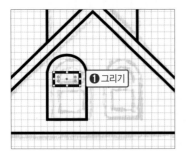
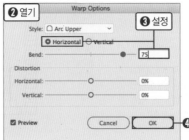
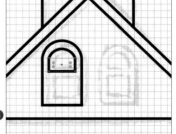

06 ❶ 사각형 툴▣로 아래 창문을 그린 후 선택 툴▶로 창문을 모두 선택합니다. ❷ [Alt]+[Shift]를 누른 채 옆으로 드래그하여 창문을 복사합니다.

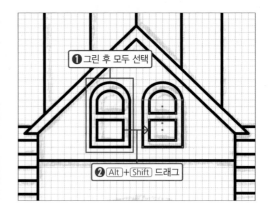

> **NOTE ▶ 오브젝트 수평을 기준으로 복제하기**
>
> [Alt]를 누른 채 이동하면 오브젝트가 복제됩니다. [Shift]를 누른 채 이동하면 오브젝트를 수평/수직/45° 방향으로 옮길 수 있습니다. 이번 예제에서 [Alt]와 [Shift]를 동시에 누르는 것은 복제하고-)수평을 기준으로 이동한다는 의미입니다.

07 파라솔을 그려보겠습니다. ❶ 원형 툴◉로 타원형을 그린 후 ❷ 사각형 툴▣로 직사각형을 아래에 추가합니다. ❸ 선택 툴▶로 원과 사각형을 드래그하여 선택한 후 ❹ Pathfinder 패널에서 앞쪽 지우기▣를 클릭하여 사각형 영역을 지웁니다.

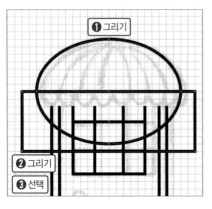

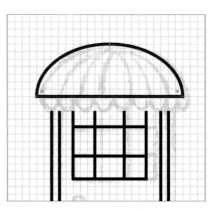

08 파라솔 라운드 장식을 그리기 위해 ❶ 선 툴 을 꾸욱 눌러 곡선 툴 을 선택합니다. ❷Ⓐ지점을 클릭한 후 마우스를 떼지 않고 Ⓑ지점까지 드래그합니다. ❸ 이번에는 Ⓒ지점을 클릭한 후 마우스를 떼지 않고 Ⓓ지점까지 드래그합니다. ❹ 선택 툴 로 ❺ 원호를 선택한 후 Alt + Shift 를 누른 채 옆으로 드래그합니다. 원호가 수평으로 이동하며 복제됩니다. ❻ 같은 방법으로 세 개 더 복제합니다.

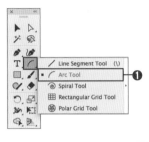

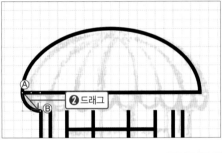

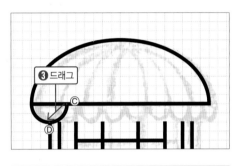

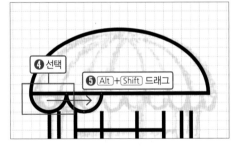

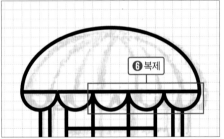

09 파라솔 무늬를 그리겠습니다. ❶ 곡선 툴 로 Ⓐ지점을 클릭한 후 마우스를 떼지 않고 Ⓑ지점까지 드래그합니다. 위에서 아래까지 긴 원호가 만들어집니다. ❷ 같은 방법으로 무늬를 넣어 완성합니다.

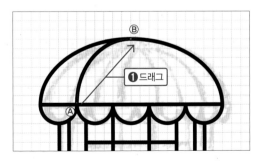

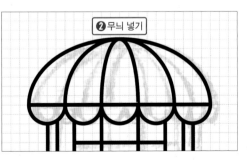

10 연기가 피어오르는 모습을 표현하기 위해 ❶ 선 색을 검정색으로 지정합니다. ❷ 나선형 툴◉을 선택한 후 화면의 빈 곳을 클릭하여 Spiral 창을 엽니다. ❸ Radius: 4.42mm, Segments: 5, Style을 두 번째 모양으로 선택한 후 ❹ 〈OK〉를 클릭합니다. 나선형의 곡선이 생성됩니다. ❺ Stroke 패널에서 Weight를 2pt로 설정한 후 Cap을 ⊂으로 둥글이기로 설정합니다. ❻ 같은 방법으로 두 개 더 만든 후 선택 툴▶로 자리를 잡아줍니다.

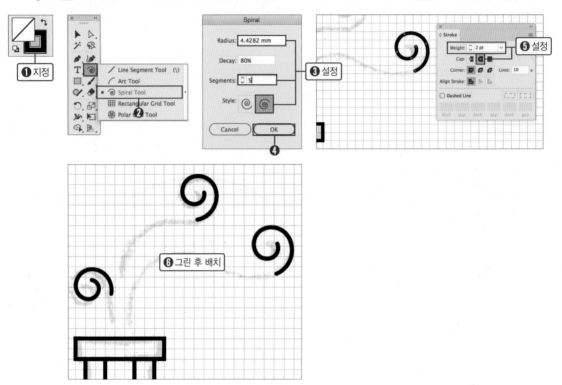

11 ❶ 펜 툴✐로 Ⓐ지점을 클릭하고 Ⓑ지점을 클릭한 채 왼쪽 위로 드래그합니다. ❷ Ⓒ지점을 클릭한 아래로 드래그하여 곡선을 이어줍니다. ❸ Ctrl 을 누른 채 화면의 빈 곳을 클릭하여 선택 해제합니다. ❹ 같은 방법으로 굴뚝 연기를 완성합니다.

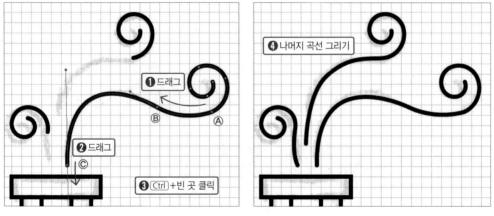

12 ❶ Layers 패널의 [Layer 1] 눈 칸을 클릭하여 스케치를 숨깁니다. ❷ 작업 화면에서 마우스 오른쪽 버튼을 눌러 메뉴 창을 띄운 후 Hide Grid 메뉴를 선택하여 격자 표시를 없앱니다.

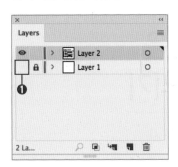  

13 파일을 저장하기 위해 ❶ [File]—[Save As](Shift + Ctrl + S) 메뉴를 선택합니다. ❷ Illustrator Options 창이 열리면 Options 항목의 Include Linked Files 박스를 체크한 후 ❸ 〈OK〉를 클릭합니다.

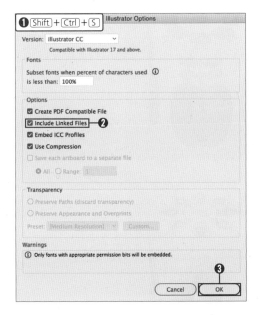

> **NOTE** ▶ **Place로 불러온 외부파일을 작업 파일에 포함시키는 방법**
> [File]—[Place](Shift + Ctrl + P) 메뉴를 통해 불러온 외부 파일은 링크로 연결된 상태입니다. 외부 파일을 작업 파일에 포함시키려면 저장할 때 [Options]의 [Include Linked Files] 박스를 체크해줘야 합니다.

자연에서 모티브를 얻은 북유럽 스타일 문양 그리기

🛠 도형 툴과 회전 툴을 이용해 문양 그리기

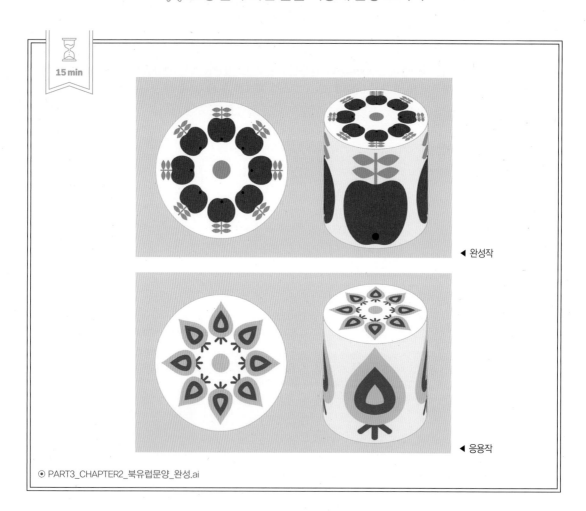

⏳ 15 min

◀ 완성작

◀ 응용작

⊙ PART3_CHAPTER2_북유럽문양_완성.ai

POINT SKILL 도형 툴, 회전 툴, 반전 툴, Offset Path

HOW TO 일러스트레이터에는 오브젝트를 회전하고 반전시킬 수 있는 기능이 있습니다. 선택 툴▶로 오브젝트를 선택하면 바운딩 박스가 나타납니다. 바운딩 박스로 오브젝트를 회전, 반전시킬 수 있지만, 회전 툴⟳과 반전 툴▷◁을 이용하면 원하는 각도로 정확하게 변형시킬 수 있습니다. 또한 Offset Path 기능을 이용하면 원본 오브젝트를 일정한 크기로 확대하고 축소할 수 있습니다. 이번 예제에서는 오브젝트를 변형하는 다양한 방법을 통해 자연에서 모티브를 얻은 북유럽 스타일 문양을 그려보겠습니다.

STEP ❶ 도형 툴로 사과 문양 그리기 ▶ ❷ 회전 툴로 문양 배치하기

회전 툴

회전 툴⟳은 오브젝트를 회전하는 기능입니다. 회전 툴을 사용할 때 오브젝트 중앙에 중심점⊹이 나타나는데, 이 중심점이 회전의 축이 됩니다.

1. 중심점을 이동해 회전하기

오브젝트 중앙에 있는 중심점⊹을 옮겨 회전할 수 있습니다. 원하는 지점을 클릭하면 클릭한 지점이 중심점이 됩니다. Shift를 누른 채 회전하면 45°씩 회전합니다.

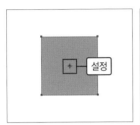  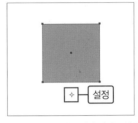 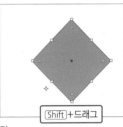

▲ 중앙에 중심점 설정, 45° 회전 　　　▲ 원하는 지점에 중심점 설정, 45° 회전

2. Rotate 창을 열어 회전하기

회전 툴⟳을 더블클릭하면 Rotate 창이 열립니다. 원하는 수치를 입력하여 오브젝트를 정확하게 회전할 수 있습니다.

❶ **Angle** : 빈 칸에 수치 값을 입력하거나 그래프를 돌려 수치 값을 입력합니다.

❷ **Options** : 패턴이 적용된 오브젝트를 회전시킬 때 사용하는 옵션입니다.

Ⓐ Transform Objects – 오브젝트만 회전

Ⓑ Transform Patterns – 패턴만 회전

❸ **Preview** : 회전된 모습을 미리 확인할 수 있습니다.

반전 툴

반전 툴▶◀은 오브젝트를 반전하는 기능입니다. 반전 툴을 사용할 때 오브젝트 중앙에 중심점⊹이 나타나는데, 이 중심점이 반전의 축이 됩니다.

1. 중심점을 이동해 반전하기

오브젝트 중앙에 있는 중심점⊹을 옮겨 반전할 수 있습니다. 원하는 지점을 클릭하면 클릭한 지점이 중심점이 됩니다.

Shift 를 누른 채 회전하면 45°씩 회전합니다.

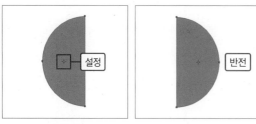
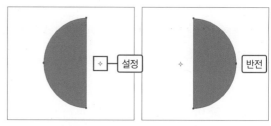

▲ 중앙에 중심점 설정, Vertical 반전　　　　　　　▲ 원하는 지점에 중심점 설정, Vertical 반전

2. Reflect 창을 열어 반전하기

반전 툴▷◁을 더블클릭하면 Reflect 창이 열립니다. 원하는 수치를 입력하여 오브젝트를 정확하게 반전할 수 있습니다.

❶ **Horizontal** : 수평선을 기준으로 반전합니다.

❷ **Vertical** : 수직선을 기준으로 반전합니다.

❸ **Angle** : 빈 칸에 수치값을 입력하거나 그래프를 돌려 수치값을 입력합니다.

❹ **Options** : 패턴이 적용된 오브젝트를 반전시킬 때 사용하는 옵션입니다.

　Ⓐ Transform Objects - 오브젝트만 반전

　Ⓑ Transform Patterns - 패턴만 반전

❺ **Preview** : 반전된 모습을 미리 확인할 수 있습니다.

핵심 기능

Offset Path

[Object]-[Path]-[Offset Path] 메뉴는 선택한 오브젝트의 외곽선을 일정한 크기로 확대하거나 축소할 때 쓰는 기능입니다. 원본 오브젝트에 Offset Path를 반복 적용시키면 일정 비율로 변형된 오브젝트를 만들 수 있습니다. Offset 항목에 -값을 적용하면 크기가 커지고, +값을 적용하면 크기가 작아집니다.

▲ 원본

▲ Offset : 2, Joins : Miter

▲ Offset : 4, Joins : Miter

❶ **Offset** : 복제될 오브젝트의 크기를 결정합니다. +값을 입력하면 커지고, −값을 입력하면 작아집니다.

❷ **Joins** : 각의 모양을 선택할 수 있습니다.

▲ 각지게 Miter   ▲ 둥글게 Round   ▲ 비스듬하게 Bevel

❸ **Miter limit** : 모서리 값을 설정합니다.

❹ **Preview** : 복제될 모습을 미리 확인할 수 있습니다.

도형 툴로 사과 문양 그리기

01 ❶ Ctrl + N 을 눌러 New Document 창을 엽니다. ❷ 가로(Width)와 세로(Height)에 각각 '600pixels', '700pixels'를 입력한 후 ❸ 〈Create〉를 클릭합니다.

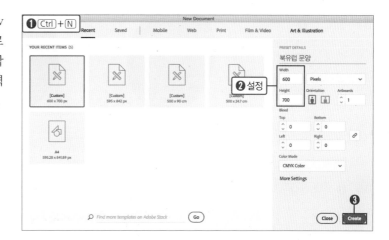

02 사과를 그리겠습니다. ❶ Color 패널에서 면 색을 설정한 후 ❷ 원형 툴◎을 선택합니다. ❸ 작업 창의 빈 곳을 드래그하여 타원을 그립니다.

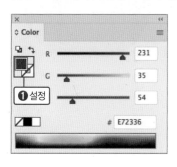

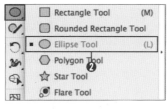

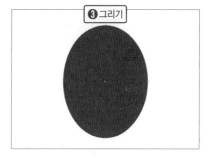

03 ❶ 회전 툴 을 선택하고 ❷ 타원을 왼쪽 방향으로 살짝 드래그합니다. ❸ Ctrl 을 눌러 마우스 커서가 선택 툴 모양으로 바뀌면 Ctrl 을 떼지 말고 Shift 와 Alt 를 동시에 누르며 오른쪽으로 드래그하여 옮깁니다. 타원이 수평 복제됩니다.

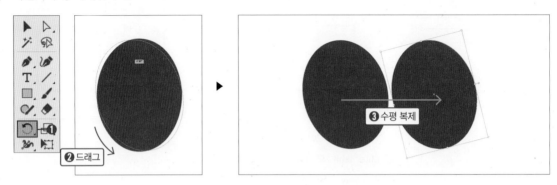

04 복제된 타원을 반전시키기 위해 ❶ 반전 툴 을 선택하고 ❷ Shift 를 누른 채 타원을 오른쪽으로 드래그합니다. ❸ Ctrl 을 눌러 마우스 커서가 선택 툴 모양으로 바뀌면 오른쪽 원과 겹쳐지도록 옮깁니다.

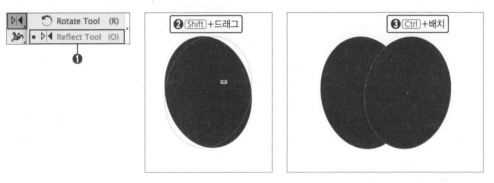

05 ❶ 선택 툴 로 ❷ 원을 모두 선택합니다. ❸ Pathfinder 패널에서 합치기 를 클릭하여 면을 하나로 합칩니다.

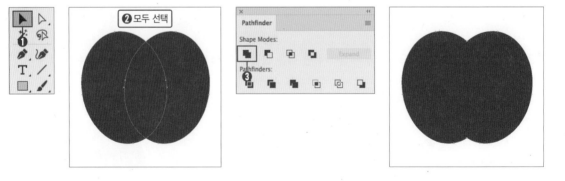

06 ❶ 직접 선택 툴▷로 사과를 선택합니다. ❷ 바깥 모서리에 있는 라이브 코너 위젯◉으로 마우스를 가져가면 커서가▷ 모양으로 바뀝니다. 위로 드래그하면 모서리가 둥글게 변합니다. ❸ 원형 툴◎로 검정색 원을 그려 넣습니다.

PART

3

NOTE ▶ 모서리 모양을 다듬는 라이브 코너 위젯 – Live Corner Widget

직접 선택 툴▷로 패스를 선택하면 모서리에 라이브 코너 위젯◉ 버튼이 나타납니다. 버튼을 드래그하면 모서리를 둥글게 만들 수 있습니다. 라이브 코너 위젯 버튼이 보이지 않으면 [View]-[Show Corner Widget] 메뉴를 선택합니다.

07 사과 잎과 줄기를 그리겠습니다. ❶ Color 패널에서 면 색을 지정하고 ❷ 사각형 툴▣로 작업 창의 빈 곳을 드래그하여 직사각형을 그립니다. ❸ 이번에는 원형 툴◎로 타원을 그립니다. ❹ 기준점 변환 툴▷로 ❺Ⓐ 지점과 Ⓑ지점을 클릭하여 방향선을 삭제합니다.

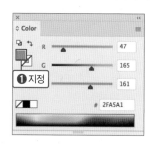
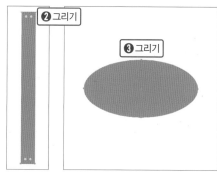
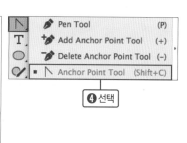
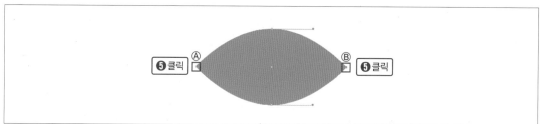

08 나뭇잎 크기를 일정한 크기로 축소하여 겹치겠습니다. ❶[Object]-[Path]-[Offset Path] 메뉴를 선택하여 Offset Path 창을 엽니다. Offset : −2를 입력한 후 ❷〈OK〉를 클릭합니다. 일정 비율로 줄어든 나뭇잎이 복제되어 나타납니다. ❸Color 패널에서 면 색을 변경합니다. ❹ 선택 툴▶로 두 개의 잎을 선택한 후 ❺ Ctrl +G를 눌러 그룹으로 묶습니다.

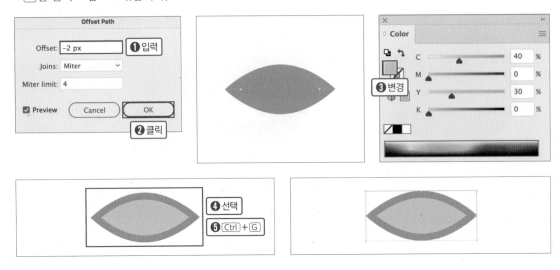

09 ❶ 선택 툴▶로 ❷ 잎과 줄기를 배치하고 잎만 선택한 후 ❸ Alt + Shift 를 누른 채 아래로 드래그하여 잎을 복제합니다. ❹ 다시 잎을 모두 선택한 후 ❺ Alt + Shift 를 누른 채 오른쪽으로 드래그하여 수평 복제합니다.

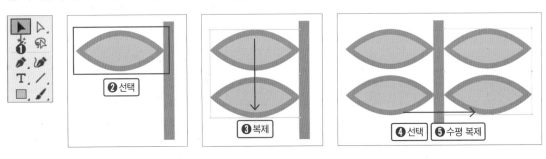

10 ❶ 잎과 줄기를 모두 선택하여 사과 위에 배치한 후 ❷ Ctrl + Shift + [를 눌러 잎과 줄기를 맨 아래로 보냅니다. ❸ Ctrl +G를 눌러 그룹으로 묶어 모양을 완성합니다.

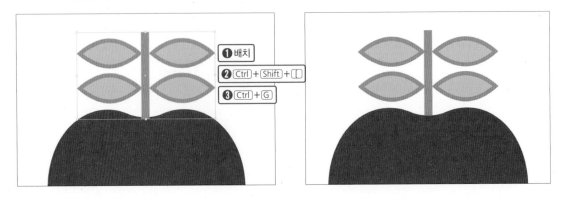

01 사과 문양을 회전시켜 반복 패턴을 만들겠습니다. ❶ 회전 툴 을 선택하고 사과 아래를 클릭하여 중심점 을 옮깁니다. ❷ Alt 를 누른 채 시계방향으로 돌리다가 ❸ Shift 를 누르면 정확히 45° 회전된 상태로 복제됩니다.

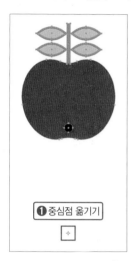

❶ 중심점 옮기기

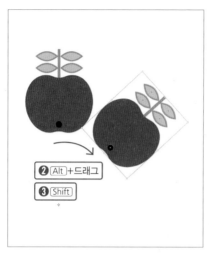

❷ Alt + 드래그

❸ Shift

02 ❶ 같은 방법으로 문양을 복제하여 완성합니다. ❷ 원형 툴 을 선택하고 Shift 를 누른 채 드래그하여 정원을 그립니다. 선택 툴 로 중앙으로 옮깁니다. ❸ 다시 원형 툴 을 선택하고 Shift 를 누른 채 드래그하여 큰 정원을 그립니다. ❹ 선 색만 활성화하여 회색을 지정합니다. ❺ Stroke: 0.75pt로 설정하여 얇은 선을 만듭니다.

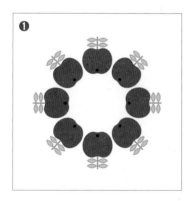

❶

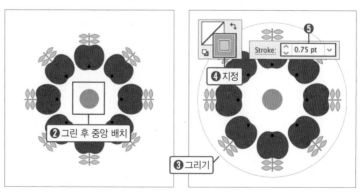

❷ 그린 후 중앙 배치

❺

Stroke: 0.75 pt

❹ 지정

❸ 그리기

03 사과 문양이 완성되었습니다. 문양은 하나의 패턴이 되어 즐거운 리듬감을 선사합니다. 문양 만들기를 응용하여 다른 디자인도 도전해보세요.

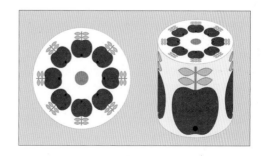

투톤 명암의
세련된 나무 그리기

⚒ 패스파인더를 이용해 나무 그리기

10 min

⊙ 시작파일 PART3_CHAPTER3_투톤나무_시작.ai　　⊙ 완성파일 PART3_CHAPTER3_투톤나무_완성.ai

POINT SKILL　도형 툴, 지우개 툴, 가위 툴, Pathfinder 패널

HOW TO　일러스트레이터에서 패스를 수정하려면 펜 툴🖊로 기준점을 더하고 빼는 방법, 직접 선택 툴▷로 기준점을 옮기는 방법, 지우개 툴◈과 가위 툴✂과 칼 툴🖊로 패스를 자르는 방법을 이용합니다. Pathfinder 패널을 이용하면 원하는 모양을 쉽게 만들 수 있습니다. 이번 예제에서는 지우개 툴◈과 가위 툴✂과 Pathfinder 패널을 이용해 면을 나눈 뒤 투톤 명암을 입히는 방법을 배워보겠습니다.

STEP　❶ Pathfinder 패널에서 면 지우기 ▶ ❷ 레이어 혼합모드로 면 겹치기 ▶ ❸ 가위 툴로 선 자르기 ▶ ❹ 지우개 툴로 면 지우기 ▶ ❺ 직접 선택 툴로 패스 수정하기

Pathfinder 패널

Pathfinder 패널은 두 개 이상의 오브젝트를 결합하고 분리하는 기능이 모여 있으며, 오브젝트를 두 개 이상 선택했을 때 활성화됩니다. Pathfinder 결합 기능은 네 가지이며, 분리 기능은 여섯 가지입니다.

❶ **Shape Modes** : 두 개 이상의 오브젝트를 하나로 합칩니다. 합쳐진 오브젝트는 위쪽 오브젝트의 속성을 따릅니다.

❷ **Expand** : Alt 를 누른 채 Shape Modes 🔳🔳🔳🔳 버튼을 누르면 미리보기가 됩니다. 미리보기에서는 얼마든지 다른 것을 선택할 수 있습니다. 최종 선택한 다음 Expand 를 클릭하면 효과가 적용됩니다.

❸ **Pathfinders** : 여러 개의 오브젝트들을 조합하여 다양한 형태로 분리시킬 수 있습니다. 나눠진 면은 분리되어 각각의 패스를 가지며 그룹으로 묶입니다.

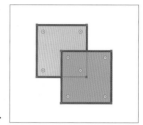

원본 ▶

[Shape Modes] 결합 기능

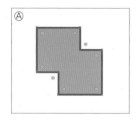

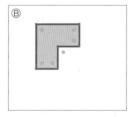

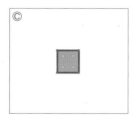

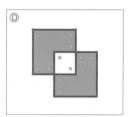

Ⓐ **합치기 Unite** 🔳 : 선택한 오브젝트를 하나로 합칩니다.

Ⓑ **앞쪽 지우기 Minus front** 🔳 : 맨 앞에 있는 오브젝트 영역을 지웁니다.

Ⓒ **겹친 부분 남기기 Intersect** 🔳 : 선택한 오브젝트 중 겹쳐진 부분만 남습니다.

Ⓓ **겹친 부분 지우기 Exclude** 🔳 : 선택한 오브젝트 중 겹쳐진 부분만 지웁니다.

[Pathfinders] 분리 기능

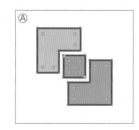

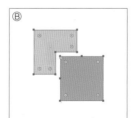

Ⓐ **나누기 Divide** 🔳 : 선택한 오브젝트를 모양대로 나눕니다.

Ⓑ **자르기 Trim** 🔳 : 두 오브젝트를 자르고 선 색을 없앱니다.

Ⓒ **병합하기 Merge** 🔳 : 오브젝트의 색이 같으면 합치고, 색이 다르면 나눕니다. 선 색을 없앱니다.

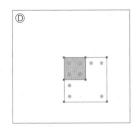
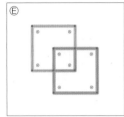
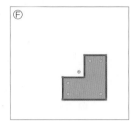

Ⓓ **앞쪽 기준으로 나누기 Crop** ⬚ : 겹쳐진 부분과 맨 앞쪽 오브젝트 패스만 남깁니다.

Ⓔ **외곽선 Outline** ⬚ : 오브젝트가 겹쳐진 부분을 투명 Stroke로 표시합니다. Stroke의 두께와 색상을 변경할 수 있습니다.

Ⓕ **뒤쪽 지우기 Minus Back** ⬚ : 뒤에 있는 오브젝트의 영역을 지우고, 맨 앞 영역만 남깁니다.

STEP 1 **Pathfinder 패널에서 면 지우기**

01 ❶ `Ctrl`+`O`를 눌러 'PART3_CHAPTER3_투톤나무_시작.ai' 파일을 불러옵니다. 분홍색 배경과 수풀과 구름을 보이지 않게 만들겠습니다. ❷Layers 패널에서 [배경] 레이어와 [수풀] 레이어의 눈 칸을 클릭하여 가립니다.

02 원형 나무에 투톤 명암을 넣겠습니다. ❶ 스포이드 툴 🖊로 ❷ 원형 잎을 클릭하여 보라색을 추출합니다. ❸ Ctrl을 눌러 마우스 커서가 선택 툴 ▶ 모양으로 바뀌면 Ctrl에서 손을 떼지 말고 Alt를 누르며 왼쪽으로 드래그하여 원형 잎을 복제합니다. ❹ 선택 툴 ▶로 ❺ 복제된 원형 잎의 바운딩 박스를 Shift를 누른 채 드래그하여 사이즈를 키운 후 ❻ 위쪽으로 드래그하여 위치를 변경합니다.

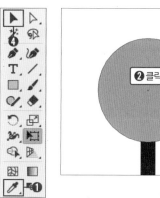

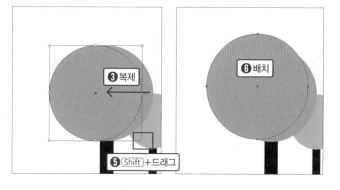

NOTE ▶ 오브젝트를 이동시킬 때 Ctrl, Alt, Shift 이용하기

❶ Ctrl : 어떤 툴을 이용하다가 Ctrl을 누르면 선택 툴 ▶로 변경됩니다.
❷ Alt : 오브젝트를 이동시킬 때 Alt을 누르면 복제됩니다.
❸ Shift : 오브젝트를 이동시킬 때 Shift을 누르면 수평/수직/45° 사선으로 옮길 수 있습니다.

---

03 ❶ 아래쪽 원형 잎을 선택하고 Ctrl+C, Ctrl+F를 눌러 제자리에 복제합니다(아래 위치한 원형 잎이 두 개가 됩니다). ❷ 선택 툴 ▶로 위와 아래에 위치한 원형 잎을 각각 선택한 후 ❸ Pathfinder 패널에서 앞쪽 지우기 🔳를 클릭하여 위쪽 영역을 지웁니다.

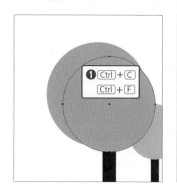
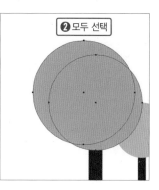
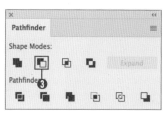

NOTE ▶ 오브젝트 붙이기와 오브젝트 제자리에 붙이기

Ctrl+V와 Ctrl+F는 모두 붙여넣기 단축키입니다.
❶ Ctrl+V : 현재 위치에서 조금 벗어난 지점에 붙여넣기 됩니다.
❷ Ctrl+F : 현재 위치 바로 위, 제자리에 붙여넣기 됩니다.

04 잘려진 오브젝트의 면 색을 바꾸겠습니다. ❶ 스포이드 툴 🖌로 키 큰 침엽수 잎을 클릭하여 진한 보라색을 추출합니다. ❷ 면 색이 보라색으로 설정됩니다. ❸ 같은 방법으로 뒤쪽 나무도 투톤 명암을 입혀주세요.

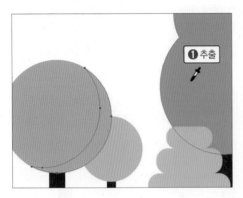
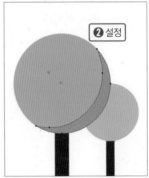
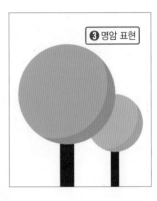

STEP 2 레이어 혼합모드로 면 겹치기

01 침엽수에 투톤 명암을 넣겠습니다. ❶ 선택 툴 ▶로 잎을 클릭한 후 Ctrl+C, Ctrl+F를 눌러 잎을 제자리에 복제합니다. ❷ 사각형 툴 ▢로 왼쪽에 직사각형을 그린 다음 ❸ 선택 툴 ▶로 잎과 직사각형을 선택합니다. ❹ Pathfinder 패널에서 앞쪽 지우기 ▣를 클릭하여 위쪽 영역을 지웁니다.

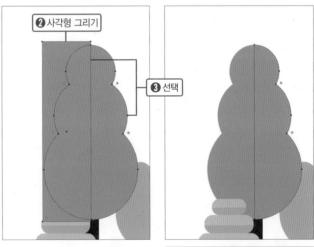

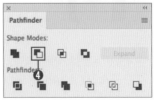

02 ❶면 색을 회색으로 변경한 후 ❷Transparency 패널에서 혼합모드를 [Normal]에서 [Multiply]로 바꿉니다. 겹쳐진 부분이 어두워집니다.

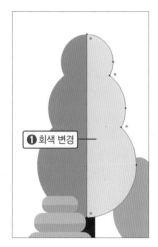

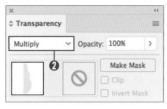

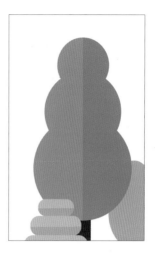

STEP
3
가위 툴로 선 자르기

01 ❶지우개 툴◈을 길게 눌러 가위 툴✂을 선택합니다. ❷Ctrl을 누른 채 오브젝트를 클릭하여 패스의 구조를 확인한 후 ❸Ⓐ지점과 Ⓑ지점을 차례대로 클릭합니다. 클릭한 지점이 수평으로 잘립니다.

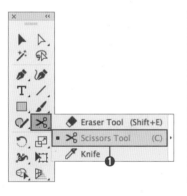

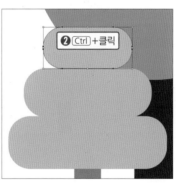

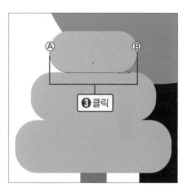

NOTE ▶ 가위 툴로 면을 클릭할 때 나타나는 경고 창

가위 툴✂은 패스의 선(세그먼트)과 기준점을 클릭하여 선을 자르는 도구로, 면을 클릭하면 다음과 같은 경고 창이 나타납니다.
(가위 툴✂은 면을 자를 수 없습니다. 오직 패스 선만 자를 수 있습니다.)

139

02 나무에 투톤 명암을 넣겠습니다. ❶ 선택 툴▶로 잘린 오브젝트를 선택한 후 ❷ Color 패널에서 면 색을 짙은 보라색으로 변경합니다. ❸ 같은 방법으로 아래쪽 오브젝트에도 명암을 표현합니다.

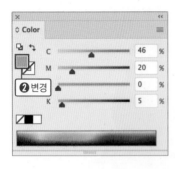
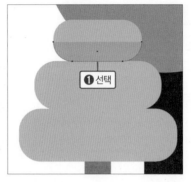
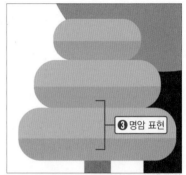

STEP 4 지우개 툴로 면 지우기

01 ❶ 선택 툴▶로 잎을 클릭한 후 Ctrl + C, Ctrl + F를 눌러 잎을 제자리에 복제합니다. ❷ 지우개 툴◆로 Alt 키를 누른 채 잎의 절반 부분을 드래그하여 영역을 표시합니다. 지우개로 드래그한 부분이 지워집니다. ❸ 잘린 오브젝트를 선택한 후 밝은 보라색으로 변경합니다.

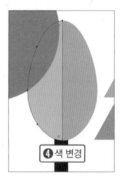

NOTE ▶ 지우개 툴로 부분과 전체 지우기

지우개 툴◆을 이용하면 드래그한 영역을 부분적으로 지울 수 있습니다. Alt 를 누르고 드래그하면 드래그한 영역을 전체적으로 지울 수 있습니다. []을 누르면 지우개 사이즈가 커지고, []을 누르면 지우개 사이즈가 작아집니다.

▲ 지우개 확대하기 : [] 누르기   ▲ 지우개 축소하기 : [] 누르기

직접 선택 툴로 패스 수정하기

01 ❶ 선택 툴▶로 상단의 삼각잎을 선택하고 Ctrl+C, Ctrl+F를 눌러 제자리에 복제합니다. ❷ 직접 선택 툴▷로 Ⓐ지점의 기준점을 클릭한 채 ❸Ⓑ지점으로 이동시킵니다. 삼각잎의 면적이 반으로 줄어듭니다.

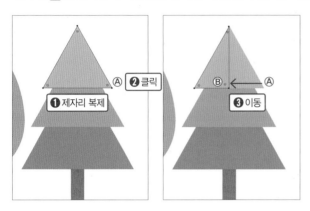

02 나무에 투톤 명암을 넣겠습니다. ❶ 삼각잎의 앞면 색을 밝은 보라색으로 변경합니다. ❷ 같은 방법으로 아래쪽 오브젝트에도 명암을 표현합니다.

03 투톤 명암의 세련된 나무가 완성되었습니다. Layers 패널에서 [배경] 레이어와 [수풀] 레이어의 눈 칸을 클릭하여 눈을 켜줍니다. 수풀과 나무, 구름이 조화롭게 구성된 배경을 감상합니다.

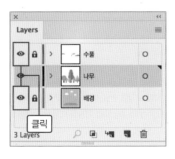

141

· CHAPTER ·

4

다양한 형태의
나뭇잎 그리기

✂ 도형 툴과 이펙트 효과의 왜곡 기능을 이용해 나뭇잎 그리기

10 min

⊙ 완성파일 PART3_CHAPTER4_다양한나뭇잎.ai

POINT SKILL 도형 툴, 자유변형 툴, 이펙트(Arc, Arc Lower, Roughen, Zig Zag), 반전 툴, Pathfinder 패널

HOW TO 일러스트레이터에는 형태를 왜곡시키는 기능이 있습니다. 크기 조절 도구와 자유 변형 도구로 오브젝트 크기 조절하기, 폭과 높이 조절하기, 기울이기, 회전하기 등 다양한 방식으로 오브젝트를 변형시킬 수 있습니다. 규칙적인 모양을 만들거나 불규칙적인 모양을 만들 때 다양한 왜곡 기능을 활용하면 보다 손쉽게 이미지를 완성시킬 수 있습니다. 이번 예제에서는 이펙트 메뉴의 Arc와 Arc Lower, Roughen과 Zig Zag 기능을 이용해 기본형의 나뭇잎과 꾸불꾸불하고 거친 외곽을 가진 나뭇잎을 그려보겠습니다.

STEP ❶ 물방울 모양의 나뭇잎 그리기 ▶ ❷ 울퉁불퉁한 모양의 나뭇잎 그리기 ▶ ❸ 지그재그 모양의 나뭇잎 그리기

자유변형 툴

자유변형 툴 은 선택된 오브젝트의 크기, 기울기, 회전 정도를 조절합니다. 자유변형 툴 옵션을 이용하여 새로운 모양으로 변형시킬 수 있습니다.

◀ 자유변형 툴

❶ ❷ ❸ ❹

◀ 자유변형 툴 옵션 버튼

❶ **Constain** : 가로와 세로 비율을 유지시킵니다. Free Transform과 함께 사용합니다.

❷ **Free Transform**

[Alt]를 누른 채 모서리를 드래그하면 정중앙을 기준으로 사이즈를 키우고 줄일 수 있습니다.

[Alt]+[Shift]를 누른 채 모서리를 드래그하면 정중앙을 기준으로 가로와 세로 비율이 유지된 상태로 변형시킬 수 있습니다.

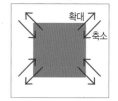
확대 축소

❸ **Perspective Distort** : 원근감이 느껴지는 사다리꼴 모양을 만들 수 있습니다.

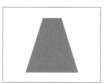

❹ **Free Distort** : 한쪽 모서리를 움직여 모양을 만들 수 있습니다.

Roughen 이펙트

[Effect]-[Distort]-[Roughen] 메뉴를 선택합니다. 가장자리에 울퉁불퉁한 거친 질감을 만듭니다.

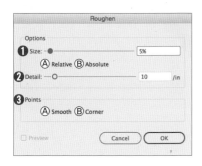

❶ **Size** : 높이를 설정합니다.

　Ⓐ Relative – 길이(%)　　Ⓑ Absolute – 길이(단위)

❷ **Detail** : 선분 개수를 세세하게 조절합니다.

❸ **Points** : 모서리 모양을 설정합니다.

　Ⓐ Smooth – 부드러운 모서리　　Ⓑ Corner – 각진 모서리

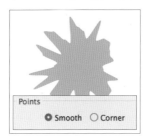

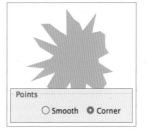

PART

3

일러스트레이션

143

Zig Zag 이펙트

[Effect]-[Distort]-[Zig Zag] 메뉴를 선택합니다. 직선일 경우 지그재그 모양을 만듭니다. 곡선일 경우 물결 모양을 만듭니다.

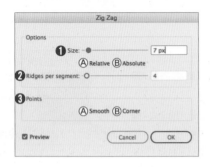

❶ Size : 높이를 설정합니다.

    Ⓐ Relative – 길이(%)   Ⓑ Absolute – 길이(단위)

❷ Ridges per segment : 선분 개수를 세세하게 조절합니다.

❸ Points : 모서리 모양을 설정합니다.

    Ⓐ Smooth – 부드러운 모서리   Ⓑ Corner – 각진 모서리

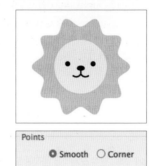

 Warp 이펙트

[Effect]-[Warp] 메뉴 안에 있는 이펙트를 선택합니다. 다양한 유형의 왜곡스타일을 설정하여 적용할 수 있습니다. 15개의 왜곡스타일을 하나씩 살펴보겠습니다.

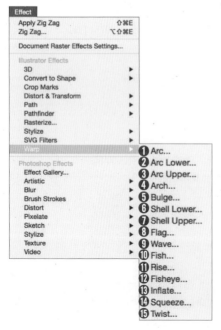

▲ 원본

❶ Arc : 부채꼴

위쪽이 넓은 아치형이 됩니다.

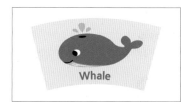

❷ Arc Lower : 아래쪽 부채꼴

아래쪽만 둥글여집니다.

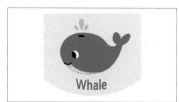

❸ Arc Upper : 위쪽 부채꼴

위쪽으로만 둥글여집니다.

❹ Arch : 아치형

기본 아치형이 됩니다.

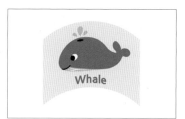

❺ Bulge : 돌출

가운데만 불룩하게 됩니다.

❻ Shell Lower : 조개모양(아래쪽)

아래만 조개껍데기 모양이 됩니다.

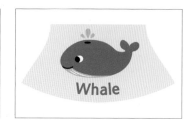

❼ Shell Upper : 조개모양(위쪽)

위만 조개껍데기 모양이 됩니다.

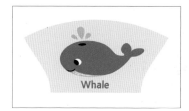

❽ Flag : 깃발

바람에 흔들리는 깃발 모양이 됩니다.

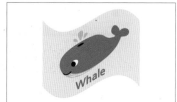

❾ Wave : 물결

오브젝트 안에서만 물결치는 모양이 됩니다.

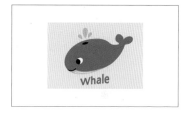

❿ Fish : 물고기모양

물고기 모양이 됩니다.

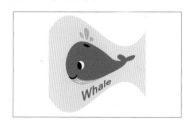

⓫ Rise : 상승

한쪽으로 일어서는 듯한 모양이 됩니다.

⓬ Fisheye : 물고기 눈 모양

가운데 부분이 크게 볼록해집니다.

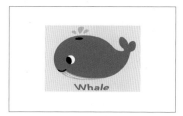

⓭ Inflate : 부풀리기

부푸는 듯한 모양이 됩니다.

⓮ Squeeze : 양쪽 누르기

양쪽이 눌러진 모양이 됩니다.

⓯ Twist : 비틀기

비틀어진 모양이 됩니다.

01 ❶ Ctrl + N 을 눌러 New Document 창을 엽니다. ❷ 가로(Width)와 세로(Height)에 각각 '600pixels', '700pixels'를 입력한 후 ❸ 〈Create〉를 클릭합니다.

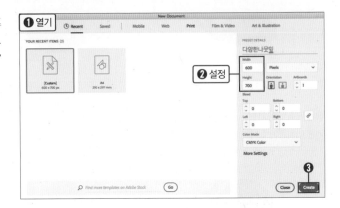

02 나뭇잎을 그려보겠습니다. ❶ Color 패널에서 면 색을 지정한 후 ❷ 원형 툴 을 선택합니다.

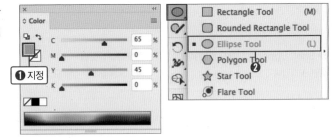

03 ❶ 작업 창의 빈 곳을 드래그하여 타원을 그립니다. ❷ 기준점 변환 툴 로 ❸ Ⓐ지점을 클릭하여 방향선을 삭제합니다. ❹ [Effect]-[Warp]-[Arc] 메뉴를 선택하여 Warp Options 창이 열리면 ❺ Horizontal 클릭, Band: 0%, Distortion 항목의 Vertical: 50%로 설정한 후 ❻ 〈OK〉를 클릭합니다. 하단의 폭이 부채꼴 형태로 볼록해지고 상단의 폭은 줄어들어 물방울 모양처럼 변합니다.

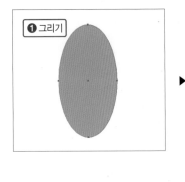

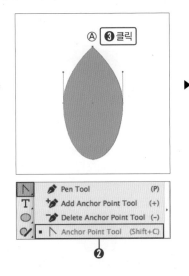

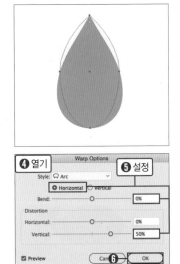

04 줄기를 그려보겠습니다. ❶면 색(#6e2c1c)을 설정한 후 ❷다각형 툴◉을 선택합니다. ❸작업 창의 빈 곳을 클릭하여 Polygon 창이 열리면 ❹Radius: 30px, Sides: 3으로 설정한 후 ❺〈OK〉를 클릭합니다. ❻[Shift]를 누른 채 드래그하여 삼각형을 그립니다.

 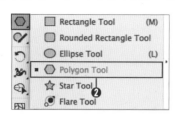 

NOTE ▸ **Radius 단위 변경 방법**

Radius의 단위를 mm 대신 px로 나타내려면 [Edit]–[Preferences]–[Units] 메뉴의 Gereral 항목을 'Pixels'로 변경합니다.

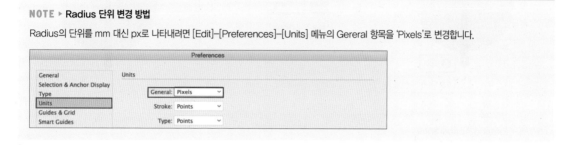

05 ❶자유변형 툴▦을 선택한 후 ❷▦를 클릭하면 삼각형 주변에 바운딩 박스가 씌워집니다. ❸Ⓐ조절점을 왼쪽으로 드래그하여 삼각형의 폭을 줄이고 ❹Ⓑ조절점을 위로 드래그하여 길이를 늘립니다. 이번에는 줄기 하단 부분을 볼록하게 만들겠습니다. ❺[Effect]–[Warp]–[Arc Lower] 메뉴를 선택하여 Warp Options 창이 열리면 ❻Horizontal 체크, Bend: 70%, Vertical: 0%로 설정한 후 ❼〈OK〉를 클릭합니다. 아래쪽이 부채꼴 모양으로 바뀝니다.

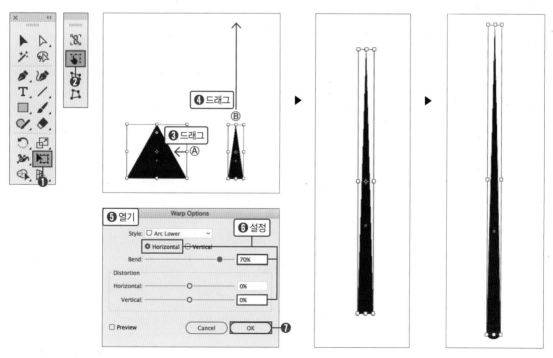

06 ❶선택 툴▶로 줄기를 선택하여 나뭇잎 위에 배치합니다. ❷ Shift 를 누른 채 줄기와 나뭇잎을 모두 선택한 후 ❸ [Object]-[Expand Appearance] 메뉴를 선택합니다. 모양에 맞춰 패스가 확장됩니다.

NOTE ▸ Expand Appearance

❶ Expand Appearance란?

Expand Appearance는 브러시로 그린 선을 면으로 바꾸거나 보이는 형태에 맞춰 패스를 확장시킬 때 사용하는 기능입니다. 가령 어떤 모양에 Effect의 변형, 왜곡 효과를 주면 형태가 변합니다. 하지만 패스는 이전 상태 그대로 있습니다. 이런 경우 기존 패스를 모양에 맞춰 확장시켜 주는 것이 좋습니다.

▲ 브러시로 그린 선

▲ 브러시로 그린 선을 Expand Appearance 처리하여 패스를 모양에 맞게 확장한 경우

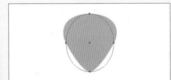

▲ 도형툴로 그린 면

▲ [Effect]-[Warp]-[Arc]를 적용시킨 면

▲ Expand Appearance 처리하여 패스를 모양에 맞게 확장한 경우

❷ Expand Appearance 기능을 적용하는 이유

Effect 효과가 적용된 파일을 다른 컴퓨터에서 열었을 때 버전이 맞지 않아 오류가 나는 경우를 대비합니다.
효과가 적용된 오브젝트를 각각의 패스로 처리하면 자유롭게 편집할 수 있습니다.

브러시 스타일이 적용된 선을 칼 툴✐을 이용해 자르면 나눠진 부분에 선이 생깁니다.
하지만 브러시 스타일이 적용된 선을 Expand Appearance 기능을 적용해 패스를 확장시키면 면을 자를 수 있습니다.

07 ❶ 선택 툴▶로 줄기만 선택합니다. ❷ Ctrl 에서 손을 떼지 말고 Alt 를 누른 채 Shift 를 동시에 누르면서 오른쪽으로 드래그합니다. 나뭇잎 줄기가 수평 복제됩니다. ❸ 그림처럼 배치한 후 ❹ 자유변형 툴▣로 줄기의 폭과 길이를 줄입니다.

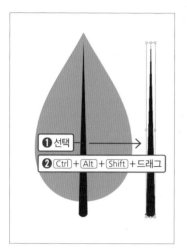

❶ 선택
❷ Ctrl + Alt + Shift + 드래그

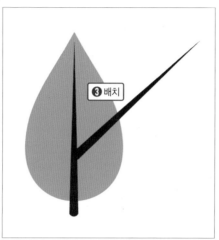

❸ 배치

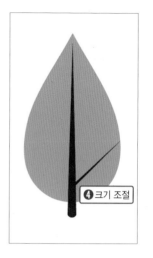

❹ 크기 조절

08 ❶ 같은 방법으로 나뭇잎 줄기를 3개 더 복제합니다. ❷ Shift 를 누른 채 오른쪽 나뭇잎 줄기를 하나씩 클릭하여 모두 선택합니다. ❸ 반전 툴▷◁을 두 번 클릭하여 Reflect 창이 열리면 ❹ Vertical에 체크 후 ❺ 〈Copy〉를 클릭합니다. 수직 축을 기준으로 나뭇잎 줄기가 반전되고 복제됩니다. ❻ 선택 툴▶로 줄기의 위치를 잡아줍니다.

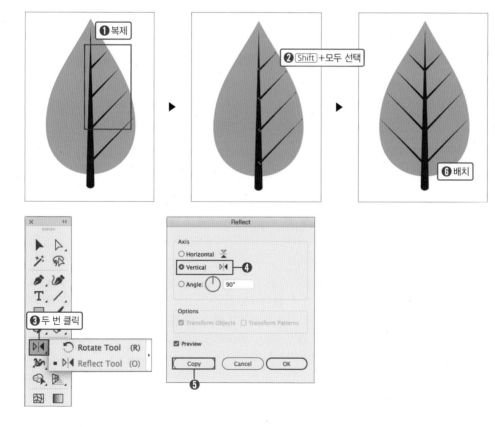

❶ 복제

❷ Shift +모두 선택

❻ 배치

❸ 두 번 클릭

Rotate Tool (R)
Reflect Tool (O)

Reflect

Axis
○ Horizontal
◉ Vertical ──❹
○ Angle: 90°

Options
☑ Transform Objects ☐ Transform Patterns

☑ Preview

Copy   Cancel   OK
❺

01 ❶면 색(#e7b2be)을 설정한 후 ❷원형 툴◎을 선택합니다. ❸작업 창의 빈 곳을 드래그하여 타원을 그린 후 ❹기준점 변환 툴▷로 ❺Ⓐ지점과 Ⓑ지점을 클릭하여 방향선을 삭제합니다.

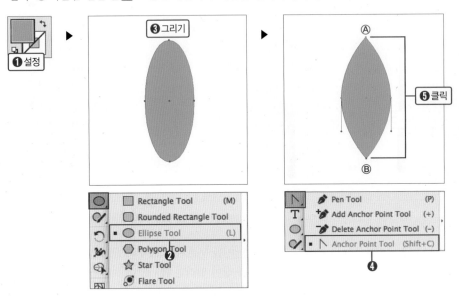

02 ❶[Effect]-[Distort & Transform]-[Roughen] 메뉴를 선택하여 Roughen 창을 엽니다. ❷Options 항목에서 Absolute 체크, Size: 4px, Detail: 10/in, Points: Smooth로 체크한 후 ❸〈OK〉를 클릭합니다. 잎의 외곽에 울퉁불퉁한 질감이 입혀집니다.

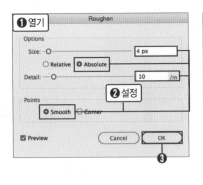

03 나뭇잎 줄기를 만들겠습니다. ❶면 색을 설정한 후 ❷다각형 툴◎을 선택하고 작업 창의 빈 곳을 클릭하여 Polygon 창을 엽니다. ❸Radius : 30px, Sides : 3을 입력하고 ❹〈OK〉를 클릭하여 삼각형을 만듭니다. ❺자유변형 툴▦을 선택한 후 ❻▦를 클릭합니다. ❼조절점을 움직여 삼각형의 폭을 줄이고 길이를 늘입니다.

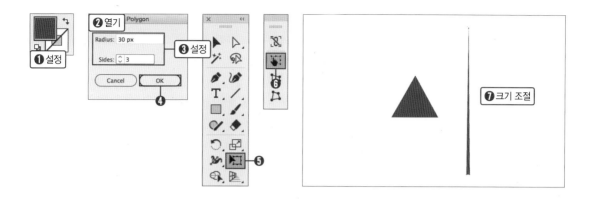

---

04 ❶선택 툴▶로 줄기를 선택하여 나뭇잎 위에 배치합니다. ❷ Shift를 누른 채 줄기와 나뭇잎을 모두 선택한 후 Alt를 누른 채 옆으로 드래그하여 복제합니다. ❸자유변형 툴▣로 줄기의 폭과 길이를 줄입니다. ❹회전 툴◎로 왼쪽 방향으로 기울인 후 ❺줄기의 길이를 줄여 다른 줄기와 맞붙을 수 있도록 합니다.

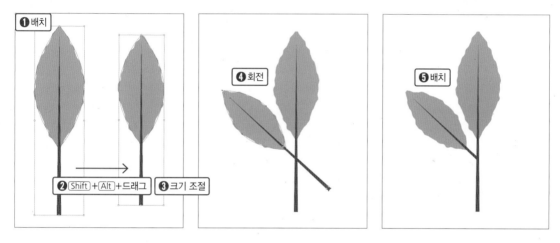

---

05 ❶ Shift를 누른 채 왼쪽 나뭇잎과 줄기를 하나씩 클릭하여 모두 선택합니다. ❷반전 툴▶◀을 두 번 클릭하여 Reflect 창을 연 다음 ❸Vertical을 체크하고 ❹〈Copy〉를 클릭합니다. 수직 축을 기준으로 오브젝트가 반전되고 복제됩니다. ❺선택 툴▶로 오브젝트의 위치를 잡아 완성합니다.

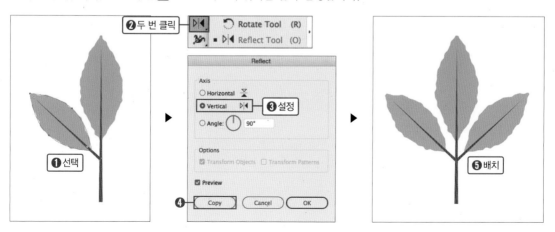

01 ❶ 면 색(#edd90e)을 설정한 후 ❷ 원형 툴◎을 선택합니다. ❸ 작업 창의 빈 곳을 드래그하여 타원을 그립니다. ❹ 기준점 변환 툴◣로 Ⓐ지점을 클릭합니다. ❺ 직접 선택 툴▷로 Shift 를 누른 채 Ⓑ와 Ⓒ지점의 기준점 두 개를 클릭하여 위로 올려줍니다.

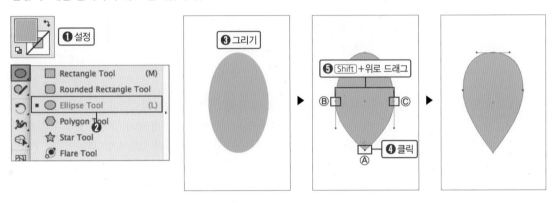

02 ❶ 직접 선택 툴▷로 상단의 기준점에 연결된 방향점 Ⓐ와 Ⓑ를 Alt 를 누른 채 아래로 내려줍니다. 끝이 뾰족해집니다. ❷ [Effect]─[Distort & Transform]─[Zig Zag] 메뉴를 선택하여 Zig Zag 창을 엽니다. ❸ Size: 1px, Ridges per segment: 20, Points를 Corner로 체크한 후 ❹ ⟨OK⟩를 클릭합니다. 잎의 외각에 지그재그 효과가 적용됩니다.

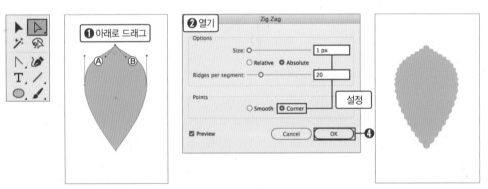

03 ❶ 앞서 제작한 나뭇잎 줄기 만들기와 같은 방법으로 다각형 툴◉을 이용하여 폭이 좁은 삼각형을 만듭니다. ❷ 선택 툴▶로 Shift를 누른 채 나뭇잎과 줄기를 동시에 선택한 후 Alt를 누른 채 옆으로 드래그하여 복제합니다. ❸ 회전 툴◎로 오른쪽 방향으로 기울인 후 ❹ 자유변형 툴▣로 줄기의 폭과 길이를 줄여 다른 줄기와 맞붙을 수 있도록 합니다.

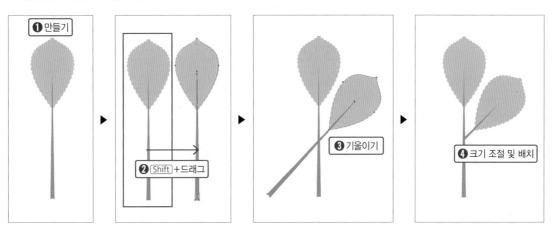

04 ❶ 선택 툴▶로 나뭇잎과 줄기를 동시에 선택한 후 Alt를 누른 채 아래로 드래그합니다. 오브젝트가 복제됩니다. ❷ 회전 툴로 기울기에 변화를 줍니다. ❸ 선택 툴▶로 오른쪽 나뭇잎과 줄기를 동시에 선택한 후 ❹ 반전 툴▷◁을 두 번 클릭하여 Reflect 창을 연 다음 ❺Vertical을 체크하고 ❻〈Copy〉를 클릭합니다. 수직 축을 기준으로 나뭇잎 줄기가 반전되고 복제됩니다. ❼ 선택 툴▶로 줄기의 위치를 잡아 완성합니다.

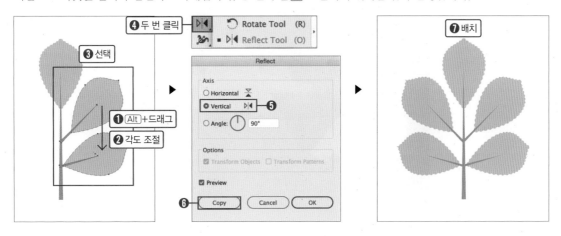

CHAPTER 5

눈 내리는
풍경 그리기

⚒ 산포 브러시 툴과 심벌 툴을 이용해 개체 반복시키기

15 min

◉ 시작파일 PART3_CHAPTER5_눈풍경_시작.ai ◉ 완성파일 PART3_CHAPTER5_눈풍경_완성.ai

POINT SKILL 산포 브러시 툴(Scatter Brush), 심벌 툴

HOW TO 일러스트레이터에서는 산포 브러시와 심벌 스프레이 툴🖉을 이용하여 반복되는 개체를 쉽게 그릴 수 있습니다. 산포 브러시는 패스 라인을 기준으로 개체를 흩뿌리는 효과를 줍니다. 심벌 스프레이 툴🖉은 특정 부분을 드래그하여 스프레이로 물 뿌리듯 개체를 반복하여 흩을 수 있습니다. 특히 심벌로 만든 개체는 그 수가 많더라도 하나의 개체만 인식하기 때문에 파일의 용량을 줄이는데 효과적입니다. 이번 예제에서는 눈과 구름이 흩어진 풍경을 그려보겠습니다.

STEP ❶ 나만의 산포 브러시 등록하기 ▶ ❷ 산포 브러시로 그리기 ▶ ❸ 심벌로 개체 반복하기 ▶ ❹ 심벌 수정하기

심벌 툴

1. 심벌 스프레이 툴 적용하기

심벌 스프레이 툴▣을 이용하면 한 개의 오브젝트를 복제하여 흩뿌려지게 만들 수 있습니다. 심벌로 만들어진 개체는 여러 개를 써도 한 개의 오브젝트로 인식하기 때문에 파일의 용량을 줄일 수 있습니다.

❶ Symbol 패널에서 라이브러리 버튼▣을 클릭하여 [Nature] 메뉴를 선택합니다. ❷ [Nature] 창에서 나뭇잎 심벌을 클릭한 후 ❸ 심벌 스프레이 툴▣로 드래그하면 개체가 반복되어 나타납니다.

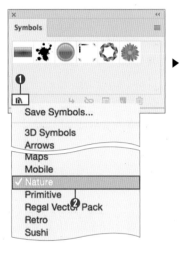

2. 심벌 스프레이 툴 옵션 설정하기

심벌 스프레이 툴▣을 더블클릭하여 Symbolism Tools Options 창을 엽니다. 옵션을 조절하여 심벌 스프레이 툴▣을 세세하게 설정할 수 있습니다.

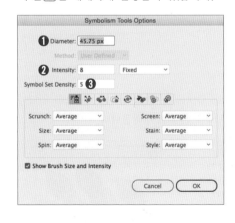

❶ **Diameter** : 심벌 브러시 지름을 조절합니다. [⟨]을 누르면 브러시 사이즈가 작아지고, [⟩]을 누르면 브러시 사이즈가 커집니다.

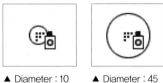

▲ Diameter : 10   ▲ Diameter : 45

❷ **Intensity** : 브러시를 드래그할 때 뿌려지는 심벌의 양을 조절합니다. 값이 클수록 한번에 뿌려지는 양이 많아집니다. Fixed 대신 Pressure을 선택하면 태블릿 필압에 따라 심벌의 양을 조절할 수 있습니다.

❸ **Symbol Set Density** : 값이 클수록 심벌의 밀도가 커집니다.

3. 심벌과 관련된 8가지 툴

심벌 스프레이 툴을 길게 누르고 있으면 심벌 관련 툴이 나타납니다. 심벌 스프레이 툴 외에 7개의 심벌 관련 툴을 이용하여 편집 및 수정할 수 있습니다.

❶ **심벌 스프레이 툴** : 스프레이로 분사하듯 심벌을 뿌립니다. Alt 를 누른 채 클릭하면 양을 조절할 수 있습니다.

❷ **심벌 이동 툴** : 심벌의 위치를 옮깁니다.

❸ **심벌 모으기 툴** : 심벌의 위치를 모읍니다. Alt 를 누른 채 클릭하면 벌어집니다.

❹ **심벌 크기 조절 툴** : 심벌의 크기를 조절합니다. 그냥 클릭하면 크기가 커지고, Alt 를 누른 채 클릭하면 크기를 줄어듭니다.

❺ **심벌 회전 툴** : 심벌의 각도를 조절합니다.

❻ **심벌 색상 변경 툴** : 심벌의 색상을 변경합니다.

❼ **심벌 투명도 조절 툴** : 심벌의 투명도를 조절합니다. 그냥 클릭하면 심벌이 투명해지고, Alt 를 누른 채 클릭하면 불투명해집니다.

❽ **심벌 스타일 툴** : 심벌에 그래픽 스타일을 적용합니다.

4. 심벌 삭제하기

심벌 스프레이 툴을 선택한 후 Alt 를 누른 채 지우고 싶은 심벌을 클릭합니다. 심벌이 삭제됩니다.

 ▶

5. 나만의 심벌 등록하기

❶ 개체를 드래그하여 Symbols 패널 안으로 드래그합니다. ❷ Symbol Options 창이 열리면 Name을 입력하고 ❸〈OK〉를 누릅니다. 해당 개체가 심벌로 등록됩니다. ❹ 심벌 스프레이 툴로 뿌려봅니다.

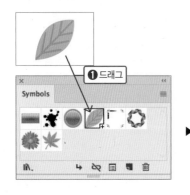 ▶ 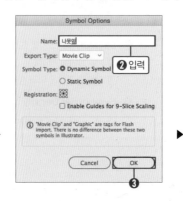 ▶

나만의 산포 브러시 등록하기

01 ❶ Ctrl + O 를 눌러 'PART3_CHAPTER5_눈풍경_시작.ai' 파일을 불러온 후 ❷ Layers 패널에서 [Layer 2]를 선택합니다.

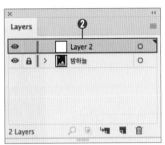

작업의 이해를 위한 **TIP** ▸ 이때 하늘색 띠가 둘러싸는데 이는 [Layer 2]가 선택되어 있다는 뜻입니다.

02 하얀색 눈알맹이를 만들어보겠습니다. ❶ 면 색을 흰색으로 설정하고 ❷ 원형 툴◯로 원을 그립니다. ❸ 선택 툴▶로 원을 선택하여 Brushes 패널로 드래그합니다. ❹ New Brush 창이 열리면 Scatter Brush를 선택한 후 ❺〈OK〉를 클릭합니다.

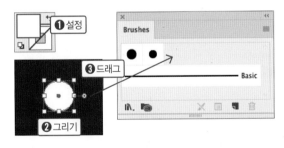

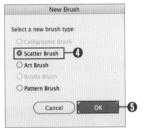

03 ❶ Scatter Brush Options 창이 열리면 Name을 '눈알맹이', Size, Spacing, Scatter, Rotation 모두 Random, 각 항목의 조절 바를 움직이거나 숫자를 직접 입력하여 최소값과 최대값을 설정한 후 ❷〈OK〉를 클릭하여 산포 브러시를 등록합니다.

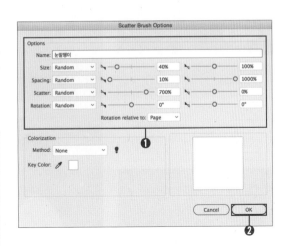

> **NOTE ▸ Scatter Brush – 흩뿌리는 효과 설정하기**
>
> 산포 브러시는 흩뿌리는 효과를 주는 브러시입니다. 브러시 패널에서 산포 브러시를 더블클릭하면 Scatter Brush Options 창이 열리며, Size(사이즈), Spacing(간격), Scatter(흩뿌려지는 범위), Rotation(각도)를 조절할 수 있습니다. 옵션을 모두 'Random'으로 설정한 후 최소값과 최대값을 설정하면 임의 값에 따라 개체가 자연스럽게 뿌려집니다. 꽃잎, 나뭇잎, 물방울, 꽃과 같이 반복되는 개체를 그릴 때 산포 브러시를 사용하면 좋습니다.

PART

3

일러스트레이션

01 흩뿌려지는 눈을 그려보겠습니다. ❶ 툴 패널에서 브러시 툴 🖌을 선택합니다. ❷ 브러시 패널에서 '눈알맹이' 브러시를 선택한 후 ❸ 왼쪽에서 오른쪽 가로 방향으로 드래그합니다. 드래그한 방향에 따라 크기가 다른 눈이 반복되어 나타나고 사방으로 흩어지는 것을 확인할 수 있습니다. ❹ 여러 방향으로 드래그하여 눈을 흩뿌려주세요.

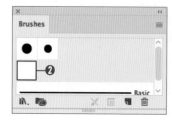
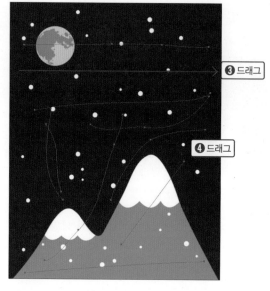

02 ❶ 선택 툴 ▶로 브러시 획 하나를 선택합니다. ❷ Transparency 패널의 Opacity를 30%로 낮춰 눈알맹이를 흐릿하게 만듭니다. ❸ 브러시 획 몇 개를 더 선택하여 Opacity 값을 낮춰 투명하게 만듭니다. 희미해진 눈알맹이들 덕분에 배경에 공간감이 느껴집니다.

01 구름 심벌을 적용하여 구름 낀 풍경을 완성해보겠습니다. ❶ [Window]-[Symbols] 메뉴를 선택하여 Symbols 패널을 불러옵니다. ❷ Symbols 패널에서 라이브러리 버튼📖을 클릭하고 ❸ [Nature]을 선택합니다. ❹ 세 개의 구름 모양 중 첫 번째 'Cloud1'을 선택합니다.

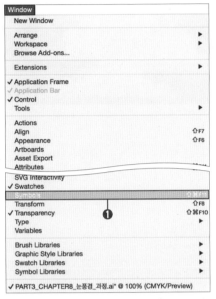
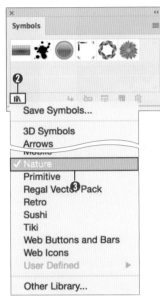

작업의 이해를 위한 **TIP** ▶ Nature 패널은 자연을 소재로 한 심벌들이 모여 있습니다.

02 ❶ 심벌 스프레이 툴📷을 선택한 후 ❷ 가로로 드래그하면 구름이 여러 개 만들어집니다.

01 구름 몇 개를 지워보겠습니다. Alt를 누른 채 심벌 스프레이 툴로 지우고 싶은 구름을 클릭합니다. 클릭한 부분의 구름이 지워집니다.

02 구름 크기를 조절해보겠습니다. ❶심벌 스프레이 툴을 길게 눌러 심벌 크기 조절 툴을 선택합니다. ❷심벌 크기 조절 툴로 키우고 싶은 구름을 꾸욱 클릭하고 있으면 누른 만큼 크기가 커집니다. ❸Alt를 누른 채 클릭하면 누른 만큼 작아집니다.

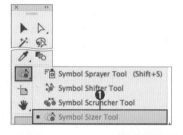

> **NOTE ▶ 심벌 브러시 사이즈 조절하기**
>
> 심벌 브러시 사이즈는 [ ], [ ]단축키로 조절할 수 있습니다. [ ]을 누르면 브러시 사이즈가 작아지고, [ ]을 누르면 브러시 사이즈가 커집니다.

03 구름 위치를 조절해보겠습니다. ❶심벌 스프레이 툴을 길게 눌러 심벌 이동 툴을 선택합니다. ❷심벌 이동 툴로 구름을 옮기고 싶은 위치로 드래그하면 구름이 이동합니다.

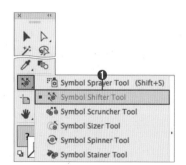

> **NOTE ▶ 심벌이 수정이 안 되는 경우**
>
> 선택되지 않은 상태에서 심벌 툴을 사용하면 'Please select a symbol from the symbol panel first(심벌이 선택되지 않은 상태에서는 심벌을 수정할 수 없습니다. 심벌을 선택한 후 심벌 관련 툴을 사용하세요.)' 문구가 적힌 경고 창이 열립니다.

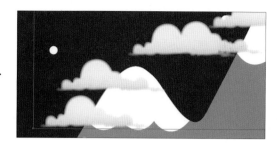

②드래그

04 구름 투명도를 조절해보겠습니다. ❶ 심벌 스프레이 툴을 길게 눌러 심벌 투명도 조절 툴을 선택합니다. ❷ 심벌 투명도 조절 툴로 흐릿하게 만들고 싶은 구름을 꾸욱 클릭하고 있으면 누른 만큼 투명해집니다. ❸ Alt 를 누른 채 클릭하면 누른 만큼 불투명해집니다.

②클릭

❸ Alt +클릭

05 반복되는 개체를 자연스럽게 만들기 위해서 수정하는 작업이 꼭 필요합니다. 아직 사용해보지 않은 심벌 관련 툴로 구름 모양을 다듬어 눈 내리는 풍경을 완성합니다.

실제 붓 느낌을 살려
먹음직스러운 디저트 그리기

✦ 붓 느낌으로 형태를 완성해가는 블랍 브러시 툴을 이용한 디저트 그리기

⊙ 시작파일 PART3_CHAPTER6_디저트_시작.ai   ⊙ 완성파일 PART3_CHAPTER6_디저트_완성.ai

---

POINT SKILL 블랍 브러시 툴(Blob Brush), 그리기 모드(Draw Mode)

HOW TO 일러스트레이터에서 블랍 브러시 툴◢을 이용하면 면의 속성을 가진 그림을 그릴 수 있으며 면과 면을 합쳐 그려나갈 수 있기 때문에 형태를 만들기 수월합니다. 블랍 브러시 툴◢의 태블릿 옵션을 이용하면 필압에 따라 브러시 크기를 조절하여 얇고 굵은 면을 동시에 표현할 수 있어 붓 느낌을 살릴 수 있습니다. 이번 예제에서는 블랍 브러시 툴을 이용하여 먹음직스러운 디저트를 채색해보고, 그리기 모드(Draw Mode) 중 안쪽에 그리기 (Draw Inside) 모드◙를 이용하여 명암을 넣어보겠습니다.

STEP ❶ 태블릿 필압 설정하여 블랍 브러시로 채색하기 ▶ ❷ 안쪽에 그리기 모드를 이용하여 명암 넣기

블랍 브러시

블랍 브러시 툴 을 이용하면 면의 속성을 가진 그림을 그릴 수 있으며, 면과 면을 합쳐 그려나갈 수 있기 때문에 형태를 만들기 수월합니다. 블랍 브러시 사이즈는 [,] 단축키로 조절할 수 있습니다. [을 누르면 브러시 사이즈가 작아지고,]을 누르면 브러시 사이즈가 커집니다.

1. 면으로 그리는 블랍 브러시 툴

브러시 툴 은 선의 속성(Stroke)을 가지며 색을 지정할 때 선 색을 바꿔줍니다. 반면 블랍 브러시 툴 은 면의 속성(Fill)을 가지며 색을 지정할 때 선 색과 면 색 중 어느 것을 설정해도 상관없습니다.

▲ 브러시 툴로 그린 그림 – 선의 속성

▲ 블랍 브러시 툴로 그린 그림 – 면의 속성

브러시 툴 로 그린 그림과 블랍 브러시 툴 로 그린 그림을 지우개 툴 로 지울 때 두 브러시의 차이가 분명하게 나타납니다.

▲ 브러시 툴로 그린 그림 – 지우개로 지운 경우

▲ 블랍 브러시 툴로 그린 그림 – 지우개로 지운 경우

2. 블랍 브러시 툴 옵션 설정하기

블랍 브러시 툴 을 더블클릭하여 Blob Brush Tool Options 창을 엽니다.

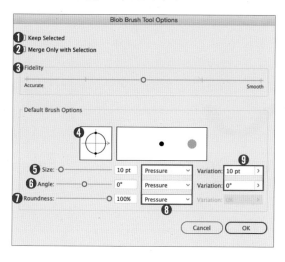

❶ **Keep Selected** : 체크할 경우, 그림이 선택된 상태로 유지됩니다. 패스의 기준점이 보이기에 직접 선택 툴 로 형태를 수정할 수 있습니다.

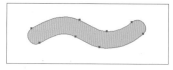

▲ 체크 O : 선택됨

▲ 체크 X : 선택 안됨

❷ **Merge Only with Selection** : 체크할 경우 면과 면이 개별적으로 분리됩니다. 체크하지 않을 경우 같은 색으로 덧칠하는 면과 면이 합쳐집니다. 다른 색으로 덧칠할 경우 분리됩니다.

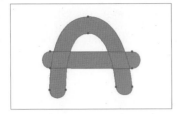
▲ 체크 O : 면이 분리됨

▲ 체크 X : 같은 색 면끼리 합쳐짐

▲ 체크 X : 다른 색 면이 분리됨

❸ **Fidelity** : 브러시 획의 정확도, 매끄러운 정도를 조절합니다.

Ⓐ **Accurate** : Accurate에 가까울수록 원본 자체의 모양으로 나타납니다.

Ⓑ **Smooth** : Smooth에 가까울수록 매끄러운 획으로 나타납니다.

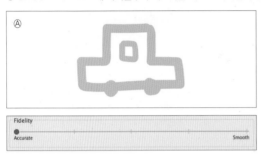

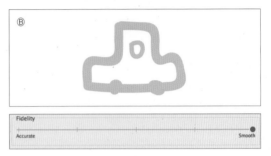

❹ **Preview** : 설정 값에 따라 브러시 미리보기가 됩니다.

❺ **Size** : 브러시 크기를 조절합니다. 블랍 브러시 사이즈는 [ ], [ ] 단축키로 조절할 수 있습니다. [ ]을 누르면 브러시 크기가 작아지고, [ ]을 누르면 브러시 크기가 커집니다.

❻ **Angle** : 브러시 각도를 조절합니다.

❼ **Roundness** : 브러시 둥근 정도를 조절합니다.

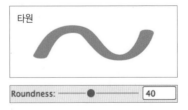

❽ **옵션 단추** : Size, Angle, Roundness의 옵션 단추를 열면 태블릿을 이용할 수 있는 'Pressure' 옵션
　이 있습니다. 태블릿이 연결되어 있어야 사용할 수 있으며, 태블릿 입력 강도에 따라 굵기 변화를 줄 수 있
　습니다.

❾ **Variation** : 변화 값을 설정합니다.

핵심기능

그리기 모드(Draw Mode)

일러스트레이터의 그리기 모드는 표준 그리기(Draw Normal) 모드 █, 뒤쪽에 그리기(Draw Behind) 모드 █,
안쪽에 그리기(Draw Inside) 모드 █가 있습니다. 오브젝트를 선택한 후 Shift+D를 누르면 그리기 모드를
바꿀 수 있습니다.

▲ Draw Normal

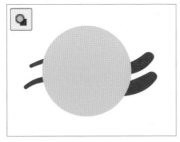

▲ Draw Behind

▲ Draw Inside

1. 표준 그리기 – Draw Normal █

❶ 선택 툴 █로 원을 선택한 후 ❷ Draw Normal █(Shift+D)을 클릭합니다. ❸ 블랍 브러시 툴 █을 선택한
후 ❹ 원하는 색을 설정합니다. ❺ 원의 오른쪽 상단과 왼쪽 하단을 드래그하여 채색합니다. 원 위에 면이 그려집
니다.

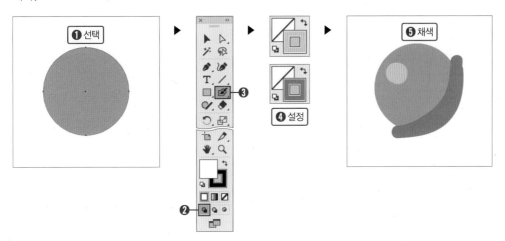

2. 뒤쪽에 그리기 - Draw Behind ◉

❶ 선택 툴▶로 원을 선택한 후 ❷ Draw Behind ◉(Shift+D)를 클릭합니다. ❸ 블랍 브러시 툴🖌을 선택한 후 ❹ 원하는 색을 설정합니다. ❺ 원의 오른쪽 상단과 원의 왼쪽 하단을 드래그하여 채색합니다. 원 뒤쪽에 면이 그려집니다.

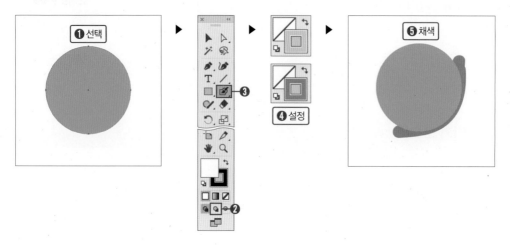

3. 안쪽에 그리기 - Draw Inside ◉

Draw Inside 모드를 적용할 수 있는 오브젝트는 하나입니다. 두 개 이상의 오브젝트를 동시에 Draw Inside 모드로 변경할 수 없습니다.

❶ 선택 툴▶로 원을 선택한 후 ❷ Draw Inside ◉(Shift+D)를 클릭합니다. 둘레에 점선이 생기고 오브젝트 가 선택됩니다. ❸ 빈 여백을 클릭하여 선택을 해제합니다. ❹ 원하는 선 색을 설정한 후 ❺ 블랍 브러시 툴🖌로 ❻ 원의 오른쪽 상단과 원의 왼쪽 하단을 드래그하여 채색합니다. 원 안쪽에 면이 그려집니다.

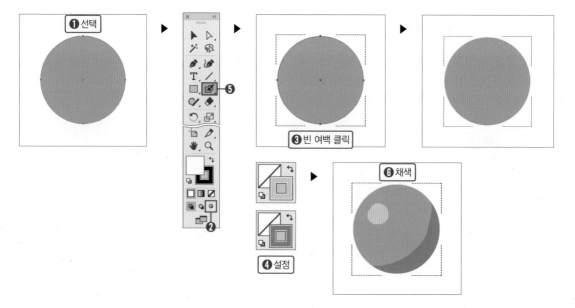

태블릿 필압 설정하여 블랍 브러시로 채색하기

01 ❶ Ctrl + O 를 눌러 CD에서 'PART3_CHAPTER6_디저트_시작.ai' 파일을 불러옵니다. 스케치를 참고하여 [채색] 레이어에 색을 입혀보겠습니다. ❷ Layers 패널에서 [채색]을 선택합니다.

작업의 이해를 위한 **TIP** ▶ Layers 패널에서 레이어를 선택하면 하늘색 띠가 둘러싸는데 이는 해당 레이어가 선택되어 있다는 뜻입니다.

02 ❶ 블랍 브러시 툴 📝을 더블클릭하여 Blob Brush Tool Options 창을 엽니다. ❷ Keep Selected 박스: 체크, Fidelity: Smooth에 가깝게 조절, Size에서 Pressure 선택, Size와 Variation을 11pt로 설정한 후 ❸ ⟨OK⟩를 클릭합니다.

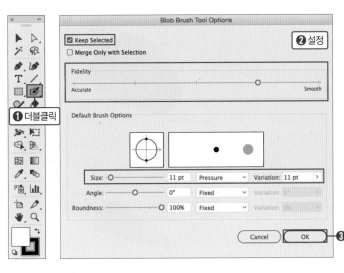

작업의 이해를 위한 **TIP** ▶ Blob Brush Tool Options 창의 태블릿 옵션을 이용하면 필압에 따라 브러시 크기를 조절하여 얇고 굵은 면을 동시에 표현할 수 있어 붓 느낌을 살려 채색할 수 있습니다. Size를 Pressure로 설정합니다. 단, 태블릿이 연결되어 있어야 Pressure 항목이 활성화되고 선택 가능합니다.

03 ❶면 색을 갈색으로 설정한 후 ❷밑그림을 참고하여 머핀의 밑부분을 채색합니다. 외곽 부분을 칠할 때는 브러시 사이즈를 줄여 채색합니다. 이때 태블릿을 약하게 누르거나 [] 을 누르면 브러시 사이즈가 줄어듭니다.

작업의 이해를 위한 **TIP** ▶ 2번 과정에서 Blob Brush Tool Options 설정 시 Keep Selected 박스에 체크했기 때문에 채색된 면이 선택된 상태로 나타납니다. 먼저 칠한 면 위에 덧칠하면 먼저 칠한 면과 나중에 칠한 면이 합쳐진 상태가 됩니다.

NOTE ▶ 블랍 브러시 툴 ✎로 칠할 때 면 색을 설정해야 하나요? 선 색을 설정해야 하나요?

블랍 브러시 툴 ✎은 면의 속성(Fill)을 가지지만 색을 지정할 때는 선 색을 설정하는 것이 원칙입니다. 하지만 색을 설정할 때는 면 색과 선 색 둘 다 가능합니다. 일러스트레이터에서는 블랍 브러시 툴 ✎로 화면을 드래그하여 칠하는 순간, 면 색이 선 색으로 자동 변경되는 기능이 있습니다.

04 ❶면 색을 빨간색으로 설정한 후 ❷밑그림을 참고하여 머핀의 윗부분과 딸기를 채색합니다. 한 번에 칠하기 어려우므로 조금씩 나눠 칠합니다.

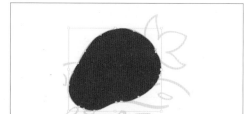

05 ❶면 색을 밝은 복숭아색으로 설정한 후 ❷밑그림을 참고하여 생크림 부분을 채색합니다.

06 블랩 브러시 툴의 옵션을 변경하겠습니다. ❶ 블랩 브러시 툴 🖊을 더블클릭하여 Blob Brush Tool Options 창을 엽니다. ❷ Keep Selected 박스를 체크 해제한 후 ❸ 〈OK〉를 클릭합니다. 이제부터 채색된 면은 선택된 상태로 나타나지 않습니다. ❹ 면 색을 녹색으로 설정한 후 ❺ 밑그림을 참고하여 딸기 잎 부분을 채색합니다. ❻ 잎 모양을 다듬기 위해 지우개 툴 ◆을 선택한 후 ❼ Ctrl 을 눌러 잎을 선택합니다. ❽ 딸기 과육과 잎이 만나는 경계 부분을 드래그하여 불필요한 면을 지워줍니다.

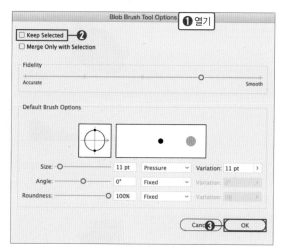

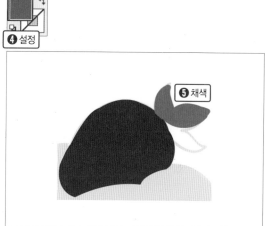

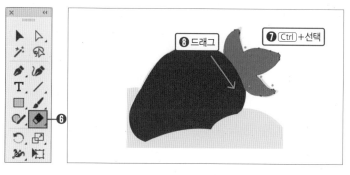

NOTE ▶ 오브젝트를 선택하지 않은 상태에서 지우기 VS 오브젝트를 선택한 상태에서 지우기

오브젝트를 선택하지 않은 상태에서 지우개 툴 ◆을 이용하면 드래그한 영역에 있는 모든 부분을 지울 수 있습니다. 하지만 오브젝트를 선택한 상태에서 지우개 툴 ◆을 이용하면 선택한 오브젝트의 일부분만 지울 수 있습니다.

VS

▲ 오브젝트를 선택하지 않은 상태

▲ 잎 오브젝트를 선택한 상태

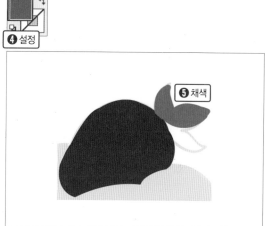

PART

3

일러스트레이션

07 초콜릿 토핑을 채색하겠습니다. 먼저 칠한 생크림에 가려져 초콜릿 토핑 밑그림이 보이지 않습니다. 생크림 불투명도를 낮춰 밑그림이 보이도록 만들겠습니다. ❶ Layers 패널의 [채색] 옆에 있는 ▶버튼을 눌러 하위 레이어를 엽니다. ❷ 생크림이 담긴 〈Path〉레이어의 ◎을 클릭하면 생크림이 선택됩니다. ❸ Transparency 패널의 Opacity를 40%로 줄이면 생크림이 흐릿해져 밑그림이 보입니다.

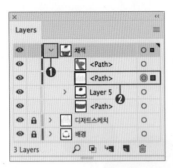
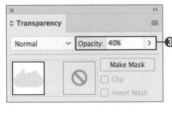

NOTE ▸ 레이어에 있는 모든 오브젝트 선택하기

Layers 패널의 ◎을 클릭하면 원이 2개◎로 바뀌면서 [Layer 1]의 모든 오브젝트가 선택됩니다.

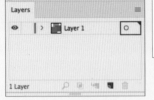

---

08 ❶면 색을 어두운 밤색으로 설정한 후 ❷밑그림을 참고하여 초콜릿 토핑과 딸기 씨를 그립니다.

09 ❶선택 툴▶로 생크림을 선택한 후 ❷Transparency 패널의 Opacity를 100%로 변경합니다. 흐릿했던 생크림이 불투명해집니다.

 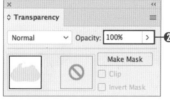 

STEP 2 **안쪽에 그리기 모드를 이용하여 명암 넣기**

01 Layers 패널의 [디저트스케치] 눈 칸을 클릭하여 눈을 없애줍니다. [디저트스케치]에 있는 스케치가 보이지 않습니다.

02 안쪽에 그리기 모드를 이용하여 명암을 넣겠습니다. ❶선택 툴▶로 머핀 밑부분을 선택한 후 ❷Draw Inside ◉(Shift+D)를 클릭합니다. 둘레에 점선이 생깁니다.

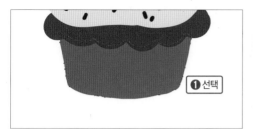 

03 ❶빈 여백을 클릭하여 선택을 해제합니다. ❷선 색을 어두운 갈색으로 설정한 후 ❸블랍 브러시 툴로 드래그하여 명암을 표현합니다. 선택된 부분 안쪽에만 색이 입혀집니다. ❹일정한 간격의 세로줄을 여러 개 그려 머핀 컵 포장지 느낌을 살려줍니다. ❺명암을 다 넣은 뒤에는 Draw Normal (Shift+D)을 클릭하여 표준 그리기 모드로 돌아갑니다.

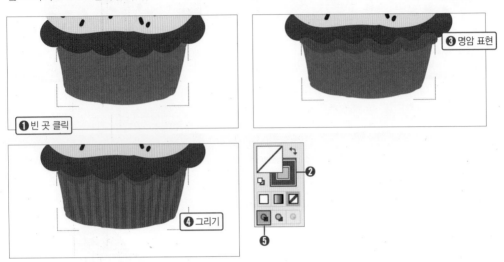

04 ❶같은 방법으로 딸기와 생크림, 머핀의 윗부분에 명암을 표현합니다. ❷명암을 다 넣은 뒤에는 Draw Normal (Shift+D)을 클릭하여 표준 그리기 모드로 돌아갑니다.

05 실제 붓 느낌으로 명암을 넣은 먹음직스러운 디저트가 완성되었습니다. ⌈Ctrl⌋+⌈0⌋를 눌러 작업 창을 윈도우 크기에 맞춘 후 감상합니다.

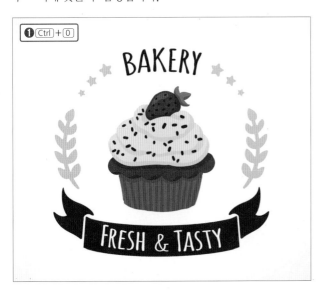

NOTE ▶ 보기 관련 단축키

❶ ⌈Ctrl⌋+⌈0⌋ : 윈도우 크기에 맞게 보기
❷ ⌈Ctrl⌋+⌈Alt⌋+⌈0⌋ : 여러 개의 아트보드 모두 보기
❸ ⌈Ctrl⌋+⌈1⌋ : 실제 크기로 보기
❹ ⌈Ctrl⌋+⌈+⌋ : 화면 확대하기
❺ ⌈Ctrl⌋+⌈-⌋ : 화면 축소하기

NOTE ▶ 블랍 브러시를 활용한 응용 예제

CHAPTER 7

망점 효과로
팝아트 풍의 일러스트 그리기

⚒ 컬러 하프톤 이펙트 효과와 패턴을 이용해 팝아트 느낌 내기

15 min

⊙ **시작파일** PART3_CHAPTER7_망점 효과_시작.ai ⊙ **완성파일** PART3_CHAPTER7_망점 효과_완성.ai

POINT SKILL 패턴, 이펙트(Color Halftone)

HOW TO 패턴은 한 가지 문양이 질서 있게 반복되는 형태로 디자인에 많이 활용되는 소스입니다. 패턴의 규칙적인 배열은 깔끔하고 세련된 느낌을 줍니다. 일러스트레이터에서 기본으로 제공되는 패턴을 이용하면 클릭 몇 번만으로 패턴을 빠르게 적용할 수 있습니다. 스케일 툴 을 이용하면 패턴 크기를 변경할 수 있습니다. 이번 예제에서는 팝아트 풍의 일러스트에 연속되는 원 패턴을 적용하는 방법과 패턴 무늬 색을 변경하는 방법, 컬러 하프톤 이펙트로 망점 효과를 입히는 방법을 배워보겠습니다.

STEP ❶ 패턴 라이브러리에서 패턴 적용하기 ▶ ❷ 패턴 무늬 색 변경하기 ▶ ❸ 컬러 하프톤 이펙트로 망점 효과 입히기

Color Halftone 이펙트

[Effect]-[Pixelate]-[Color Halftone] 메뉴를 선택합니다. 컬러 하프톤 이펙트는 채널별 수치 값을 설정하여 컬러망점과 흑백망점을 만드는 기능입니다.

1. 동일한 크기의 망점 만들기

단색 배경을 입힌 후 컬러 하프톤 이펙트를 적용하면 크기가 동일한 망점이 만들어집니다. Max. Radius의 값이 커질수록 망점의 크기도 커집니다(4px~127px 값을 입력할 수 있습니다).

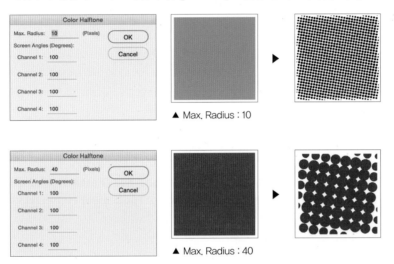

▲ Max. Radius : 10

▲ Max. Radius : 40

2. 점진적으로 커지는 망점 만들기

그레이디언트 배경을 입힌 후 컬러 하프톤 이펙트를 적용하면 명암의 차이에 따라 크기가 다른 망점이 만들어집니다.

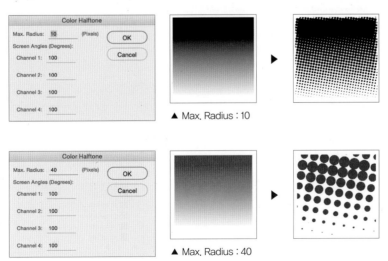

▲ Max. Radius : 10

▲ Max. Radius : 40

01 ❶ Ctrl + O 를 눌러 'PART3_CHAPTER7_망점 효과_시작.ai' 파일을 불러온 후 ❷Layer 패널에서 [채색]을 선택합니다.

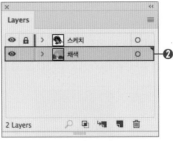

02 일러스트레이터에서 기본적으로 제공하는 패턴 소스가 담긴 Patterns Libraries 패널을 열어 패턴을 이용해보겠습니다. ❶Swatches 패널에서 라이브러리 버튼📖을 클릭한 후 ❷[Patterns]–[Basic Graphics]–[Basic Graphics_Dots] 메뉴를 선택합니다. 점 패턴이 들어있는 Basic Graphics_Dots 패널이 나타납니다.

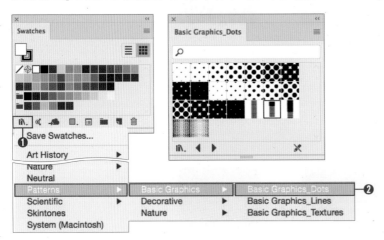

NOTE ▶ 패턴 라이브러리 패널에서 패턴 보는 방법 변경하기

패턴 라이브러리 패널의 보조 버튼📋을 눌러 메뉴 창을 엽니다.
Ⓐ Thumbnail View를 클릭하면 패턴을 단면 축소판으로 볼 수 있습니다.
Ⓑ List View를 클릭하면 이름 목록으로 볼 수 있습니다.

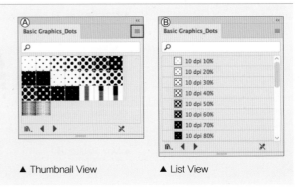

▲ Thumbnail View   ▲ List View

03 패턴을 적용하겠습니다. ❶ 선택 툴▶로 옷을 선택하고 Ctrl + C, Ctrl + F를 차례대로 눌러 제자리에 복제합니다. ❷Basic Graphics_Dots 패널에서 '0 to 100% Dot Gradation' 패턴을 선택합니다. 선택한 패턴이 옷에 입혀집니다.

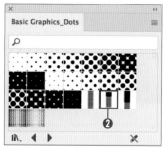

NOTE ▶ 패턴을 적용하기 전 개체를 복제하는 이유

패턴을 입히면 기존 색상이 사라지고 새롭게 적용된 패턴의 색상으로 바뀌게 됩니다. 예제에서 사용할 '점 패턴'은 투명 바탕과 검정색 원으로 구성되어 있습니다. 옷을 복제하지 않고 패턴을 적용하면 주황색 배경이 보입니다.

▲ 원본

▲ 개체를 복제하지 않은 경우 :
투명 바탕과 검정색 원으로 이루어진 패턴
색상이 적용됩니다.

▲ 개체를 복제한 경우 :
분홍색 옷 위에 패턴이 겹쳐집니다.

04 패턴 크기를 수정하겠습니다. ❶ 스케일 툴🔳을 더블클릭하여 Scale 창을 엽니다. ❷Uniform: 80%, Options: Transform Patterns만 체크하고 ❸〈OK〉를 클릭하면 패턴 크기가 작아집니다.

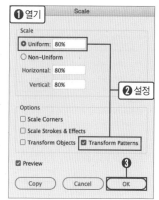

NOTE ▶ Scale의 Transform Objects와 Transform Patterns

Transform Objects와 Transform Patterns를 함께 체크하면 오브젝트와 패턴 크기가 함께 조절됩니다. Transform Objects만 체크하면 오브젝트 크기만 조절되고, Transform Patterns만 체크하면 패턴 크기만 조절됩니다.

177

05 머리에 다른 패턴을 적용하겠습니다. ❶ 선택 툴 ▶로 머리를 선택하고 Ctrl + C , Ctrl + F 를 차례대로 눌러 제자리에 복제합니다. ❷ Basic Graphics_Dots 패널에서 'Undulating Fine Dots' 패턴을 클릭합니다.

❶ 선택 후 제자리 복제

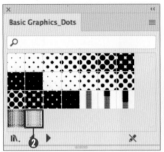

06 얼굴에 다른 패턴을 적용하겠습니다. ❶ 선택 툴 ▶로 머리를 선택하고 Ctrl + C , Ctrl + F 를 차례대로 눌러 제자리에 복제합니다. ❷ Basic Graphics_Dots 패널에서 '10 dpi 40%' 패턴을 클릭합니다.

❶ 선택 후 제자리 복제

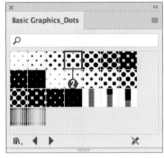

07 패턴 크기를 수정하겠습니다. ❶ 스케일 툴 ⊞을 더블클릭하여 Scale 창을 연 후 ❷ Uniform: 40%, Options: Transform Patterns만 체크하고 ❸ 〈OK〉를 클릭하면 패턴 크기가 작아집니다.

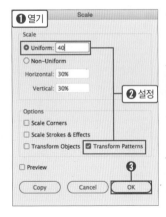

NOTE ▶ 패턴 적용이 안 돼요!

패턴이 면이 아닌 선에 입혀졌는지 확인하세요. 선에 패턴을 지정한 경우 얇은 선에 적용되므로 입혀지지 않은 것처럼 보입니다. 면에 패턴을 지정해야 보입니다.

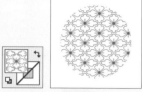

▲ 면에 패턴을 지정한 경우

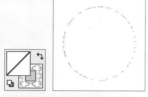

▲ 선에 패턴을 지정한 경우

STEP 2   패턴 무늬 색 변경하기

01 얼굴에 입혀진 패턴 무늬 색을 변경하겠습니다. ❶ [Object]−[Expand] 메뉴를 선택하고 ❷ Expand 창에서 Fill을 선택한 후 ❸ 〈OK〉를 클릭합니다. ❹ Pathfinder 패널에서 자르기 를 클릭하여 원 모양대로 자르고 선을 없앱니다. 원 모양에 맞춰 패스가 생깁니다.

작업의 이해를 위한 TIP ▶ 패턴 색을 변경하기 위해서는 패턴을 수정해서 다시 등록해 사용하거나 패턴을 패스 처리해야 합니다. 여기서는 패스 처리하는 방법을 사용했습니다.

02 ❶Color 패널에서 보조 버튼▤을 클릭하여 ❷RGB 메뉴를 선택합니다. 컬러모드가 RGB로 바뀝니다.
❸면 색을 분홍색으로 설정합니다. 처음에 입힌 검정색 원 패턴이 분홍색으로 바뀌었습니다.

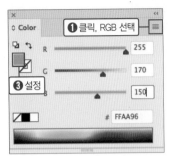

STEP
3

컬러 하프톤 이펙트로 망점 효과 입히기

01 컬러 하프톤 이펙트로 망점 효과를 입히겠습니다. ❶선택 툴▶로 주황색 배경을 선택한 후 ❷[Effect]–
[Pixelate]–[Color Halftone] 메뉴를 선택합니다. ❸Color Halftone 창이 열리면 Max.Radius: 20Pixels,
Channel 1~4: 100으로 설정한 후 ❹⟨OK⟩를 클릭합니다. 컬러 망점 효과가 입혀집니다.

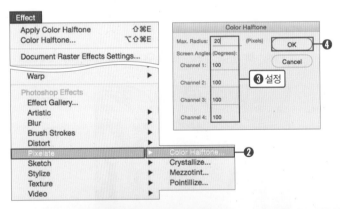

02 Transarency 패널에서 Opacity를 60%로 설정하여 배경에 입혀진 망점효과를 흐릿하게 만듭니다.

NOTE ▸ 망점 효과를 활용한 응용 예제

입체감이 느껴지는
3D 건물 그리기

 원근감 격자 툴과 원근감 선택 툴을 이용하여 건물 그리기

20 min

⊙ 시작파일 PART3_CHAPTER8_입체건물_시작.ai ⊙ 완성파일 PART3_CHAPTER8_입체건물_완성.ai

---

POINT SKILL 원근감 격자 툴, 원근감 선택 툴, 이펙트(Extrude & Bevel)

HOW TO 소실점은 평행한 직선에 영상이 투영되어 원근 효과에 의해 한 점에서 만나는 것처럼 보이는 점입니다. 일러스트레이터에서는 소실점의 개수에 따라 1점 투시, 2점 투시, 3점 투시 격자를 만들 수 있습니다. 원근감 격자 툴 🔲 을 클릭하면 투시 격자가 나타나고, 투시 격자에 맞추어 오브젝트를 그리면 원근감 있는 형태로 자동 변형됩니다. 즉, 투시 격자 안에서 오브젝트를 만들면 3D로 표현한 입체 효과를 줄 수 있습니다. 이번 예제에서는 원근감 격자 툴 🔲 과 원근감 선택 툴 🏁, Extrude & Bevel 이펙트를 이용하여 입체감이 느껴지는 3D 건물 그리기를 연습해보겠습니다.

STEP ❶ 원근감 투시 격자 표시하기 ▶ ❷ 건물 오브젝트 그리기 ▶ ❸ 원근감 선택 툴로 오브젝트 수정하기 ▶ ❹ Extrude & Bevel 이펙트를 이용해 입체감 주기 ▶ ❺ 오브젝트 소스를 원근감 있게 배치하기

원근감 격자 툴

원근감 격자 툴▣을 이용하면 실제 눈이 인식하는 장면과 유사하게 입체감 있는 오브젝트를 만들 수 있습니다. 원근감 격자 툴▣을 클릭하면 기본적으로 원근감 있는 2점 투시 격자가 나타납니다. 3D 원근감 위젯 ◎에서 그림 그릴 평면을 선택한 후 오브젝트를 만들면 투시 격자에 따라 원근감 있는 형태로 변형되어 그려집니다.

1. 원근감 격자 표시

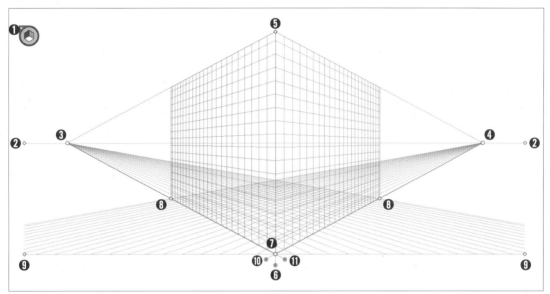

❶ 3D 원근감 위젯
❷ 눈높이 조절선
❸ 왼쪽 소실점 : 왼쪽 격자 넓이 조절
❹ 오른쪽 소실점 : 오른쪽 격자 넓이 조절

❺ 수직 격자 평면 컨트롤
❻ 수평 격자 평면 컨트롤
❼ 격자 셀 크기
❽ 격자 범위

❾ 지표 높이
❿ 오른쪽 격자 평면 컨트롤
⓫ 왼쪽 격자 평면 컨트롤

2. 원근감 격자 메뉴

[View]-[Perspective Grid] 메뉴를 선택하면 원근감 격자에 관련된 메뉴가 나타납니다.

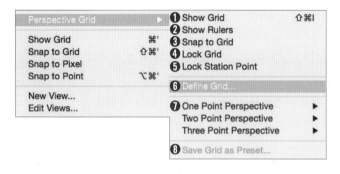

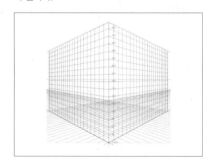

❶ Show Grid : 투시 격자 표시/숨기기 됩니다. 단축키는 Shift + Ctrl + I 입니다.

❷ Show Rulers : 투시 격자에 줄자가 표시/숨기기 됩니다.

❸ Snap to Grid : 격자 스냅에 물리기 됩니다.

❹ Lock Grid : 격자가 움직이지 못하게 잠기기 됩니다.

❺ Lock Station Point : 소실점 하나를 옮기면 격자에 포함된 오브젝트들이 함께 움직입니다.

❻ Define Grid : 원근감 격자의 세부 옵션을 조절합니다.

❼ 원근감 격자 소실점 설정하기 : 1점, 2점, 3점 투시 격자를 만듭니다.

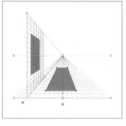

▲ One Point

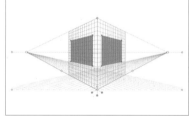

▲ Two Point

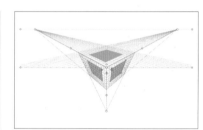

▲ Three Point

❽ Save Grid as Preset : 설정한 격자를 저장합니다.

3. 원근감 격자와 격자 안에 있는 오브젝트 함께 수정하기

[View]-[Perspective Grid]-[Lock Station Point] 메뉴를 선택하면 원근감 격자에 오브젝트가 함께 수정됩니다. 원근감 격자의 소실점을 움직이면 그 안의 오브젝트가 함께 움직여 모양이 변형됩니다.

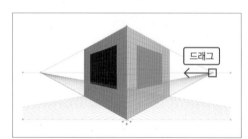

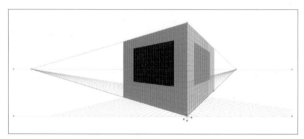

원근감 선택 툴

원근감 선택 툴 을 이용하면 원근감 격자 툴 로 만든 오브젝트를 선택하여 수정할 수 있으며, 도형 툴로 그린 평면 오브젝트, 심벌 소스 등을 원근감 있게 가져올 수 있습니다.

오브젝트 수정하기

❶ 원근감 선택 툴 로 오브젝트를 선택합니다. ❷ 바운딩 박스를 드래그하여 원하는 크기로 수정합니다.

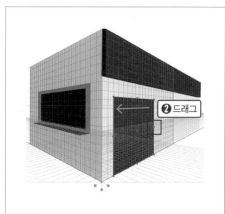
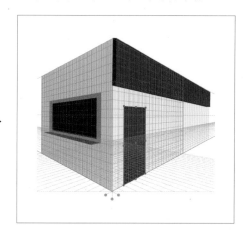

NOTE ▶ 원근감 선택 툴 을 이용해서 오브젝트를 수정해야만 원근감을 살릴 수 있습니다.

원근감 격자 위에서 오브젝트를 수정할 경우 반드시 원근감 선택 툴 을 이용해주세요. 선택 툴 을 이용해 오브젝트의 크기 및 위치를 조정하면 원근감이 적용되지 않습니다.

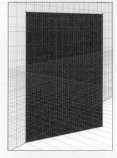
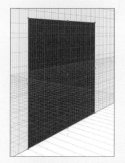

▲ 선택 툴을 이용해 수정한 경우   ▲ 원근감 선택 툴을 이용해 수정한 경우

원근감 투시 격자 표시하기

01 Ctrl + O 를 눌러 'PART3_CHAPTER8_입체건물_시작.ai' 파일을 불러옵니다.

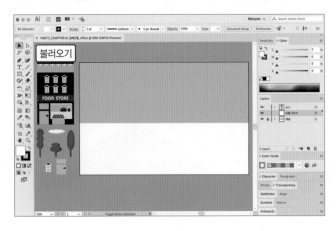

02 ❶ Layers 패널에서 [건물그리기]를 선택하고 ❷ 툴 박스에서 원근감 격자 툴圖을 선택합니다. 원근감 2점 투시 격자가 표시됩니다.

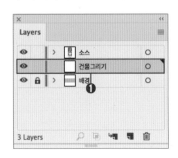

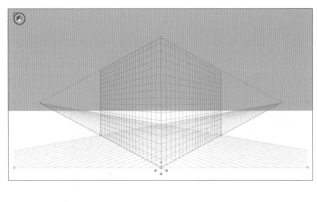

건물 오브젝트 그리기

01 건물 외벽을 만들겠습니다. ❶ 사각형 툴圖을 선택하고 ❷ 면 색을 청색으로 설정합니다. ❸ 화면 왼쪽 상단의 3D 원근감 위젯에서 오른쪽 면圖을 클릭한 후 ❹ Ⓐ지점에서 Ⓑ지점으로 드래그하여 왼쪽 면을 크게 만듭니다.

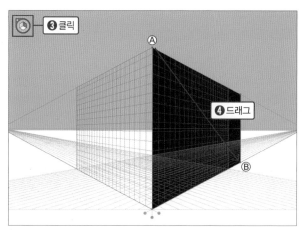

❸클릭

Ⓐ

❹드래그

Ⓑ

NOTE ▸ 3D 원근감 위젯

작업 창에서 원근감 격자가 보이면 평면 상태가 아닌 입체 상태입니다. 따라서 오브젝트를 그리려면 어느 방향에서 그려야할지 선택해야 합니다. 3D 원근감 위젯⊚에서 그림 그릴 평면을 선택하거나 1(왼쪽 면), 2(아래 면), 3(오른쪽 면) 숫자키를 이용하여 오브젝트를 배치할 평면을 선택할 수 있습니다. 도형 툴을 이용하여 오브젝트를 그리면 원근감 있는 형태로 자동 변형되어 그려집니다.

▲ 왼쪽 면

▲ 아래 면

▲ 오른쪽 면

---

02 ❶면 색을 노란색으로 지정한 후 사각형 툴▣로 위쪽 벽을 그립니다. ❷흰색으로 창문도 그립니다. ❸3D 원근감 위젯에서 아래 면⊚을 클릭합니다. ❹면 색을 빨간색으로 지정한 후 사각형 툴▣로 다음과 같이 드래그하여 창문 화분대를 그립니다.

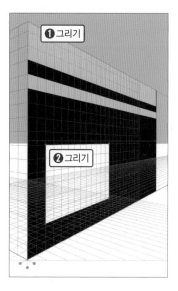

❶그리기

❷그리기

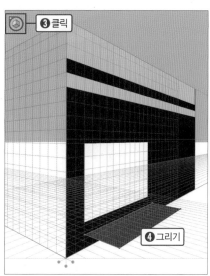

❸클릭

❹그리기

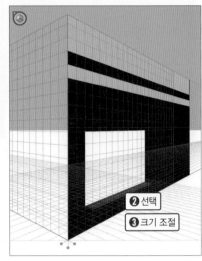

STEP 3 원근감 선택 툴로 오브젝트 수정하기

01 창문 화분대를 수정하겠습니다. ❶ 툴 박스에서 원근감 선택 툴▸◑을 선택합니다. ❷ 창문 화분대를 선택하면 바운딩 박스가 나타납니다. ❸ 바운딩 박스를 드래그하여 원하는 크기로 수정합니다.

STEP 4 Extrude & Bevel 이펙트를 이용해 입체감 주기

01 좀 더 사실적인 입체감을 주기 위해 창문 화분대에 3D 이펙트를 적용하겠습니다. ❶ [Effect]-[3D]-[Extrude & Bevel] 메뉴를 선택하여 3D Extrude & Bevel Options 창을 엽니다. ❷ X축 옵션 값을 5°로 설정한 후 ❸ 〈OK〉를 클릭합니다. 옆면이 생겨 두께감이 느껴지는 화분대가 되었습니다.

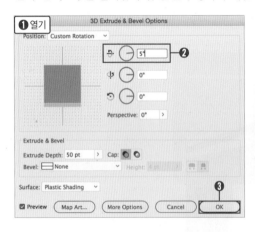

NOTE ▶ 투시 격자 숨기기 / 보이기

02 ❶ 선택 툴▶로 창문을 선택한 후 ❷ [Effect]−[3D]−[Extrude & Bevel] 메뉴를 선택하여 3D Extrude & Bevel Options 창을 엽니다. ❸ Y축 옵션 값을 −6°로 설정한 후 ❹ 〈OK〉를 클릭합니다. 창문 옆면이 생성되었습니다.

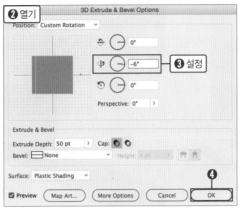
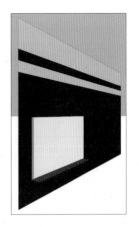

03 창문 위에 작은 지붕과 문으로 이어지는 계단을 그리겠습니다. ❶ 펜 툴✐로 창문을 선택하고 투시 격자를 참고하여 창문 위쪽에 지붕을 그린 후 ❷ 사각형 툴▣로 다음과 같이 드래그하여 계단을 그립니다.

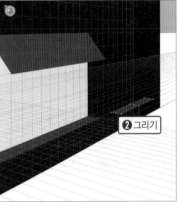

04 ❶ 계단이 선택된 상태에서 [Effect]−[3D]−[Extrude & Bevel] 메뉴를 선택하여 3D Extrude & Bevel Options 창을 엽니다. ❷ X축 옵션 값을 10°로 설정한 후 ❸ 〈OK〉를 클릭합니다. 계단 옆면이 생성되었습니다.

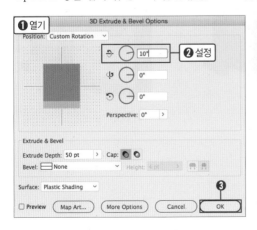
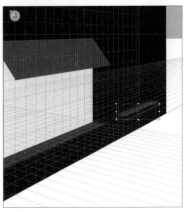

05 ❶ 사각형 툴■로 그림과 같이 드래그하여 계단을 하나 더 그립니다. ❷ 원근감 선택 툴▶로 계단을 선택한 후 Alt를 누른 채 아래로 드래그합니다. 계단이 복제됩니다. ❸ 입체감을 표현하기 위해 두 개의 계단을 원근감 선택 툴▶로 선택한 상태에서 [Effect]-[3D]-[Extrude & Bevel] 메뉴를 선택하여 입체 효과를 줍니다.

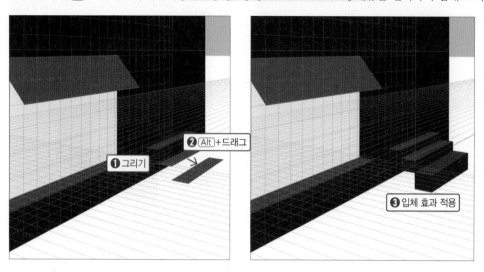

STEP
5
오브젝트 소스를 원근감 있게 배치하기

01 오브젝트 소스를 원근감 있게 배치하겠습니다. ❶ 원근감 위젯에서 오른쪽 면◉을 클릭합니다. ❷ 원근감 선택 툴▶로 소스로 제공한 작은 창문을 선택하여 격자 위로 드래그하면 원근감 있는 형태로 변형됩니다. ❸ 작은 창문을 복제하기 위해 Alt+Shift를 누른 채 오른쪽으로 드래그합니다. 같은 방법으로 작은 창문을 여러 개 복제합니다. ❹ 소스로 제공한 문도 원근감 선택 툴▶로 드래그하여 배치합니다.

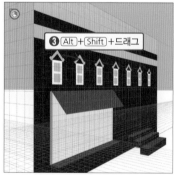
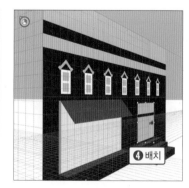

02 ❶ 원근감 위젯에서 왼쪽 면◉을 클릭합니다. ❷ 원근감 선택 툴▶◦로 소스로 제공한 건물을 선택하여 격자 위로 드래그하면 원근감 있는 형태로 변형됩니다. ❸ 바운딩 박스를 드래그하여 원하는 크기로 조절합니다.

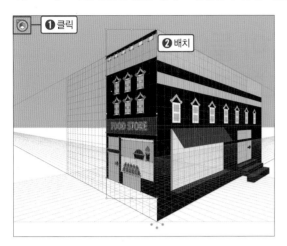

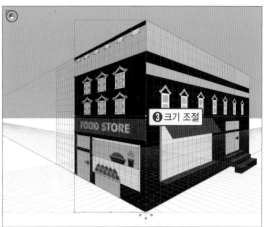

03 원근감 투시 격자를 감추기 위해 [View]-[Perspective Grid]-[Hide Grid](Shift+Ctrl+I) 메뉴를 선택합니다. 원근감이 느껴지는 3D 건물이 완성되었습니다. 건물 주변에 나무와 구름 소스를 배치하여 마무리합니다.

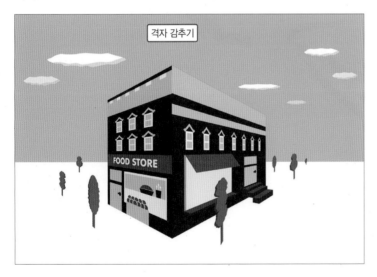

정밀한 명암이 들어간
벚꽃 그리기

✂ 그레이디언트 툴과 메시 툴을 이용해 정밀한 명암과 풍부한 색감 표현하기

⊙ 시작파일 PART3_CHAPTER9_메시벚꽃_시작.ai ⊙ 완성파일 PART3_CHAPTER9_메시벚꽃_완성.ai

POINT SKILL 그레이디언트 툴, 메시 툴, Create Gradient Mesh

HOW TO 일러스트레이터에서 풍부한 색감을 표현할 때 그레이디언트 툴▣과 메시 툴▣을 함께 이용하면 좋습니다. 그레이디언트(Gradient)란 '여러 색상을 부드럽게 연결하는 색상 배열'입니다. 그레이디언트 툴▣을 이용하면 둘 이상의 색이 자연스럽게 번지는 느낌을 줄 수 있습니다. 메시(Mesh)란 '그물망'입니다. 메시 툴▣을 이용하면 가로, 세로로 분할된 그물망에 색을 지정하여 정밀한 명암을 줄 수 있습니다. 이번 예제에서는 두 가지 툴을 집중적으로 연습합니다. 이제부터 풍부한 색감의 벚꽃을 완성해보겠습니다.

STEP ❶ 그레이디언트 메시로 꽃잎 명암 넣기 ▶ ❷ 메시 툴로 꽃받침대 명암 넣기 ▶ ❸ 꽃수술 명암 넣기 ▶ ❹ 벚꽃 요소 배치하기

그레이디언트 패널

Gradient 패널은 둘 이상의 색이 점진적으로 변화되는 그레이디언트를 조절하는 패널입니다. [Window]-[Gradient]([Ctrl]+[F9]) 메뉴를 선택하면 Gradient 패널이 나타납니다.

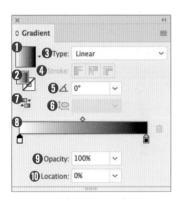

❶ **Gradient Preview** : ▼버튼을 누르면 견본 메뉴가 나타납니다.

❷ **Color Picker** : 그레이디언트를 면에 적용할 것인지 선에 적용할 것인지 선택합니다.

❸ **Type** : 직선(Linear) 또는 원형(Radial) 그레이디언트를 선택합니다.

▲ 직선(Linear)

▲ 원형(Radial)

❹ **Stroke** : 선이 꺾이는 부분의 그레이디언트 모양을 설정합니다.

▲ ▣Apply gradient within stroke

▲ ▣Apply gradient along stroke

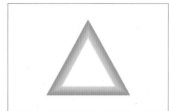

▲ ▣Apply gradient across stroke

❺ **Angle** : 그레이디언트 각도를 조절합니다.

❻ **Aspect Ratio** : 그레이디언트 가로 세로 비율을 조절합니다.

❼ **Reverse Gradient** : 색 배열 순서를 반전시킵니다.

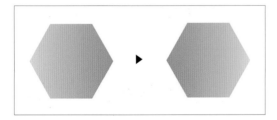

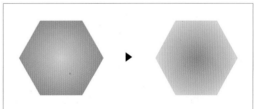

❽ **Gradient Slider Bar** : 양쪽의 컬러 칩🔲을 클릭하여 색상을 설정합니다. 컬러 칩🔲 사이를 클릭하면 컬러 칩이 추가됩니다. 컬러 칩🔲을 밖으로 드래그하면 삭제됩니다. 슬라이더 바 위의 조절점🔷과 컬러 칩🔲을 움직여 색상의 범위를 조절할 수 있습니다.

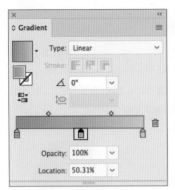
▲ 컬러 칩 추가

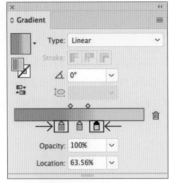
▲ 컬러 칩 움직이기

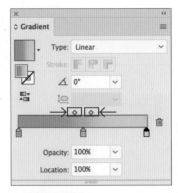
▲ 조절 점 움직이기

❾ **Opacity** : 컬러 칩🔲을 선택 후 Opacity 값을 설정하여 투명도를 조절합니다.

❿ **Location** : 조절점🔷과 컬러 칩🔲을 선택한 후 Location 값을 설정하여 위치를 조절합니다.

그레이디언트 컬러 추가, 수정, 삭제하기

❶ Swatches 패널에 있는 컬러를 Gradient 패널의 컬러 칩🔲 위로 드래그하면 컬러가 추가되거나 교체됩니다.

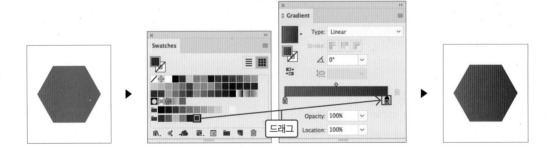

❷ Gradient 패널의 컬러 칩🔲을 클릭하고 Color 패널에서 색을 선택합니다.

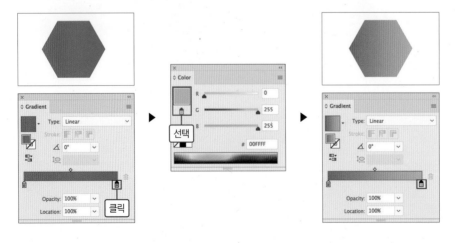

194

❸ Gradient 패널의 컬러 칩▣을 더블클릭하여 컬러 팝업 창을 엽니다. Swatches 패널과 Color 패널이 합쳐진 창이 열립니다. ❹ 마음에 드는 컬러를 클릭하면 컬러 칩 색상으로 설정됩니다. ❺ 상단의 옵션 버튼▣을 클릭하여 색상 모드를 변경할 수 있습니다. 컬러 칩▣을 밖으로 드래그하면 삭제됩니다.

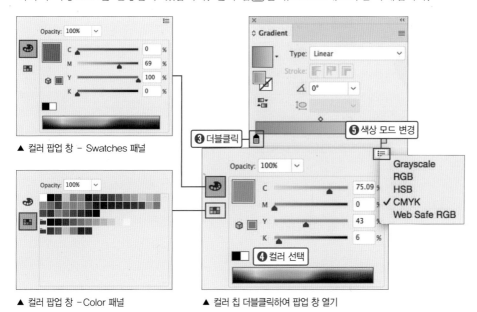

▲ 컬러 팝업 창 – Swatches 패널

▲ 컬러 팝업 창 –Color 패널

▲ 컬러 칩 더블클릭하여 팝업 창 열기

핵심기능

그레이디언트 툴

그레이디언트가 적용된 개체를 선택하고 툴 패널에서 그레이디언트 툴▣을 선택하면 개체 위에 슬라이더 바가 나타납니다. 그레이디언트 툴▣의 슬라이더 바는 Gradient 패널의 슬라이더 바와 동일한 기능입니다. 슬라이더 바 위의 조절점▣과 컬러 칩▣을 움직여 색상의 범위를 조절할 수 있습니다.

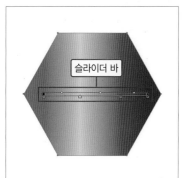

슬라이더 바

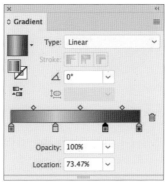

작업의 이해를 위한 **TIP** ▶ 슬라이더 바가 보이지 않으면 [View]–[Show Gradient Annotator]([Alt]+[Ctrl]+[G]) 메뉴를 선택합니다.

개체 위의 컬러 칩을 드래그하여 위치를 바꾸면 Gradient 패널의 컬러 칩도 같이 이동합니다.

 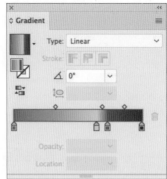

그레이디언트 위치, 크기, 각도 조절하기

▣을 드래그하면 그레이디언트 위치를 바꿀 수 있습니다.

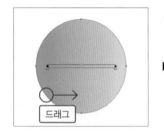 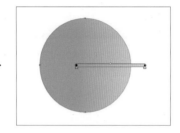

▣을 드래그하면 그레이디언트 크기를 조절할 수 있습니다.

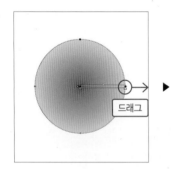 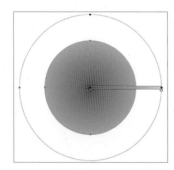

커서를 ▣ 근처로 가져가면 ⟳모양으로 변합니다. 드래그하면 그레이디언트가 회전됩니다.

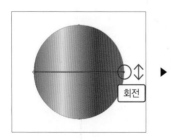 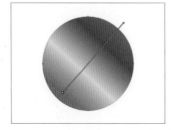

Create Gradient Mesh

그레이디언트 메시는 오브젝트를 분할해서 그레이디언트를 만들어주는 기능입니다. [Object]-[Create Gradient Mesh] 메뉴를 선택합니다.

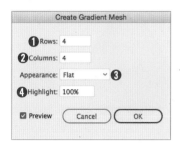

❶ **Rows** : 가로방향의 열의 개수를 지정합니다.

❷ **Columns** : 세로방향의 행의 개수를 지정합니다.

❸ **Appearance** : 그레이디언트가 적용되어지는 지점을 지정합니다.

    Ⓐ **Flat** : 그레이디언트는 적용되지 않고 메시 기준점과 메시라인만 생성됩니다.

    Ⓑ **To Center** : 오브젝트의 중심에 하이라이트가 생성됩니다.

    Ⓒ **To Edge** : 오브젝트의 주변에 하이라이트가 생성됩니다.

❹ **Highlight** : 하이라이트 밝기를 설정합니다.

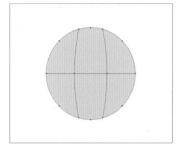

▲ Row : 2, Columns : 3,
  Appearance : Flat

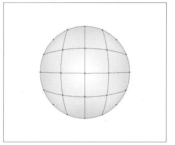

▲ Row : 4, Columns : 4,
  Appearance : To Center

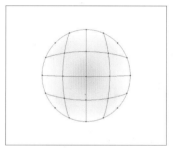

▲ Row : 4, Columns : 4,
  Appearance : To Edge

메시 툴

1. 메시 툴을 이용하여 메시 만들기

❶ 메시 툴로 오브젝트 내부를 클릭하면 메시 기준점이 생성됩니다. 기준점을 기준으로 4등분됩니다. ❷ Color 패널에서 색을 지정하면 클릭한 지점부터 자연스러운 그레이디언트가 만들어집니다. ❸ 다른 지점을 클릭하면 메시 기준점이 생성되며 클릭한 지점을 기준으로 그레이디언트가 만들어집니다.

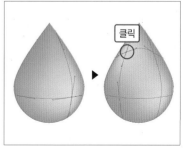

2. 메시 컬러 수정하기, 삭제하기

❶ 직접 선택 툴(ℝ)이나 메시 툴(ℍ)을 선택한 후 메시 기준점을 선택합니다. ❷ Color 패널에서 색을 지정하면 지정한 색으로 바꿀 수 있습니다.

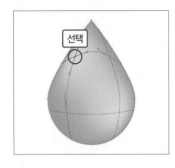

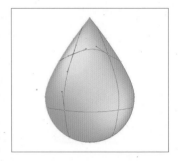

❸ [Shift]를 누른 채 오브젝트를 클릭하면 Color 패널에서 지정한 색과는 상관없이 클릭한 위치에 따라 메시 기준점이 추가되며 자연스러운 컬러가 자동으로 입혀집니다. ❹ 오브젝트를 그냥 클릭하면 Color 패널에서 지정한 색이 입혀집니다.

❺ 메시 기준점을 [Alt]를 누른 채 선택하면 삭제됩니다.

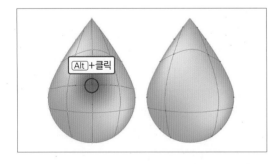

NOTE ▸ **메시를 적용하면 적용할수록 용량이 커집니다.**

오브젝트 내부를 처음 클릭하면 4개의 메시 기준점과 4개의 메시 라인이 생성됩니다. 두 번째 클릭하면 12개의 메시 기준점과 12개의 메시 라인이 생성됩니다. 세 번째는 22개의 메시 기준점과 22개의 메시 라인이 생성됩니다. 오브젝트에 적용된 기준점 수가 많아질수록 용량이 커집니다. 기준점을 추가할 때는 메시 라인을 클릭해서 메시 기준점의 수를 최소화 하는 것이 좋습니다.

01 ❶ Ctrl + O 를 눌러 'PART3_CHAPTER9_메시벚꽃_시작.ai' 파일을 불러옵니다. 그레이언트 메시 기능을 이용하여 꽃잎 명암을 표현하겠습니다. ❷ 선택 툴▶로 꽃잎을 선택한 후 ❸ [Object]–[Create Gradient Mesh] 메뉴를 선택합니다.

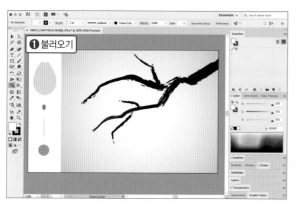

02 ❶ Create Gradient Mesh 창이 열리면 Row: 5, Columns: 6으로 설정한 후 ❷ 〈OK〉를 클릭합니다. 가로, 세로가 분할된 메시가 씌워집니다. 메시가 적용된 오브젝트에는 패스와 같은 기준점과 기준선이 있습니다. ❸ 직접 선택 툴▷로 Shift 를 누른 채 메시 기준점을 클릭합니다. ❹ Color 패널에서 원하는 색을 지정합니다. 클릭한 메시 기준점을 중심으로 색이 자연스럽게 번집니다.

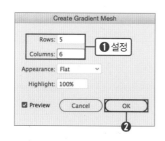
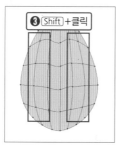

NOTE ▶ 그레이디언트와 패턴이 적용된 오브젝트에 그레이디언트 메시를 입히면?

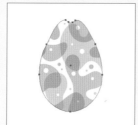

▲ 패턴이 입혀진 오브젝트   ▲ 그레이디언트가 입혀진 오브젝트   ▲ 흑백 메시가 만들어짐

03 ❶ 직접 선택 툴▷로 Shift를 누른 채 꽃잎 하단의 메시 기준점을 클릭합니다. ❷ Color 패널에서 원하는 색을 지정합니다. 클릭한 메시 기준점을 중심으로 색이 자연스럽게 번집니다. ❸ 다시 직접 선택 툴▷로 Shift를 누른 채 꽃잎 중앙과 아래서 두 번째 줄에 있는 메시 기준점을 클릭합니다. ❹ Color 패널에서 원하는 색을 지정하여 명암을 표현합니다.

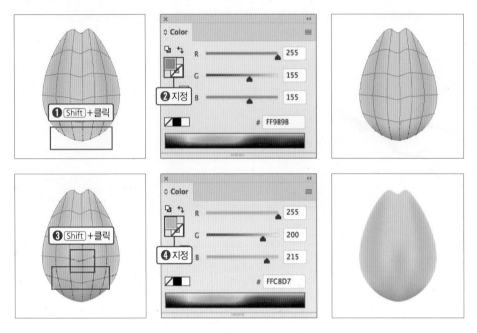

04 꽃잎을 복제하여 모양에 변화를 주겠습니다. ❶ 선택 툴▶로 꽃잎을 선택한 후 ❷ Alt + Shift를 누른 채 옆으로 드래그하여 꽃잎을 복제합니다. ❸ 4개를 복제하여 총 5개의 꽃잎이 나오게 합니다.

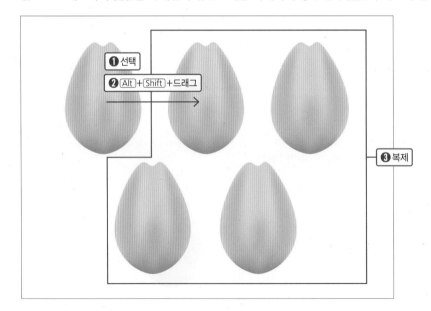

05 ❶ 선택 툴▶로 두 번째 꽃잎을 선택합니다. ❷ [Effect]-[Warp]-[Squeeze] 메뉴를 선택한 후
❸ Horizontal를 클릭하고 Bend: −5%, Distortion 항목의 Vertical: −20%로 설정합니다. 꽃잎 위아래가
눌린 모양으로 변합니다. ❹ 선택 툴▶로 세 번째 꽃잎을 선택합니다. ❺ [Effect]-[Warp]-[Flag] 메뉴를 선택
한 후 ❻ Vertical을 클릭하고 Bend: −5%, Distortion 항목 Vertical: −20%로 설정합니다. 깃발이 펄럭이는
모양으로 변합니다.

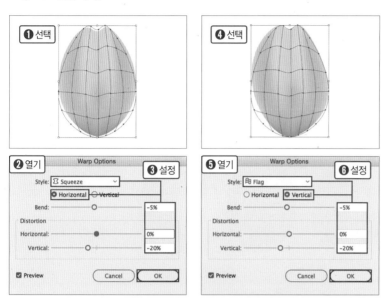

06 ❶ 선택 툴▶로 네 번째 꽃잎을 선택합니다. ❷ [Effect]-[Warp]-[Wave] 메뉴를 선택한 후 ❸ Vertical
클릭, Bend: 30%, Distortion 항목 Horizontal: −30%, Vertical: −30%로 설정합니다. 물결치는 모양으로
변합니다. ❹ 이번에는 다섯 번째 꽃잎을 선택합니다. ❺ [Effect]-[Warp]-[Twist] 메뉴를 선택한 후
❻ Horizontal 클릭, Bend: −60%, Distortion 항목 Vertical: −50%로 설정합니다. 비틀어진 모양으로 변합
니다.

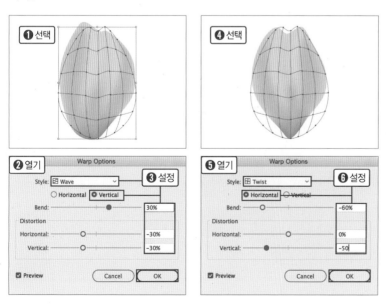

07 5개의 꽃잎이 서로 다른 모양이 되었습니다. ❶ 선택 툴▶로 꽃잎을 모두 선택한 후 ❷ [Object]−[Expand Appearance] 메뉴를 선택합니다. 모양에 맞춰 패스가 확장됩니다.

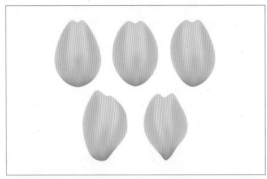

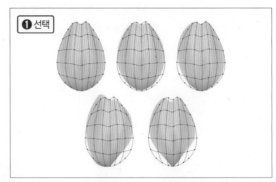

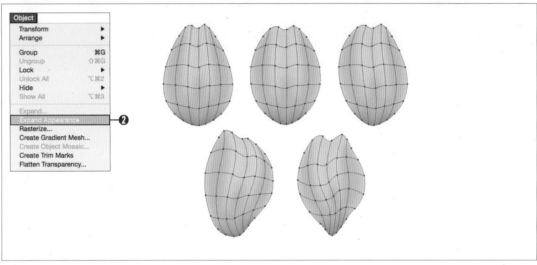

08 선택 툴▶로 꽃잎을 회전시켜 둥글게 배치합니다.

메시 툴로 꽃받침대 명암 넣기

01 두 개의 원을 이용하여 꽃받침대를 만들겠습니다. ❶ 선택 툴▶로 원을 선택한 후 ❷ [Alt]+[Shift]를 누른 채 옆으로 드래그하여 원을 복제합니다. ❸ 메시 툴▦로 Ⓐ지점을 클릭합니다. 클릭한 점을 기준으로 4등분됩니다.

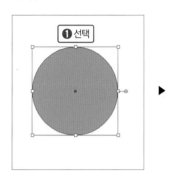
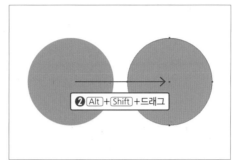
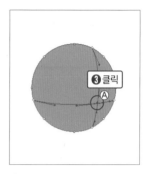

02 ❶ Color 패널에서 색을 설정하면 클릭한 지점부터 원의 외곽까지 자연스러운 그레이디언트가 만들어집니다. ❷ Ⓑ지점을 클릭하면 Ⓐ지점에 입혀진 그레이디언트와 같은 그레이디언트가 입혀집니다.

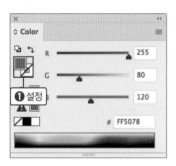
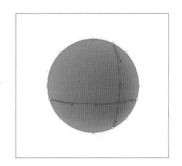

03 ❶ 선택 툴▶로 복제한 다른 원을 선택합니다. ❷ [Effect]−[Distort & Transform]−[Roughen] 메뉴를 선택하여 Roughen 창이 열리면 Options 항목 Size: 5%, Relative 선택, Detail: 25/in, Points: Smooth로 체크한 후 ❸〈OK〉를 클릭합니다. 원에 울퉁불퉁한 질감이 입혀집니다.

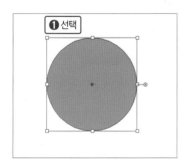
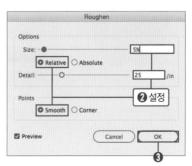
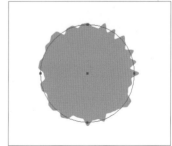

04 ❶ 원을 선택한 후 [Object]-[Expand Appearance] 메뉴를 선택합니다. 모양에 맞춰 패스가 확장됩니다.
❷ 메시 효과를 적용한 원을 울퉁불퉁한 원 위에 배치한 후 Ctrl + G 를 눌러 그룹화합니다.

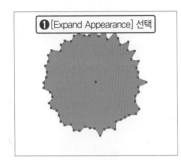

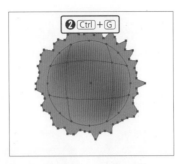

01 수술머리에 메시 명암을 넣겠습니다. ❶ 선택 툴 ▶ 로 수술머리를 선택합니다. ❷ Color 패널에서 밝은 주황색을 설정한 후 ❸ 메시 툴 🖾 로 Ⓐ지점을 클릭합니다. 클릭한 지점을 기준으로 4등분으로 나눠지고 그레이디언트가 원의 외곽까지 자연스럽게 입혀집니다. ❹ Ⓑ지점을 클릭한 후 ❺ Color 패널에서 노란색을 설정합니다.

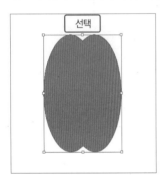

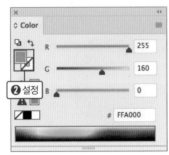

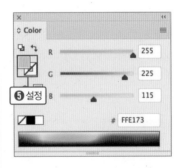

02 ❶ⓒ지점을 클릭한 후 ❷ⓓ지점을 클릭합니다. 현재 지정된 컬러가 입혀집니다. ❸ 직접 선택 툴▷로 [Shift]를 누른 채 중앙에 위치한 메시 기준점 세 개를 선택합니다. ❹ Color 패널에서 진한 주황색을 설정하여 컬러를 바꿉니다.

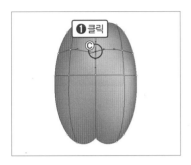

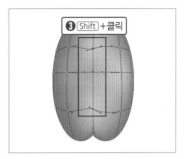

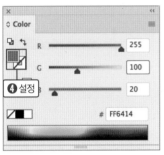

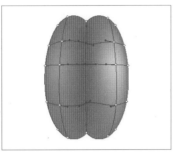

03 수술대에 그레이디언트 명암을 넣겠습니다. ❶ 선택 툴▷로 수술대를 선택합니다. ❷ Gradient 패널의 슬라이더 바 중앙을 클릭하여 컬러 칩을 추가합니다. ❸ 왼쪽 컬러 칩을 더블클릭하여 ❹ 색을 R:255, G:255, B:252로 설정합니다. ❺ 중앙에 있는 컬러 칩을 더블클릭하여 ❻ 색을 R:233, G:215, B:213으로 설정합니다. ❼ 오른쪽 컬러 칩도 더블클릭하여 ❽ 색을 R:246, G:231, B:228로 설정합니다.

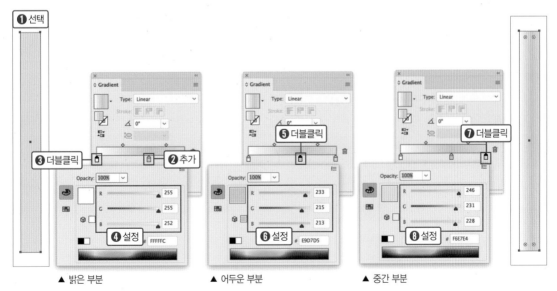

▲ 밝은 부분　　　▲ 어두운 부분　　　▲ 중간 부분

NOTE ▸ **Gradient 패널의 컬러 팝업 창에서 컬러 모드 변경하기**

Gradient 패널의 컬러 팝업 창 상단의 옵션 버튼 ▤을 누르면 다섯 가지 컬러 모드가 나옵니다. 원하는 모드를 선택하여 컬러 모드를 변경합니다.

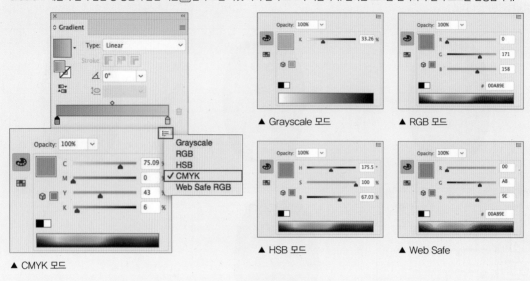

▲ CMYK 모드 ▲ Grayscale 모드 ▲ RGB 모드 ▲ HSB 모드 ▲ Web Safe

04 수술대 모양에 변화를 주겠습니다. ❶ 선택 툴▣로 수술대를 선택한 후 ❷ [Effect]-[Warp]-[Arc] 메뉴를 선택하여 Warp Options 창을 엽니다. ❸ Vertical 클릭, Bend: 30%로 설정한 후 ❹ 〈OK〉를 클릭하면 왼쪽으로 구부러진 모양으로 변합니다. ❺ [Object]-[Expand Appearance] 메뉴를 선택합니다. 모양에 맞춰 패스가 확장됩니다.

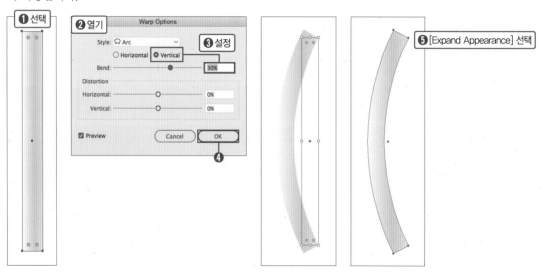

05 ❶ 수술머리를 수술대 위에 올려줍니다. ❷ 선택 툴▶로 두 오브젝트를 선택한 후 Ctrl + G 를 눌러 그룹화합니다.

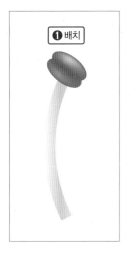

❶ 배치

❷ 선택, Ctrl + G

NOTE ▸ 오브젝트 관련 단축키

❶ Ctrl + G : 그룹 만들기
❷ Ctrl + Shift + G : 그룹 해제하기
❸ Ctrl +] : 오브젝트를 한 층 올리기
❹ Ctrl + [: 오브젝트를 한 층 내리기
❺ Shift + Ctrl +] : 오브젝트를 맨 위로 올리기
❻ Shift + Ctrl + [: 오브젝트를 맨 아래로 내리기

STEP 4 벚꽃 요소 배치하기

01 꽃잎 위에 수술을 배치하겠습니다. ❶ 선택 툴▶로 수술을 선택한 후 각도를 조절하여 꽃잎 왼쪽에 배치합니다. ❷ Alt 를 누른 채 옆으로 드래그하여 수술을 복제합니다. ❸ 크기와 각도, 위치를 조절합니다.

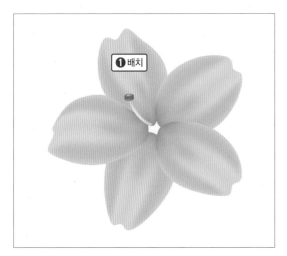

❶ 배치

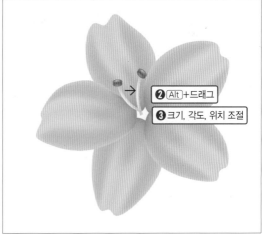

❷ Alt + 드래그

❸ 크기, 각도, 위치 조절

02 수술을 좌우로 반전시키겠습니다. ❶ 선택 툴▶로 수술을 선택한 후 ❷ 마우스 오른쪽 버튼을 눌러 [Transform]–[Reflect] 메뉴를 클릭하면 Reflect 창이 열립니다. ❸ Vertical을 체크하고 ❹ 〈Copy〉를 클릭합니다. 수직축을 기준으로 오브젝트가 반전되고 복제됩니다.

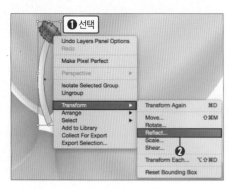  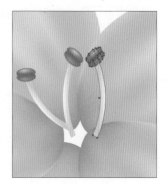

03 수술을 여러 개 복제하겠습니다. ❶ 선택 툴▶로 수술을 선택하고 ❷ Alt 를 누른 채 옆으로 드래그한 후 ❸ 수술의 크기와 각도, 위치를 조절합니다. 같은 방법으로 수술을 복제한 후 방사형으로 배치합니다.

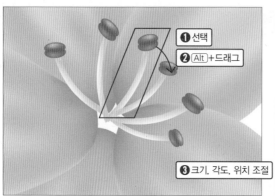 

04 꽃잎 위에 꽃받침대를 배치하겠습니다. ❶ 선택 툴▶로 꽃받침대를 선택한 후 크기를 조절하여 중앙에 배치합니다. ❷ 꽃 전체를 드래그한 후 Ctrl + G 를 눌러 그룹화합니다. ❸ 선택 툴▶로 벚꽃을 선택한 후 ❹ Alt 를 누른 채 옆으로 드래그하여 여러 개 복제합니다.

 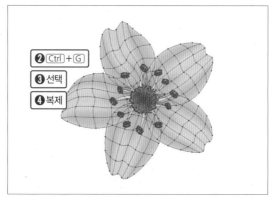

05 복제된 벚꽃의 크기와 각도, 위치를 조절하여 나뭇가지 위에 배치하여 완성합니다.

PART 04

캐릭터 디자인

일러스트레이터에서 만든 캐릭터는 수정, 재편집이 쉬운 벡터의 특성상 다른 형태로 쉽게 변형할 수 있습니다. 일러스트레이터의 왜곡 및 변형 기능을 이용하면 캐릭터의 표정 및 동작을 재미있게 변화시킬 수 있습니다. 캐릭터가 완성되기까지 펜 툴과 브러시 툴을 적극적으로 사용하다보면 일러스트레이터 실력이 쑥쑥! 늘어나는 것을 확인할 수 있습니다.

판화 느낌의
동물 그리기

⚒ 아트 브러시 툴을 이용해 판화 느낌의 동물 그리기

20 min

⊙ **시작파일** PART4_CHAPTER1_판화동물_시작.ai / **소스파일** 판화브러시.ai ⊙ **완성파일** PART4_CHAPTER1_판화동물_완성.ai

---

POINT SKILL 아트 브러시 툴(Art Brush), 브러시 불러오기

HOW TO 일러스트레이터에서 브러시 툴✎을 이용하면 패스를 스타일 있게 표현할 수 있습니다. 일러스트레이터에는 여러 브러시 유형이 있습니다. 캘리그라피, 산포, 아트, 강모, 패턴 브러시. 이렇게 5가지 종류로 분류할 수 있습니다. 이 중 아트 브러시는 패스를 따라 브러시 모양을 균일하게 펼쳐 놓은 효과를 만들어 줍니다. 이번 예제에서는 판화 느낌의 아트 브러시를 Brush 패널로 불러와 다람쥐를 그려보겠습니다. 브러시 사이즈를 조절하여 브러시 획을 조절하는 방법도 함께 학습합니다.

STEP ❶ 아트 브러시 불러오기 ▶ ❷ 선 굵기를 조절하여 브러시 획 그리기 ▶ ❸ 패스 수정하여 마무리하기

핵심기능

Brushes 패널

Brushes 패널은 현재 파일에 대한 브러시 종류를 표시합니다. [Window]–[Brushes] `F5` 메뉴를 선택하면 기본 Brushes 패널이 나타납니다.

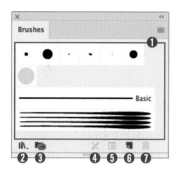

❶ **브러시 종류** : 브러시를 선택합니다.

❷ **브러시 라이브러리** : 일러스트레이터에서 기본적으로 제공하는 다양한 브러시 목록이 담긴 라이브러리입니다. 브러시들을 한눈에 볼 수 있습니다.

❸ **라이브러리** : Libraries 패널을 엽니다.

❹ **브러시 리무버** : 브러시 효과가 적용된 오브젝트를 선택하고 브러시 리무버 버튼을 누르면 브러시 효과가 사라집니다.

❺ **브러시 옵션** : 브러시 효과가 적용된 오브젝트를 선택하고 브러시 옵션 버튼을 누르면 브러시들의 세부 기능을 조절할 수 있습니다.

❻ **새 브러시 등록** : 브러시를 새로 추가하여 등록할 수 있습니다.

❼ **브러시 삭제** : 브러시를 삭제합니다.

1. 브러시 패널에서 브러시 보는 방법 변경하기

보조 버튼을 눌러 메뉴 창을 엽니다. Thumbnail View를 선택하면 브러시를 단면 축소판으로 볼 수 있습니다. List View를 선택하면 이름 목록으로 볼 수 있습니다.

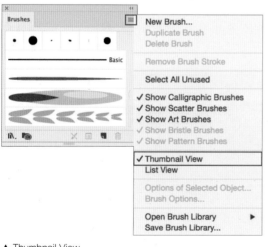

▲ Thumbnail View

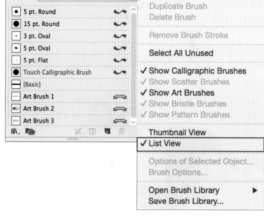

▲ List View

2. 브러시 목록 저장하기

❶ 보조 버튼📋을 눌러 메뉴 창을 엽니다. ❷ Save Brush Library 메뉴를 선택한 후 ❸ 지정한 폴더에 저장합니다.

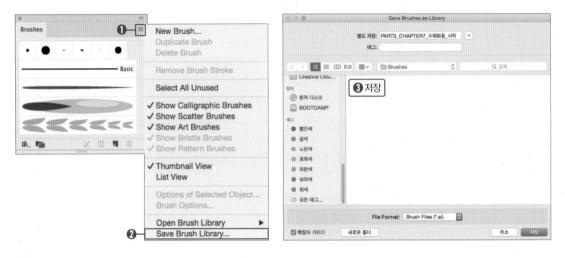

![STEP 1] **아트 브러시 불러오기**

01 ❶ Ctrl + O를 눌러 'PART4_CHAPTER1_판화동물_시작.ai' 파일을 불러옵니다. ❷ Layers 패널에서 스케치가 들어 있는 [Layer 2]를 선택합니다.

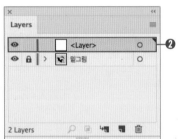

214

02 외부에서 만든 아트 브러시 소스파일을 불러오겠습니다. ❶ [Window]-[Brush Libraries]-[Other Library] 메뉴를 선택하여 Select a library to open 창을 엽니다. ❷ PART4_CHAPTER1_'판화브러시.ai' 파일을 선택하고 ❸ 〈열기〉를 클릭합니다. '판화브러시' 라이브러리 창이 열립니다.

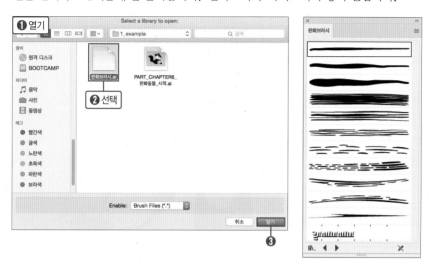

작업의 이해를 위한 TIP ▶ 일러스트레이터에서 불러올 수 있는 브러시 파일은 '.ai' 형태입니다. Brushes 패널의 [IN.]버튼을 눌러 Other Library를 선택해도 됩니다.

---

03 ❶ 판화 브러시 패널에서 가장 상단에 있는 '아트 브러시1'을 선택합니다. ❷ 브러시를 클릭함과 동시에 Brushes 패널에 '아트 브러시1'이 등록됩니다. ❸ 판화 브러시 패널에 있는 브러시를 차례대로 클릭하여 모두 Brushes 패널에 등록합니다.

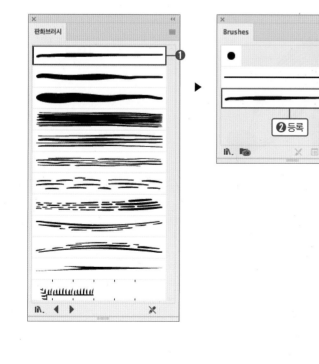

01 ❶툴 패널에서 면을 선택한 후 None◪을 클릭하여 비활성화하고 ❷선 색을 흰색으로 지정합니다. ❸Stroke 패널에서 Weight: 1pt로 설정한 후 ❹Brushes 패널에서 '판화1'을 선택합니다. ❺브러시 툴◢로 아래에서 위 방향으로 드래그하면 드래그한 방향대로 브러시 획이 만들어집니다.

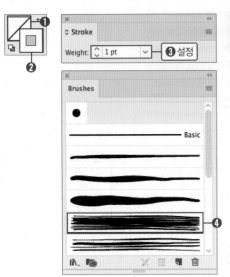

02 ❶Brushes 패널에서 '판화2'를 선택합니다. ❷Stroke 패널에서 Weight: 0.5pt로 설정한 후 ❸여러 방향으로 드래그하여 브러시 획을 그립니다. ❹ Ctrl + Y 를 눌러 패스 윤곽선만 보이도록 설정합니다. 몇 개의 획이 그려졌는지 확인할 수 있습니다. 다시 Ctrl + Y 를 눌러 원래 상태로 돌아갑니다.

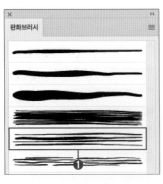

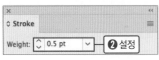

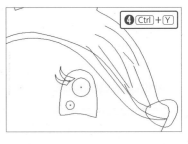

NOTE ▶ 아웃라인 보기 / 숨기기

Ctrl + Y 를 누르면 색상 값이 감춰지고 윤곽선. 즉 패스 아웃라인만 보입니다. 다시 Ctrl + Y 를 누르면 원래의 색상 값이 적용된 상태로 돌아갑니다. 복잡한 아트웍을 그릴 때 페인트의 특성을 제외하고 패스 윤곽선만 보이도록 설정한 후 작업하면 시간을 단축시킬 수 있습니다.

03 ❶'판화3'을 선택합니다. ❷ Stroke 패널에서 Weight: 1pt로 설정한 후 ❸ 그림과 같이 드래그하여 브러시 획을 그립니다. ❹ Weight를 0.75pt로 줄여 ❺ 좀 더 얇은 획을 바로 옆에 그립니다.

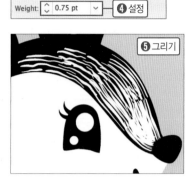

작업의 이해를 위한 **TIP** ▶ Stroke 패널에서 Weight 값을 조절하면 브러시 획 사이즈를 조절할 수 있습니다.

04 ❶다람쥐 꼬리와 등 부분도 브러시 획으로 질감을 넣어줍니다. ❷ Ctrl+Y를 눌러 패스 윤곽선을 확인한 후 다시 Ctrl+Y를 눌러 원래 상태로 돌아갑니다.

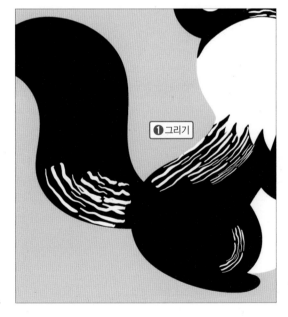

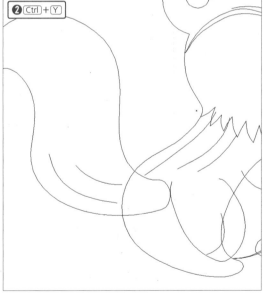

05 ❶툴 패널에서 선 색을 검정색으로 지정합니다. ❷Brushes 패널에서 '판화4'를 선택합니다. ❸Stroke 패널에서 Weight: 0.75pt로 설정한 후 ❹다람쥐 얼굴 부분을 드래그하여 브러시 획을 그립니다.

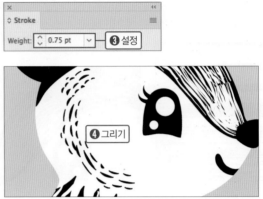

06 ❶Weight: 1pt로 설정한 후 ❷다람쥐 배 부분을 여러 방향으로 드래그하여 브러시 획을 그립니다. ❸ Ctrl + Y 를 눌러 패스 윤곽선을 확인하고, 다시 Ctrl + Y 를 눌러 원래 상태로 돌아갑니다.

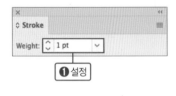

07 '판화4'는 짧은 선이 여러 개 모여 있어 조각칼 자국을 표현하는 데 효과적입니다. 이제부터 판화4 브러시를 이용하여 다람쥐 외곽부분에 조각조각 흩어진 선 자국들을 넣겠습니다. 귀와 얼굴, 손과 다리, 꼬리와 도토리 외곽에 골고루 브러시 획을 그려주세요.

NOTE ▶ 브러시 획 사이즈 조절하는 방법

Stroke 패널의 Weight 값을 조절하여 브러시 획 사이즈를 변경합니다. 값이 커지면 사이즈가 커집니다. [[ ]을 누르면 브러시 획 사이즈가 작아지고, [ ]]을 누르면 브러시 획 사이즈가 커집니다.

▲ Weight : 5

▲ Weight : 10

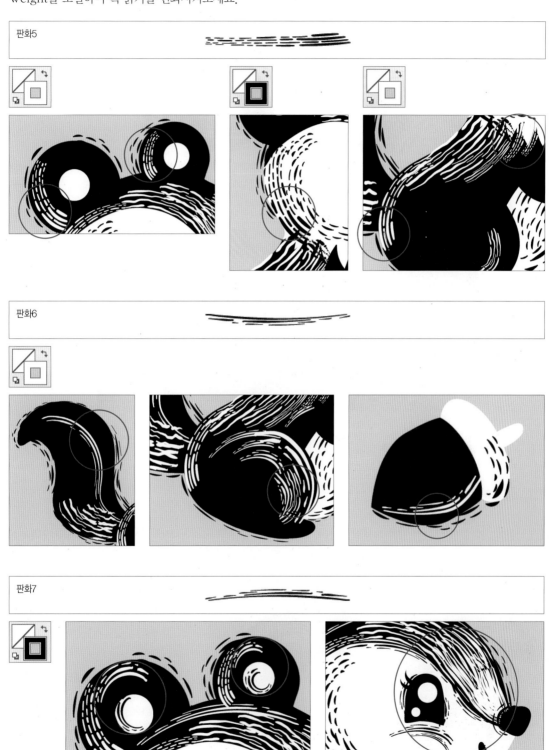

08 지금까지 사용하지 않은 판화 브러시로 다람쥐 그림 위에 판화 질감을 표현해보세요. Stroke 패널에서 Weight을 조절하여 획 굵기를 변화시켜보세요.

판화5

판화6

판화7

판화8

판화9

STEP 3 | 패스 수정하여 마무리하기

01 '판화9'로 그린 다람쥐 꼬리 부분의 브러시 획을 수정하겠습니다. 직접 선택 툴 🔼로 Ⓐ기준점을 클릭하여 위로 드래그합니다. 새로운 기준점의 위치에 따라 패스가 이동하며, 브러시 획도 꼬리 위쪽에 좀 더 가깝게 붙게 됩니다.

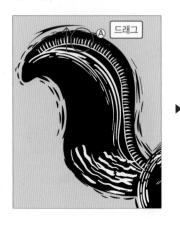 ▶

> **NOTE** ▸ 브러시 획 그리는 두 가지 방법
> ❶ 펜과 연필, 도형 툴로 패스를 먼저 그린 다음 Brushes 패널에서 원하는 브러시 를 선택하여 브러시 획을 적용합니다.
> ❷ 브러시 툴로 원하는 부분을 드래그하여 패스를 그림과 동시에 브러시 획을 적용 합니다.

02 ❶ '아트 브러시1, 2, 3'을 이용하여 판화 질감을 추가하고 싶은 부분을 드래그합니다. ❷ `Ctrl`+`Y`를 눌러 패스 윤곽선을 확인해보세요. 지금까지 그린 브러시 획 아웃라인을 확인할 수 있습니다. 다시 `Ctrl`+`Y`를 눌러 원래 상태로 돌아옵니다. 판화느낌의 다람쥐가 완성되었습니다.

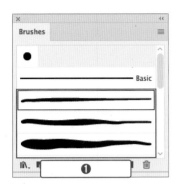

CHAPTER
2

물에 비치는
홍학 그리기

✂ 혼합 모드로 레이어 합성하기 · 투명 마스크와 클리핑 마스크로 개체 가리기

10 min

◉ 시작파일 PART4_CHAPTER2_홍학_시작.ai   ◉ 완성파일 PART4_CHAPTER2_홍학_완성.ai

---

POINT SKILL 혼합 모드(Blending Mode), 투명 마스크, 클리핑 마스크

HOW TO 마스크(Mask)는 특정 부분을 숨기고 일부분만 보이게 하는 것입니다. 투명 마스크는 어떤 개체에 마스크를 씌워 투명도를 적용하여 아래에 있는 배경과 겹쳐보이게끔 하는 기능입니다. 클리핑 마스크는 특정 영역만 보이도록 클리핑하는 기능입니다. 이번 예제에서는 투명 마스크를 이용해 물에 비치는 홍학을 표현하고, 클리핑 마스크를 이용해 원하는 모양대로 이미지를 잘라보도록 하겠습니다.

STEP ❶ 혼합 모드를 이용하여 물결 겹치기 ▶ ❷ 투명 마스크 적용하기 ▶ ❸ 클리핑 마스크 적용하기

투명 마스크

투명 마스크는 흑백 그레이디언트를 이용한 투명도를 적용하여 어떤 개체를 아래에 있는 배경과 겹쳐보이게끔
하는 기능입니다. 투명 마스크로 사용할 개체는 면으로 만듭니다.

❶ 선택 툴▶로 개체를 선택합니다. Transparency 패널의 보조 버튼▤을 눌러 ❷ Make Opacity Mask 메뉴
를 선택합니다. ❸ 투명 마스크 영역인 검정색 면을 클릭합니다.

❹ 면만 활성화한 후 ❺ 사각형 툴▢로 투명 마스크로 사용할 개체를 만듭니다.

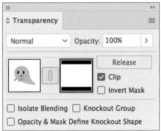

❻ Gradient 패널에서 각도를 −90°로 설정한 후 ❼ 두 개의 컬러 칩을 흰색과 검정색으로 각각 설정합니다. 흰
색 부분은 불투명하고 검은색 부분은 투명해집니다.

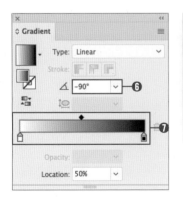
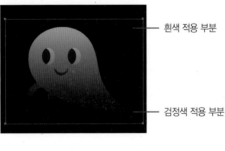

흰색 적용 부분

검정색 적용 부분

클리핑 마스크

클리핑 마스크는 어떤 개체를 모양 안에 있는 영역에만 한정되어 보이도록 클리핑하는 기능입니다. 둘 이상의 개체가 선택된 상태에서 클리핑 마스크를 씌울 수 있습니다. 마스크로 사용할 개체(클리핑 패스)를 상단에 위치시킵니다.

1. 클리핑 마스크 만들기

❶ 면 색 또는 선 색을 설정한 후 사각형 툴▣로 마스크로 사용할 개체(클리핑 패스)를 만듭니다.

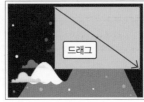

▲ 선으로 만든 사각형　　　　　　　▲ 면으로 만든 사각형

❷ 선택 툴▶로 클리핑 패스와 마스크하려는 개체를 드래그하여 모두 선택합니다. ❸ [Object]-[Clipping Mask]-[Make](Ctrl + 7) 메뉴를 선택하여 클리핑 마스크를 적용합니다. ❹ 클리핑 마스크가 씌워집니다.

▲ 메뉴 선택

작업의 이해를 위한 TIP ▶ ❷ 과정에서 마우스 오른쪽 버튼을 눌러 띄운 메뉴 창에서 Make Clipping Mask를 선택하여 클리핑 마스크를 씌울 수도 있습니다.

2. 클리핑 마스크 모양 수정하기

클리핑 마스크가 적용된 개체는 그룹으로 묶입니다. 선택 툴▶을 이용하면 그룹 전체가 선택되고, 직접 선택 툴▷을 이용하면 개체 하나씩 선택할 수 있습니다.

❶ 직접 선택 툴▷로 기준점을 선택한 후 ❷ 옮기고 싶은 방향으로 이동합니다. 패스 모양이 수정됨에 따라 마스크 영역도 변합니다.

❶ 드래그하여 선택

❷ 위로 이동

▲ 라운드 사각형 모퉁이 선택

3. 클리핑 마스크 풀기

❶ 선택 툴▶로 클리핑 마스크를 선택한 후 ❷ [Object]−[Clipping Mask]−[Release](Alt + Ctrl + 7) 메뉴를 선택하여 클리핑 마스크를 적용합니다. 마스크를 씌우기 전 상태로 돌아갑니다.

 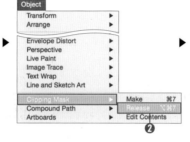 

❶선택

▲ 마스크 씌운 상태

▲ 원래 상태로 돌아감

작업의 이해를 위한 **TIP** ▶ ❶ 과정에서 마우스 오른쪽 버튼을 눌러 띄운 메뉴 창에서 Release Clipping Mask를 선택하여 클리핑 마스크를 풀 수도 있습니다.

STEP
1
혼합 모드를 이용하여 물결 겹치기

01 Ctrl + O를 눌러 'PART4_CHAPTER2_홍학_시작.ai' 파일을 불러옵니다.

불러오기

02 ❶ 선택 툴▶로 물결을 선택합니다. 그룹화된 물결 전체가 선택됩니다. ❷ Transparency 패널에서 혼합 모드를 Normal에서 Multiply로 바꿉니다. 물결이 배경과 겹쳐져 어둡게 처리됩니다.

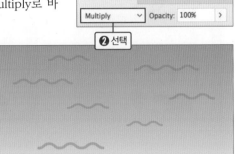

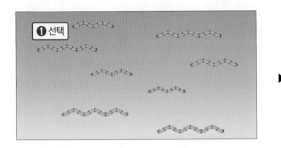

작업의 이해를 위한 TIP ▶ 해당 예제에서 물결 하나를 선택했을 때 물결 여러 개가 동시에 선택되는 이유는 그룹화 되었기 때문입니다.

NOTE ▶ 그룹 만들기, 그룹 해제하기

그룹화 된 오브젝트는 오브젝트 한 개로 인식되어 한꺼번에 옮길 수 있습니다. 선택 툴▶로 여러 개의 오브젝트를 Shift 를 누른 채 선택한 후 Ctrl + G 를 누르면 그룹으로 묶입니다. Ctrl + Shift + G 를 누르면 순차적으로 그룹이 해제됩니다. 모든 그룹이 해제되면 선택 툴▶로 낱개 오브젝트를 선택할 수 있습니다.

STEP 2 투명 마스크 적용하기

01 홍학을 반전시키겠습니다. ❶ 선택 툴▶로 홍학을 선택한 후 반전 툴◁▷을 선택합니다. ❷ 홍학 밑부분을 클릭하여 중심점✛을 옮깁니다. ❸ Alt 를 누른 채 아래 방향으로 드래그하면서 Shift 를 누릅니다. 수직방향으로 반전 복제됩니다. ❹ 선택 툴▶로 복제된 홍학을 선택하여 세로 길이를 줄입니다.

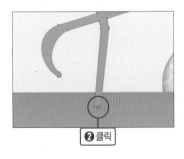

NOTE ▶ 반전 툴을 이용할 때 원하는 방향으로 복제, 이동하기

반전 툴◁▷을 이용할 때 제일 먼저 중심점✛을 잡아주는 것이 중요합니다. 클릭한 지점이 중심점✛이 되며, 중심점✛을 기준으로 오브젝트가 회전하고 반전됩니다. 이때 Alt 를 누른 채 드래그하면 오브젝트가 복제됩니다. Shift 를 누른 채 드래그하면 오브젝트를 수평/수직/45˚ 방향으로 옮길 수 있습니다.

02 투명 마스크를 씌워보겠습니다. ❶Transparency 패널의 옵션 버튼▤을 클릭하고 ❷Make Opacity Mask 메뉴를 선택합니다. 복제된 홍학의 패스만 보입니다. ❸다시 Transparency 패널의 옵션 버튼▤을 클릭하고 Show Options 메뉴를 선택하여 숨겨진 옵션을 보이게 만듭니다.

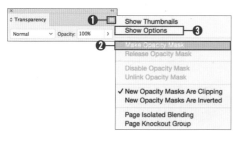

작업의 이해를 위한 **TIP** ▸ Show Options 메뉴를 선택해야 마스크 설정 옵션이 나타납니다.

03 ❶Transparency 패널의 검정색 투명 마스크 영역을 클릭합니다. 검정색 면 외곽에 파란색이 생기고, 앞서 선택했던 패스들이 보이지 않습니다. ❷사각형 툴▣을 선택하고 ❸면 색을 흰색으로 설정합니다. ❹드래그하여 홍학을 가릴 만큼 넉넉한 사각형을 만듭니다.

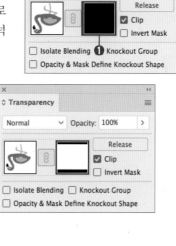

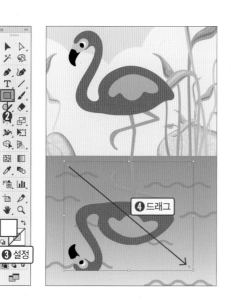

❹드래그

❸설정

04 투명 마스크에 흑백 그레이디언트를 입혀 투명도를 조절하겠습니다. ❶ 툴 패널에서 그레이디언트 툴█을
선택한 후 ❷ 툴 패널에서 그레이디언트 버튼█을 클릭합니다. 투명 마스크에 흰색(왼쪽)에서 검은색(오른쪽)으
로 점진적으로 변해가는 기본 흑백 그레이디언트가 입혀집니다. 흰색 영역이 불투명해지고 검은색 영역이 투명
해지는 것을 확인할 수 있습니다. ❸ 그레이디언트 막대를 위쪽에서 아래쪽으로 드래그합니다. 그레이디언트 방
향이 바뀜에 따라 투명 영역이 바뀝니다.

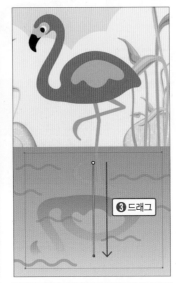

05 Transparency 패널의 원본을 클릭하여 마스크 영역을 선택 해제합
니다.

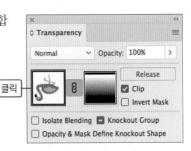

클리핑 마스크 적용하기

01 클리핑 마스크를 씌워보겠습니다. ❶ 선택 툴▶로 홍학을 선택합니다. ❷ 원형 툴◯을 선택한 후 ❸ 면을 흰색으로 설정합니다. ❹ 드래그하여 마스크로 사용할 개체(클리핑 패스)를 만듭니다. ❺ 선택 툴▶로 ❻ 모든 개체를 드래그하여 선택합니다.

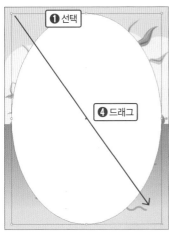

❶ 선택

❹ 드래그

❸ 설정

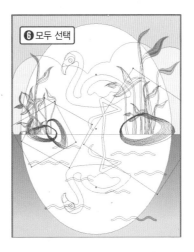

❻ 모두 선택

작업의 이해를 위한 TIP ▶ 이때 마스크로 사용할 개체(클리핑 패스)를 가장 상단에 위치시켜야 합니다.

02 마우스 오른쪽 버튼을 눌러 메뉴 창에서 Make Clipping Mask를 선택합니다. 클리핑 마스크가 씌워져 원형 안의 영역만 한정되어 나타나게 됩니다.

229

빈티지 풍의 귀여운 캐릭터 그리기

🛠 비트맵 이미지를 벡터 이미지로 만들기

10 min

⊙ **시작파일** PART4_CHAPTER3_빈티지캐릭터_시작.ai / **소스파일** 빈티지질감.ai ⊙ **완성파일** PART4_CHAPTER3_빈티지캐릭터_완성.ai

POINT SKILL 이미지 트레이스, 펜 툴

HOW TO 손으로 그린 스케치를 밑그림 삼아 펜 툴 🖊과 연필 툴 ✏, 브러시 툴 🖌을 이용해 패스를 새로 그려나가면 작업 시간이 많이 걸립니다. 일러스트레이터에서는 손으로 그린 스케치, 즉 비트맵 이미지를 벡터 이미지로 손쉽게 바꿔주는 이미지 트레이스(Image Trace, Live Trace) 기능이 있습니다. 이번 예제에서는 이미지 트레이스(Image Trace, Live Trace) 기능을 이용해 스케치를 벡터 이미지로 만든 후 즐겨찾기 해놓은 컬러로 색을 입히고 빈티지 질감을 합성해보겠습니다.

STEP ❶ 이미지 트레이스 기능을 이용하여 비트맵을 벡터로 바꾸기 ▶ ❷ 즐겨찾기 해놓은 컬러로 색 입히기 ▶ ❸ 빈티지 질감 합성하기

이미지 트레이스

1. 기본값으로 이미지 트레이스 적용하기

❶ 비트맵 이미지를 선택 툴▶로 선택하면 상단 옵션바에 Image Trace 관련 옵션이 나옵니다. ❷ Image Trace 버튼을 클릭하면 흑백의 기본값(Default)으로 벡터화됩니다. ❸ 벡터 이미지를 완벽하게 패스 처리하기 위해서 Expand 버튼을 클릭하면 벡터 이미지가 일반 오브젝트로 분리되고 완벽하게 패스로 처리됩니다.

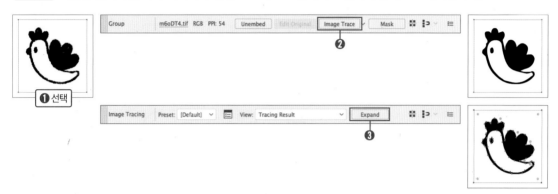

2. 다양한 스타일로 이미지 트레이스 적용하기

❶ 비트맵 이미지를 선택 툴▶로 선택한 후 Image Trace 옆에 있는 더보기 버튼⌄을 클릭합니다. 옵션 메뉴가 열리면 적용할 스타일을 선택합니다. 스타일이 적용됨과 동시에 벡터 이미지로 바뀝니다. 벡터 이미지를 완벽하게 패스 처리하기 위해서 Expand 버튼을 클릭합니다.

❷ 또는 비트맵 이미지를 선택 툴▶로 선택한 후 Image Trace 버튼을 클릭하여 흑백의 기본값(Default)으로 벡터화합니다. 🖾 버튼을 클릭하면 Image Trace 창이 열립니다. Preset 옵션 단추를 열어 적용할 스타일을 선택합니다. High Fidelity Photo를 선택하면 흑백의 기본값(Default)이 사라지고 High Fidelity Photo 스타일로 재적용됩니다. 벡터 이미지를 완벽하게 패스 처리하기 위해서는 마지막에 Expand 버튼을 누릅니다.

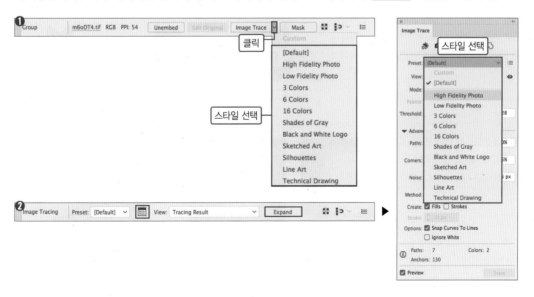

3. 이미지 트레이스 창 옵션 설정하기

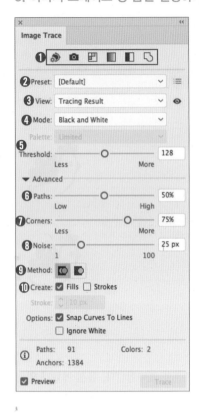

❶ **Commonly-used preset options button** : 비트맵이 벡터로 변환될 때 적용할 스타일의 버튼을 클릭하여 선택합니다.

❷ **Preset** : 옵션 단추를 열어 비트맵이 벡터로 변환될 때 적용할 스타일을 선택합니다.

❸ **View** : 추적 결과에 대한 결과를 보는 방법을 지정합니다.

❹ **Mode** : 추적 결과에 대한 색상 모드를 지정합니다. Black and White, Grayscale, Color 세 가지 모드가 있습니다.

❺ **Threshold** : 흑백 추적 결과에 대한 값을 지정합니다. Threshold의 기본값은 128 입니다. 설정값을 변경하여 라인의 두께를 설정할 수 있습니다. Less에 가까울수록 라인의 두께가 얇아져 보이지 않는 부분이 생깁니다. More에 가까울수록 라인의 두께가 두꺼워집니다.

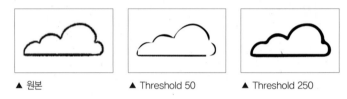

▲ 원본   ▲ Threshold 50   ▲ Threshold 250

❻ **Paths** : 추적된 모양과 원본 픽셀 사이의 거리를 조절합니다. Low에 가까울수록 패스가 조밀해지고 High에 가까울수록 패스가 느슨해집니다.

❼ **Corners** : 모퉁이 각도를 조절합니다. Less에 가까울수록 모퉁이가 부드럽고 More에 가까울수록 모퉁이에 각이 잡힙니다.

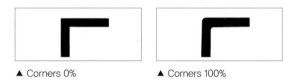

▲ Corners 0%   ▲ Corners 100%

❽ **Noise** : Noise의 기본값은 25입니다. 1에 가까울수록 여백의 영역이 작아지며 라인이 자세해집니다. 100에 가까울수록 여백이 커지며 라인이 간결해집니다.

▲ 원본   ▲ Noise 1   ▲ Noise 80

❾ **Method** : 컬러가 다른 면을 각각의 오브젝트로 분리하는 방법을 선택합니다.

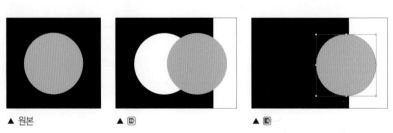

▲ 원본   ▲ 🔲   ▲ 🔳

❿ **Create** : Fills – 추적 결과를 면으로 만듭니다. / Stroke – 추적 결과를 선으로 만듭니다.

4. 이미지 트레이스 스타일

◀ 이미지 트레이스 스타일

◀ 원본

❶ High Fidelity Photo
고품질의 사진이미지로 표현합니다. 사진과 거의 비슷한 느낌의 벡터를 만들 수 있습니다.

❷ Low Fidelity Photo
저품질의 사진이미지로 표현합니다.

❸ 3 Colors
명암을 기준으로 컬러를 3단계로 나눠 표현합니다. 사진이미지에 적용시키는 것이 좋습니다.

❹ 6 Colors
명암을 기준으로 컬러를 6단계로 나눠 표현합니다. 사진이미지에 적용시키는 것이 좋습니다.

❺ 16 Colors
명암을 기준으로 컬러를 16단계로 나눠 표현합니다. 사진이미지에 적용시키는 것이 좋습니다.

❻ Shades of Gray
흑백 명암으로 구분하여 표현합니다.

❼ Black and White Logo

흑백 로고 스타일로 표현합니다.
Threshold 값을 조절하여 흑백의 영역을
조절할 수 있습니다.

❽ Sketched Art

스케치한 느낌의 흑백 선을 표현합니다.

❾ Silhouettes

이미지의 실루엣, 즉 윤곽선을 또렷하게 표현합니다.

❿ Line Art

일정한 굵기의 선으로 표현합니다. 생략된 부분이 많아지므로
Stroke 값을 조절하는 것이 좋습니다.

⓫ Technical Drawing

명암의 경계선을 둘러싼 형태의 선으로 표현합니다. 생략된 부분이
많아지므로 Stroke 값을 조절하는 것이 좋습니다.

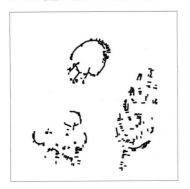

STEP 1 이미지 트레이스 기능을 이용하여 비트맵을 벡터로 바꾸기

01 Ctrl + O 를 눌러 'PART4_CHAPTER3_빈
티지캐릭터_시작.ai' 파일을 불러옵니다.

02 ❶ 선택 툴▶로 스케치 이미지를 선택하고 ❷ 상단 옵션바에 있는 Image Trace 버튼을 클릭합니다. 흑백의 기본값(Default)으로 비트맵 이미지가 벡터화 됩니다.

03 벡터화 설정값을 조절하겠습니다. ❶ 상단 옵션바에 있는 ▤버튼을 눌러 Image Trace 창을 연 후 ❷ Threshold: 80, Noise: 1로 설정, Preview를 체크 해제한 후 ❸ 〈Trace〉를 클릭합니다. 벡터 라인의 두께가 조금 얇아지고 섬세해집니다.

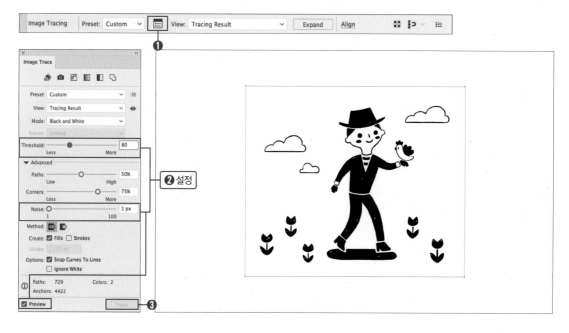

04 벡터 이미지를 패스화하여 일반 오브젝트로 변환하겠습니다. ❶ 상단 옵션바에 있는 Expand 버튼을 클릭합니다. 벡터 이미지가 패스를 가진 일반 오브젝트로 변환됩니다. ❷ 마우스 오른쪽 버튼을 눌러 팝업 창을 띄운후 ❸ Ungroup 메뉴를 선택하여 그룹을 해제합니다.

NOTE ▶ 벡터 이미지를 Expand 해야 하는 이유

Expand를 하기 전 벡터 이미지는 하나의 오브젝트입니다. Expand 기능을 적용해야 완벽하게 패스로 처리됩니다. 즉 모양에 맞춰 패스를 가진 일반 오브젝트로 변환됩니다. Expand를 적용한 오브젝트는 하나의 그룹으로 묶이고 직접 선택 툴▷로 개별 오브젝트를 선택할 수 있습니다. 마우스 오른쪽 버튼을 눌러 팝업 창을 띄운 후 Ungroup 메뉴를 선택하거나 Shift + Ctrl + G 를 눌러 그룹을 해제하면 선택 툴▶로 개별 오브젝트를 선택할 수 있습니다.

---

05 선택 툴▶로 흰 배경을 선택한 후 Delete 를 눌러 삭제합니다.

선택, Delete

즐겨찾기 해놓은 컬러로 색 입히기

01 Swatches 패널에 즐겨찾기 해놓은 컬러로 색을 입히겠습니다. ❶ 선택 툴▶로 Shift를 누른 채 모자와 바지, 새를 클릭하여 선택합니다. ❷ Swatches 패널에서 원하는 색을 클릭하여 색을 입혀줍니다.

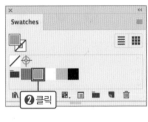

02 ❶ 선택 툴▶로 Shift를 누른 채 구름, 사람 얼굴의 볼, 그림자를 선택합니다. ❷ Swatches 패널에서 원하는 색을 클릭하여 색을 입힙니다. ❸ 같은 방법으로 나머지 오브젝트에 아래와 같이 색을 입히세요.

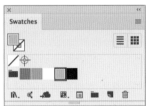

구름, 사람 얼굴의 볼, 그림자

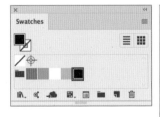

긴팔니트, 꽃잎과 줄기

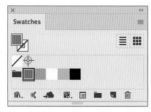

얼굴 라인, 손, 줄무늬 티,
신발, 꽃봉오리

03 얼굴 패스를 만들어 색을 입히겠습니다. ❶ Swatches 패널에서 면 색을 빨간색으로 지정합니다. ❷ 펜 툴 ✐로 얼굴 라인을 따라 패스를 그려주세요. ❸ Ctrl + Shift + [ ] 를 눌러 오브젝트를 맨 뒤로 보냅니다.

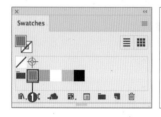

STEP 3 빈티지 질감 합성하기

01 ❶ Ctrl + O 를 눌러 'PART4_CHAPTER3_빈티지질감.ai' 파일을 불러옵니다. 작은 흰점으로 이루어진 소스를 이미지 위에 얹어 빈티지 느낌을 연출해보겠습니다. ❷ 선택 툴 ▶로 전체 선택한 후 Ctrl + C 를 눌러 복사합니다.

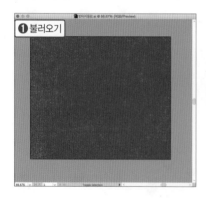

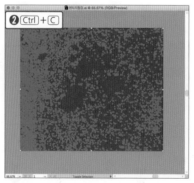

02 기존 작업 창으로 돌아와 `Ctrl`+`V`를 눌러 소스를 붙여넣기 합니다. 빈티지 풍의 귀여운 캐릭터가 완성되었습니다.

NOTE ▶ 빈티지 효과를 활용한 응용 예제

CHAPTER 4

섬세한 도트로 구성된
픽셀아트 그리기

🛠 표 툴을 이용해 픽셀아트 캐릭터 그리기

⏳ 15 min

⊙ **완성파일** PART4_CHAPTER4_픽셀아트_완성.ai

POINT SKILL 표 툴, 라이브 페인트 환경, 라이브 페인트 버킷 툴

HOW TO 픽셀아트는 작은 점들이 모여 완성된 그림입니다. 픽셀아트 프로그램이 따로 존재하지만 일러스트레이터에서도 쉽고 간단한 방법으로 픽셀 아트를 만들 수 있습니다. 비트맵 픽셀과 달리 일러스트레이터에서 만든 도트는 벡터이기 때문에 자유롭게 사이즈를 변경하여 사용할 수 있는 장점이 있습니다. 이번 예제에서는 표 툴🖷로 도트판을 만든 후 라이브 페인트 환경에서 라이브 페인트 버킷 툴🖱로 색을 입혀 양 캐릭터를 완성해보겠습니다.

STEP ❶ 표 툴로 도트판 만들기 ▶ ❷ 라이브 페인트 환경 만들기 ▶ ❸ 라이브 페인트 버킷 툴로 채색하기 ▶ ❹ 도트판 없애기

표 툴

표 툴 을 더블클릭하여 Rectangular Grid Tool Options 창을 엽니다. 옵션을 조절하여 표의 너비와 높이, 밀집 정도 등을 설정할 수 있습니다.

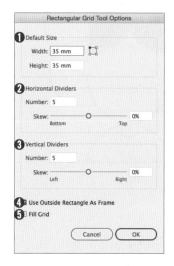

❶ **Default Size** : 표의 너비와 높이, 기준점을 설정합니다.

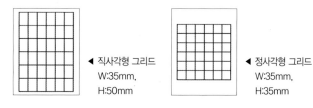

◀ 직사각형 그리드
W:35mm,
H:50mm

◀ 정사각형 그리드
W:35mm,
H:35mm

❷ **Horizontal Dividers** : 가로 방향의 칸과 밀집 정도를 설정합니다.

❸ **Vertical Dividers** : 세로 방향의 칸과 밀집 정도를 설정합니다.

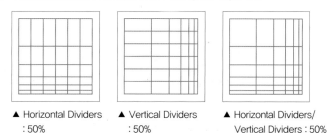

▲ Horizontal Dividers
: 50%

▲ Vertical Dividers
: 50%

▲ Horizontal Dividers/
Vertical Dividers : 50%

❹ **Use Outside Rectangle As Frame** : 외곽을 선 또는 면으로 지정할 수 있습니다.

❺ **Fill Grid** : 그리드에 면 색을 적용합니다.

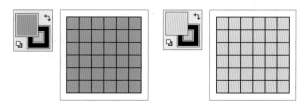

라이브 페인트 환경

1. 라이브 페인트 환경 만들기

라이브 페인트 버킷 툴 로 오브젝트를 채색하기 위해서는 라이브 페인트 환경을 만들어줘야 합니다. 오브젝트를 그룹화하는 과정을 반드시 거쳐야만 라이브 페인트 버킷 툴 을 이용할 수 있습니다.

❶ 오브젝트를 전체 선택한 후 [Object]-[Live Paint]-[Make]((Alt)+(Ctrl)+(X)) 메뉴를 선택하여 라이브 페인트 환경을 만듭니다.

❷ 오브젝트를 전체 선택한 후 ❸ 라이브 페인트 버킷 툴▣을 선택하여 오브젝트에 가까이 가져가면 'Click to make a Live Paint group'이란 문구가 나타납니다. ❹ 이때 오브젝트를 클릭하면 그룹으로 전환되면서 라이브 페인트 환경으로 바뀝니다. ❺ 영역을 클릭하면 색이 입혀집니다.

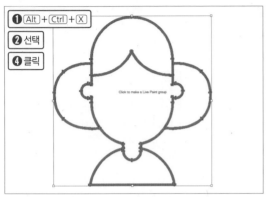

2. 라이브 페인트 그룹에 속한 오브젝트 채색하기

기존 오브젝트를 선택한 후 Alt + Ctrl + X 를 눌러 라이브 페인트 환경으로 만듭니다. 라이브 페인트 환경으로 바뀜과 동시에 기존 오브젝트는 패스와 패스가 교차하는 지점이 나눠집니다. 나눠진 각각의 패스는 라이브 페인트 그룹으로 묶여 편집 가능한 상태가 됩니다.

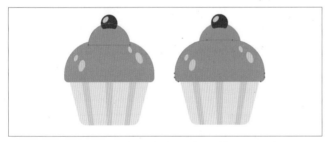

▲ 라이브 페인트 그룹으로 만들기 전 : 각각의 오브젝트로 있음

▲ 라이브 페인트 그룹으로 만든 후 : 교차 지점이 나눠짐

3. 라이브 페인트 그룹에 새로운 패스 추가하기

❶ 기존의 라이브 페인트 그룹에 새로운 패스를 추가한 후 [Object]−[Live Paint]−[Merge] 메뉴를 선택합니다. 새롭게 추가된 패스가 라이브 페인트 그룹으로 병합됩니다. ❷ 라이브 페인트 버킷 툴▣로 패스를 사이에 두고 나눠진 면을 채색합니다.

▲ 새로운 패스 추가

▲ 패스를 사이에 두고 나눠진 면 채색

4. 라이브 페인트 그룹 안에서 새로운 패스 추가하기

❶ 선택 툴▶로 라이브 페인트 그룹을 선택한 후 마우스 오른쪽 버튼을 눌러 Isolate Selected Group을 클릭하여 그룹 안으로 들어갑니다. 또는 선택 툴▶로 라이브 페인트 그룹을 더블클릭하여 그룹 안으로 들어갑니다. ❷ 새로운 패스를 추가한 후 ❸ 라이브 페인트 버킷 툴🗄로 채색합니다. ❹ 그룹을 빠져나가려면 마우스 오른쪽 버튼을 눌러 Exit Isolation Mode를 선택합니다.

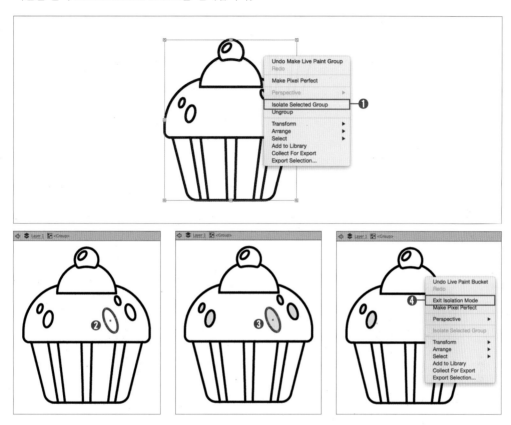

5. 라이브 페인트 그룹 해제하기

오브젝트를 전체 선택한 후 [Object]-[Live Paint]-[Release] 메뉴를 선택하여 그룹을 해제합니다. 라이브 페인트 그룹을 해제하면 0.5pt 선을 가진 패스로 바뀝니다.

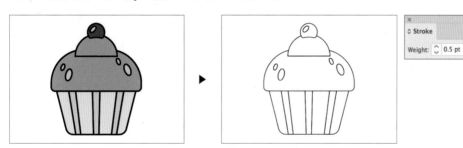

6. 라이브 페인트 그룹 확장하기

오브젝트를 전체 선택한 후 [Object]−[Live Paint]−[Expand] 메뉴를 선택하여 그룹을 해제합니다. 라이브 페인트 그룹을 확장하면 면과 선의 속성을 분리할 수 있습니다.

  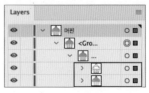

면과 선으로 분리된 패스

 **라이브 페인트 버킷 툴**

라이브 페인트 환경에서 라이브 페인트 버킷 툴🖌을 사용할 수 있습니다. 채색을 마친 후 [Object]−[Live Paint]−[Expand] 메뉴를 선택하여 라이브 페인트 그룹을 일반 오브젝트로 전환해주는 것이 좋습니다.

1. 채색하기

❶ 한 곳 채색하기

라이브 페인트 버킷 툴🖌을 선택한 후 커서를 오브젝트 위로 가져가면 빨간색 윤곽이 생깁니다. 클릭하면 색이 채워집니다.

❷ 여러 곳 채색하기

라이브 페인트 버킷 툴🖌을 선택한 후 칠하고 싶은 영역을 클릭 앤 드래그하면 드래그한 부분에 색이 채워집니다.

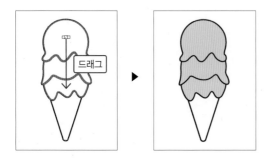

2. 라이브 페인트 버킷 툴로 칠한 컬러 삭제하기

❶ 라이브 페인트 선택 툴로 면을 선택합니다. ❷ 선택한 부분이 검은 망점으로 표시됩니다. ❸ Delete 를 누르면 컬러가 삭제됩니다.

3. 라이브 페인트 버킷 툴 옵션 설정하기

라이브 페인트 버킷 툴을 더블클릭하여 Live Paint Bucket Options 창을 엽니다. 라이브 페인트 버킷 툴의 옵션을 설정할 수 있습니다.

❶ **Paint Fills** : 설정한 면 색을 클릭한 곳에 채웁니다.

❷ **Paint Strokes** : 설정한 선 색을 클릭한 곳에 채웁니다.

❸ **Cursor Swatch Preview** : 채워질 색을 마우스 커서 위에 표시합니다.

❹ **Highlight** : 라이브 페인트로 채워질 영역을 윤곽으로 보여줍니다.

Ⓐ **Color** : 윤곽의 컬러를 설정합니다.

Ⓑ **Width** : 윤곽의 두께를 설정합니다.

❺ **Tips** : 라이브 페인트 버킷 툴 사용 방법을 알려주는 대화상자가 나타납니다.

STEP 1 — 표 툴로 도트판 만들기

01 ❶ Ctrl + N 을 눌러 New Document 창을 엽니다. ❷ 가로(Width)와 세로(Height)를 '200millimeters'로 설정한 후 ❸ 〈Create〉를 클릭합니다.

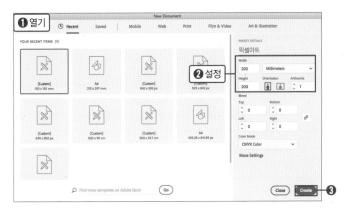

NOTE ▶ 도큐먼트 단위 변경하는 방법

❶ Document Setup

[File]–[Document Setup](Alt + Ctrl + P) 메뉴를 선택합니다. Document Setup 창이 열리면 Units를 Pixels로 선택합니다. 도큐먼트의 단위가 픽셀로 바뀌지만 해당 도큐먼트에만 적용됩니다.

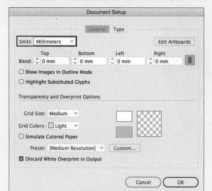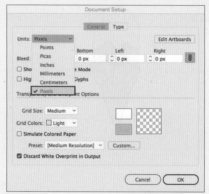

❷ Units

[Illustrator CC]–[Preferences]–[Units](Ctrl + ,) 메뉴를 선택합니다. Preferences 창이 열리면 Units의 General을 Pixels로 선택합니다. 도큐먼트의 단위가 픽셀로 바뀌고 이후 만들어지는 새로운 도큐먼트에도 픽셀 단위가 적용됩니다.

02 도트 판을 만들겠습니다. ❶ 선 툴 을 길게 눌러 표 툴 을 선택합니다. ❷ 빈 화면을 클릭하여 Rectangular Grid Tool Options 창을 연 후 ❸ 가로(Width)와 세로(Height)를 150mm, 수평 나누기 선 수(Horizontal Dividers Number)와 수직 나누기 선 수(Vertical Dividers Number)를 10으로 입력하고 ❹ 〈OK〉를 클릭합니다. 가로와 세로가 각각 11개의 네모 칸으로 채워진 150mm 정사각형 도트판이 만들어집니다.

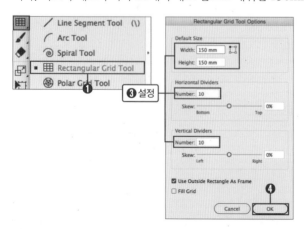

라이브 페인트 환경 만들기

01 라이브 페인트 환경을 만들겠습니다. ❶[Object]-[Live Paint]-[Make](Alt + Ctrl + X) 메뉴를 선택합니다. 도트판이 라이브 페인트 그룹으로 묶이면서 앵커가 ⊞모양으로 바뀝니다. ❷ Ctrl 을 누른 채 빈 곳을 클릭하여 선택 영역을 해제합니다.

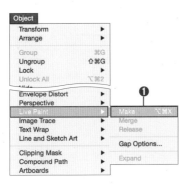
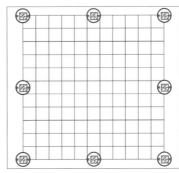
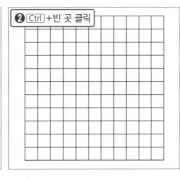

라이브 페인트 버킷 툴로 채색하기

01 ❶도형 구성 툴을 길게 눌러 라이브 페인트 버킷 툴을 선택합니다. ❷면 색을 살구색으로 지정한 후 ❸그림처럼 5칸을 드래그합니다. 5칸에 살구색이 입혀집니다.

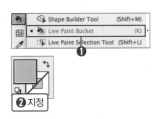
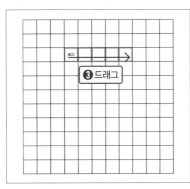
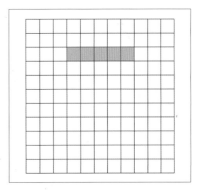

02 같은 방법으로 그림처럼 색을 채웁니다. 드래그하면 여러 칸을 한 번에 칠할 수 있고, 클릭하면 한 칸을 칠할 수 있습니다.

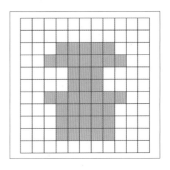

03 컬러를 삭제해보겠습니다. ❶ 라이브 페인트 선택 툴 을 선택한 후 ❷ 삭제하고 싶은 부분을 Shift를 누른 채 클릭합니다. ❸ Delete를 클릭하면 색이 삭제됩니다.

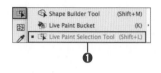

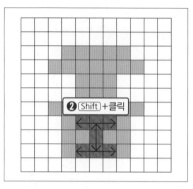

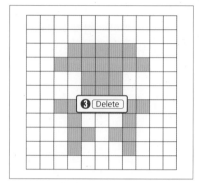

04 라이브 페인트 버킷 툴 로 갈색 코, 분홍색 입, 검정색과 흰색으로 눈 부분을 그려 넣습니다.

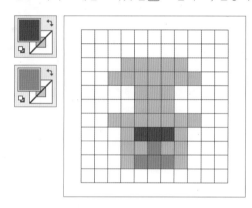

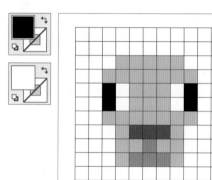

05 원하는 색을 스포이드 툴 로 찍은 후 색을 입혀보겠습니다. ❶ Alt를 눌러 마우스 포인터가 스포이드 툴로 바뀌면 분홍색을 클릭하여 면 색으로 설정합니다. ❷ 그림처럼 볼과 귀 부분을 클릭하여 색을 채워 넣습니다.

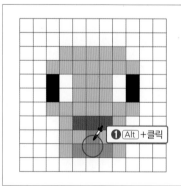

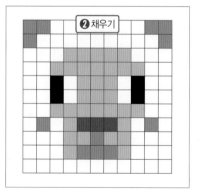

작업의 이해를 위한 **TIP** ▶ 라이브 페인트 버킷 툴 을 사용하다가 Alt를 누르면 스포이드 툴 이 됩니다.

06 면 색을 연분홍색으로 설정한 후 나머지 빈 칸에 색을 채웁니다.

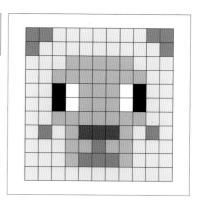

도트판 없애기

01 도트판을 삭제하겠습니다. ❶선택 툴▶로 전체를 선택하고 ❷[Object]-[Expand] 메뉴를 선택합니다. ❸Expand 창이 열리면 〈OK〉를 클릭합니다.

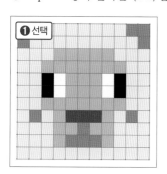

02 ❶마술봉 툴🪄로 도트판의 선 부분을 클릭하고 ❷ Delete 를 누릅니다. 도트판이 삭제됩니다.

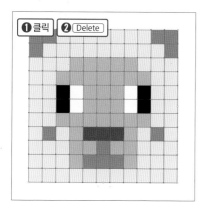

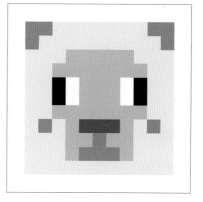

03 같은 색을 가진 면을 합치겠습니다. ❶마술봉 툴  을 더블클릭하여 Magic Wand 창을 엽니다. ❷Fill Color의 Tolerance를 1로 설정합니다. ❸마술봉 툴 로 연분홍색 부분을 클릭합니다.

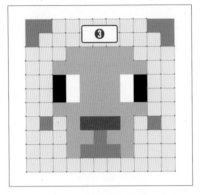

04 Pathfinder 패널에서 합치기를 클릭하면 연분홍색 면만 합쳐집니다.

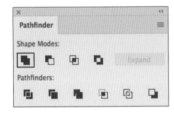

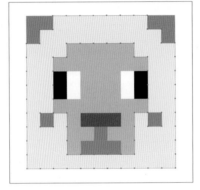

05 같은 방법으로 같은 색을 가진 면을 합쳐 완성합니다.

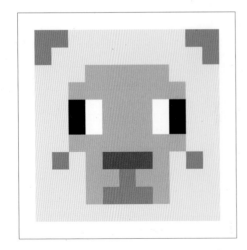

마술봉 툴 🪄은 동일하거나 유사한 옵션을 가진 오브젝트를 한꺼번에 선택할 수 있는 기능입니다.
마술봉 툴 🪄을 더블클릭하면 Magic Wand 창이 열립니다.

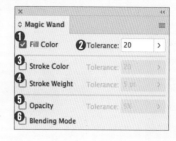

❶ Fill Color : 클릭한 곳과 같은 면색을 가진 오브젝트를 모두 선택합니다.

❷ Tolerance : 선택 영역의 범위를 설정합니다(20으로 설정된 경우 20% 오차에 해당하는 색
이 함께 선택됩니다).

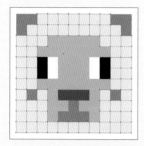 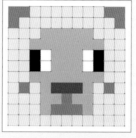

▲ Tolerance 1 : 연분홍색만 선택됨　　▲ Tolerance 20 : 연분홍색과 비슷한 흰색까지 선택됨

❸ Stroke Color : 클릭한 곳과 같은 선 색을 가진 오브젝트를 모두 선택합니다.

❹ Stroke Weight : 클릭한 곳과 같은 선 굵기를 가진 오브젝트를 모두 선택합니다.

❺ Opacity : 클릭한 곳과 같은 투명도를 가진 오브젝트를 모두 선택합니다.

❻ Blending Mode : 클릭한 곳과 같은 혼합 모드가 적용된 오브젝트를 모두 선택합니다.

NOTE ▶ 표 툴을 활용한 응용 예제

 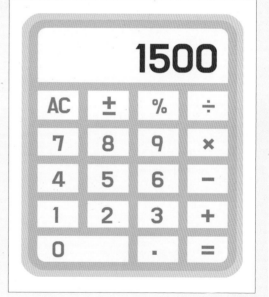

PART 05

아이덴티티 &
UI 디자인

일러스트레이터는 언제나 깨끗한 벡터 형태로 작업할 수 있기 때문에 이미지를 일관되게 표현해야하는 아이덴티티 작업에 꼭 필요한 프로그램입니다. 또한 웹사이트와 모바일 애플리케이션 아이콘과 버튼을 제작할 때도 유용합니다.

종이접기 컨셉의
영문 로고 디자인하기

✄ 그레이디언트 툴, 기울기 툴, 투명 마스크를 이용해 종이 그림자 효과 주기

15 min

ⓞ 시작파일 PART5_CHAPTER1_로고디자인_시작.ai   ⓞ 완성파일 PART5_CHAPTER1_로고디자인_완성.ai

---

POINT SKILL 기울기 툴, 그레이디언트 툴, 투명 마스크

HOW TO 노란색 아치형의 'M'을 떠올리면 머릿속에 어떤 기업이 생각나나요? 바로 '맥도날드(McDonald's)'죠. 골든아치라 불리는 'M자' 형태의 로고는 햄버거를 즐겨먹는 사람들에게 너무나 친근하고 유명합니다. 이처럼 기업의 이미지를 하나로 통합하여 시각화하는 과정을 CI(Corporate Identity)라고 합니다. CI는 기업의 이상과 가치, 철학 등을 함축적으로 담고 있어야 합니다. 기업 이름보다 중요한 것이 기업의 이미지를 가시화해서 보여지는 로고와 심벌 디자인입니다. CI는 작게는 명함과 서식, 크게는 간판과 대형 현수막, 차량 등에 적용됩니다. 따라서 이미지를 아무리 축소하고 확대해도 깨짐 현상이 없는 벡터 이미지로 만드는 것이 중요합니다. 이번 예제에서는 그레이디언트 툴◧과 기울기 툴◪, 투명 마스크를 이용해 종이접기 컨셉의 영문 로고를 디자인해보겠습니다.

STEP ❶ 글자 오브젝트에 색 입히기 ▶ ❷ 그레이디언트 툴로 종이가 접힌 효과 주기 ▶ ❸ 기울기 툴과 투명 마스크로 그림자 효과 주기

핵심기능 · 기울기 툴

기울기 툴⬛은 오브젝트를 기울이는 기능입니다. 기울기 툴을 사용할 때 오브젝트 중앙에 중심점⊕이 나타나는데, 이 중심점이 기울기의 축이 됩니다.

1. 중심점을 이동해 기울이기

오브젝트 중앙에 있는 중심점⊕을 옮겨 기울일 수 있습니다. 원하는 지점을 클릭하면 클릭한 지점이 중심점이 됩니다. Shift를 누른 채 기울이면 수평/수직/45°씩 기울일 수 있습니다.

▲ 중앙에 중심점 설정 　　　　　　　　　　　　　　 ▲ 원하는 지점에 중심점 설정

2. Shear 창을 열어 기울이기

기울기 툴⬛을 더블클릭하면 Shear 창이 열립니다. 원하는 수치를 입력하여 오브젝트를 정확하게 기울일 수 있습니다.

❶ **Shear Angle** : 빈 칸에 수치 값을 입력하거나 그래프를 돌려 기울기를 조절합니다.

❷ **Horizontal** : Angle 0°의 수평선을 축으로 기울여집니다.

❸ **Vertical** : Angle 90°의 수직선을 축으로 기울여집니다.

❹ **Angle** : 축의 각도를 설정합니다.

▲ Axis Angle 90° 　　　　　　 ▲ Axis Angle 120°

❺ **Options** : 패턴이 적용된 오브젝트를 기울일 때 사용하는 옵션입니다.

　Ⓐ **Transform Object** : 오브젝트만 기울이기

　Ⓑ **Transform Patterns** : 패턴만 기울이기

❻ **Preview** : 기울기를 미리 확인할 수 있습니다.

PART

5

오리엔테이션 & UI 디자인

01 Ctrl + O 를 눌러 'PART5_CHAPTER1_로고디자인_시작.ai' 파일을 불러옵니다.

02 ❶ 선택 툴▶로 'B' 오브젝트를 선택한 후 ❷ 툴 패널의 선 색을 None☑으로 설정합니다. ❸ 면 색을 더블클릭하여 Color Picker 창을 엽니다. ❹ 색상값(#25 B7BB)을 설정한 후 ❺ 〈OK〉를 클릭합니다. 'B' 오브젝트에 아쿠아 색이 입혀집니다.

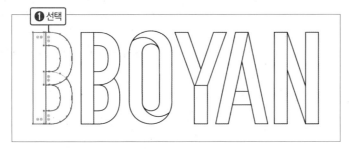

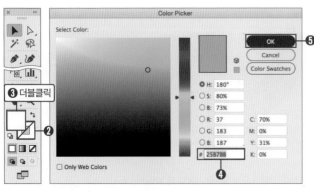

03 ❶ 선택 툴▶로 'BOYAN'오브젝트를 드래그하여 선택합니다. ❷ 스포이드 툴✏로 색이 입혀진 'B'오브젝트를 클릭합니다. ❸ 'BOYAN'오브젝트에 'B'오브젝트와 같은 컬러 속성이 입혀집니다.

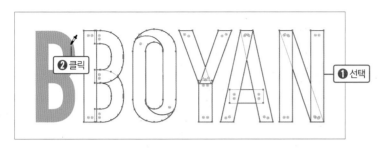

04 ❶ 직접 선택 툴▷로 부채꼴 모양을 선택합니다. ❷ 툴 패널에서 면 색을 더블클릭하여 Color Picker 창을 엽니다. ❸ 색상값(#2CAEB0)을 설정한 후 ❹ 〈OK〉를 클릭합니다. 진한 아쿠아 색이 입혀졌습니다. ❺ 진한 아쿠아 색을 입히고 싶은 다른 오브젝트들을 선택한 후 동일한 방법으로 Color Picker 창을 열어 색을 변경합니다.

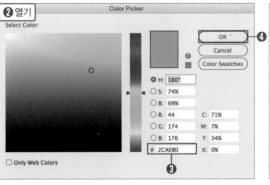
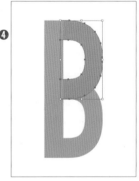

01 Swatches 패널에 등록된 그레이디언트 소스를 이용하여 종이가 접힌 효과를 만들어보겠습니다. Swatches 패널에서 [아쿠아그레이디언트]를 선택하면 Gradient 패널에 세 개의 컬러 칩으로 구성된 그레이디언트가 나타납니다.

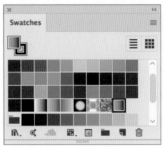
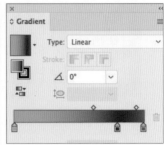

02 ❶ 직접 선택 툴 로 부채꼴 모양을 선택합니다. ❷ 툴 패널 하단의 그레이디언트 아이콘 을 클릭하면 부채꼴 모양에 그레이디언트가 적용됩니다. 그레이디언트를 수정해보겠습니다. ❸ 그레이디언트 툴 을 선택하면 오브젝트 위에 슬라이더 바가 나타납니다. ❹ 그림처럼 오른쪽에서 왼쪽으로 드래그하여 그레이디언트 방향을 수정합니다.

03 ❶ 직접 선택 툴 로 아래쪽 부채꼴 모양을 선택합니다. ❷ 툴 패널 하단의 그레이디언트 아이콘 을 클릭하면 부채꼴 모양에 그레이디언트가 적용됩니다. 그레이디언트를 수정해보겠습니다. ❸ 그레이디언트 툴 을 선택하면 오브젝트 위에 슬라이더 바가 나타납니다. ❹ 그림처럼 아래쪽에서 위쪽으로 드래그하여 그레이디언트 방향을 수정합니다.

04 나머지 오브젝트도 같은 방법으로 그레이디언트를 입혀줍니다. 오브젝트의 경계 부분에 그레이디언트의 어두운 색이 입혀지도록 그레이디언트를 수정하는 것이 중요합니다. 종이가 자연스럽게 접힌 느낌이 완성됩니다.

01 ❶선택 툴▶로 오브젝트를 전체 선택한 후 Ctrl+C, Ctrl+F를 차례대로 눌러 제자리 복제합니다. ❷Pathfinder 패널의 합치기▣ 버튼을 눌러 오브젝트를 한 덩어리로 만듭니다. 오브젝트가 합쳐지면서 한 가지 색으로 바뀝니다.

❶Ctrl+C, Ctrl+F 제자리 복제

02 ❶ 오브젝트 위치를 하단 경계에 맞춰 밑으로 내려줍니다. ❷ 툴 패널에서 반전 툴▶️을 더블클릭하여 Reflect 창을 엽니다. ❸ Horizontal을 체크한 후 ❹ 〈OK〉를 클릭합니다. 오브젝트가 수평선을 기준으로 상하 대칭됩니다.

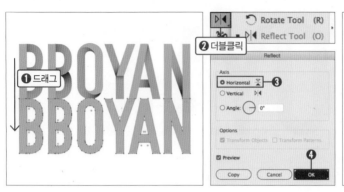

03 오브젝트를 기울여보겠습니다. ❶ 툴 패널에서 기울기 툴📄을 선택합니다. ❷ 오브젝트 중앙에 있는 중심 점✛을 위쪽으로 옮깁니다. 이 중심점이 기울기의 축이 됩니다. ❸ Shift를 누른 채 'N'오브젝트 오른쪽 하단에 있는 기준점을 클릭하여 왼쪽으로 드래그합니다. 왼쪽 방향으로 기울어집니다. ❹ 선택 툴▶로 높이를 줄입니다. 기울어진 그림자 형태가 되었습니다.

04 투명 마스크를 씌워 그림자 명암을 표현하겠습니다. ❶ 그림자 오브젝트가 선택된 상태에서 Transparency 패널의 Opacity를 50%로 줄이고 ❷ 〈Make Mask〉를 클릭합니다. 투명 마스크 영역인 검은색 면이 나타납니다. ❸ 검은색 면을 클릭합니다.

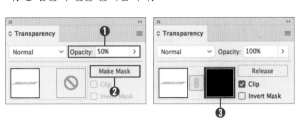 

05 ❶Color 패널에서 면만 활성화합니다. ❷ 사각형 툴□로 투명 마스크로 사용할 직사각형을 만듭니다. ❸ 툴 패널 하단의 그레이디언트 아이콘□을 클릭하여 직사각형에 그레이디언트를 입힙니다. 그레이디언트의 색 차이에 따라 그림자에 명암이 입혀집니다. ❹ 그레이디언트 툴□을 선택하면 오브젝트 위에 슬라이더 바가 나타납니다. ❺ 그림처럼 아래쪽에서 위쪽으로 드래그하여 그레이디언트 방향을 수정합니다.

06 종이접기 컨셉의 영문 로고가 완성되었습니다.

첫인상을 좋게 만드는
명함 디자인하기

🛠 블렌드 툴로 화려한 배경 만들기 · 명함 디자인부터 출력까지

20 min

◉ 시작파일 PART5_CHAPTER2_명함디자인_시작.ai   ◉ 완성파일 PART5_CHAPTER2_명함디자인_완성.ai

---

POINT SKILL   도형 툴, 선택 툴, 블렌드 툴, Transform 패널, 작업선, 재단선, 크롭 마커

HOW TO   블렌드(Blend)는 '섞다'라는 뜻으로, 일러스트레이터에서 블렌드 기능을 이용하면 두 개 이상의 오브젝트를 자연스럽고 규칙적으로 섞어 재미있는 장식 효과를 줄 수 있습니다. 블렌드 수치 값에 따라 오브젝트 사이에 자동으로 생성되는 중간 오브젝트의 모양과 개수를 조절할 수 있습니다. 이번 예제에서는 블렌드 툴🖐로 화려한 배경을 만든 후 글자와 로고를 넣은 명함 디자인을 제작해 보겠습니다. 명함은 보통 작업 영역과 재단 영역을 구분하는데, 재단할 때의 오차 범위를 고려하여 작업 영역을 약간 크게 작업합니다. 오브젝트를 정확한 위치에 배치하는 Move 창과 Transform 패널, 재단선을 표시해 인쇄 파일로 저장하는 방법에 대해서 함께 학습해보겠습니다.

STEP   ❶ 파일 불러오기 ▸ ❷ 블렌드 툴로 단계별 컬러 배경 만들기 ▸ ❸ 블렌드 툴로 원형 선과 곡선 배경 만들기 ▸ ❹ 명함 프로필 내역과 재단선 표시하기

블렌드 툴

블렌드 툴 은 형태, 색, 투명도 등을 자연스럽게 연결하는 기능입니다. 두 개 이상의 오브젝트 사이에서 블렌드 기능을 적용할 수 있습니다.

1. 블렌드 만들기

❶ 간격을 두고 두 개의 오브젝트를 만듭니다. ❷ 선택 툴 ▶([Ctrl]+[A])로 두 오브젝트를 전체 선택합니다. ❸ 블렌드 툴 을 더블클릭하여 Blend Options 창을 엽니다. ❹ Spacing을 Specified Steps로 선택하고 '8'을 입력한 후 ❺ 〈OK〉를 클릭합니다.

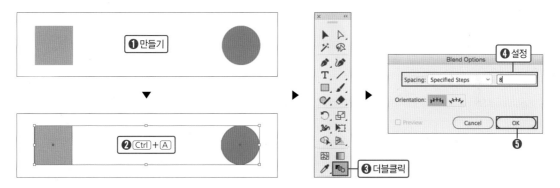

❻ 사각형과 원형을 차례대로 클릭합니다. 또는 [Object]-[Blend]-[Make]([Alt]+[Ctrl]+[B]) 메뉴를 선택합니다. ❼ 설정한 수치만큼 8단계의 중간 오브젝트가 자동 생성되어 이어집니다.

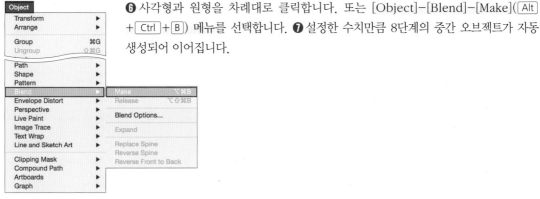

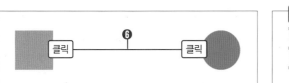

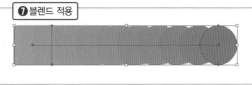

2. Blend Options 창

블렌드 툴 을 더블클릭하여 Blend Options 창을 엽니다.

▲ 원본

❶ **Smooth Color** : 두 개의 오브젝트를 매끄러운 색상으로 이어줍니다.

❷ **Specified Steps** : 두 개의 오브젝트를 단계별로 나누어 이어줍니다. 단계의 개수를 입력합니다.

▲ Specified Distance 8 : 중간에 8개의 오브젝트가 생성됩니다.

❸ **Specified Distance** : 두 개의 오브젝트를 거리별로 나누어 이어줍니다. 지정된 거리를 입력합니다.

▲ Specified Distance 5mm : 5mm간격마다 오브젝트가 생성됩니다.

핵심기능 ## Transform 패널 – 위치, 크기, 각도, 기울기

Transform 패널은 오브젝트의 좌표(위치), 크기, 각도, 기울기를 조절하고 측정하고 도형 툴을 정밀하게 편집할 수 있습니다. Transform 패널이 보이지 않으면 [Window]–[Transform]([Shift]+[F8]) 메뉴를 선택합니다.

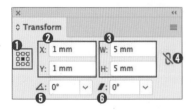

264

❶ 오브젝트가 변경될 때 기준점을 조정합니다. 어떤 기준점을 기준으로 삼느냐에 따라 오브젝트의 위치가 다르게 표시됩니다.

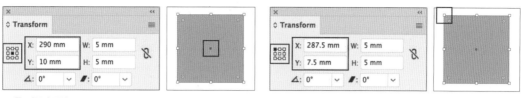

▲ ▦ 기준점 중앙　　　　　　　　　　　　　　▲ ▦ 기준점 왼쪽 상단

❷ 오브젝트의 가로 위치(X), 세로 위치(X)가 표시됩니다. 값을 변경하여 위치를 변경할 수 있습니다.

◀ X: 300mm, Y: 5mm

수평으로 10mm 이동

◀ X: 310mm, Y: 5mm

❸ 오브젝트의 가로 크기(W), 세로 크기(H)가 표시됩니다. 값을 변경하여 크기를 변경할 수 있습니다.

❹ 링크를 클릭하면 가로세로 비율이 유지되면서 수정됩니다.

❺ ⬜ 각도 : 오브젝트의 각도를 조정합니다.　　❻ ⬛ 기울기 : 오브젝트의 기울기를 조정합니다.

STEP
1
파일 불러오기

01 ❶ Ctrl + O 를 눌러 'PART5_CHAPTER2_명함디자인_시작.ai' 파일을 불러옵니다. ❷ Layers 패널에서 [재단사이즈] ◎을 클릭합니다. 일반 명함사이즈로 제작된 가로 90mm, 세로 50mm의 사각형 네 개가 선택됩니다.

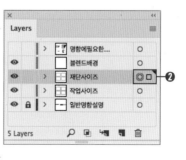

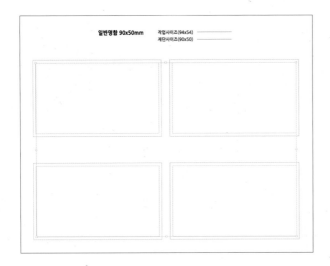

---

02 Layers 패널에서 [작업사이즈] 을 클릭합니다. 가로 94mm, 세로 54mm의 사각형 네 개가 선택됩니다. 앞으로 작업사이즈 사각형에 맞춰 명함을 디자인해보겠습니다.

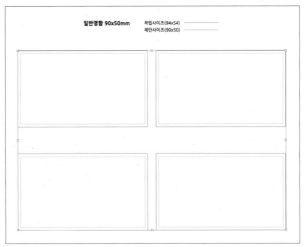

---

03 ❶Layers 패널에서 [재단사이즈], [작업사이즈]의 잠금칸 █을 클릭하여 자물쇠 🔒를 채운 후 ❷[블렌드배경]을 선택합니다.

NOTE ▶ 레이어 잠금/잠금 풀기

레이어의 편집 열에 위치한 잠금칸 클릭 유무에 따라 잠금 기능이 설정됩니다. 자물쇠 🔒가 채워진 레이어는 편집할 수 없고, 자물쇠 🔒가 보이지 않는 레이어는 편집이 가능합니다. 레이어 패널을 이용하는 대신 단축키를 이용하여 레이어 잠금/잠금 풀기 기능을 이용할 수 있습니다. 잠그고 싶은 오브젝트를 선택한 후 Ctrl + 2 를 누르고, 잠금을 해제하고 싶은 오브젝트를 선택한 후 Alt + Ctrl + 2 를 누릅니다.

01 ❶ 사각형 툴◻을 선택하고 빈 화면을 클릭하여 Rectangle 창이 열리면 ❷ Width: 6mm, Height: 6mm 를 입력하고 ❸ 〈OK〉를 클릭합니다. ❹ Color 패널에서 면만 활성화하고 노란색으로(C:0, M:0, Y:100, K:0) 설정합니다. 크기가 6mm인 노란색 정사각형이 만들어집니다.

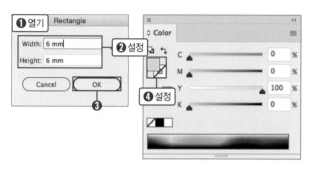

02 Transform 패널에서 기준점을 왼쪽 상단▦으로 조정하고, X:300mm, Y:30mm으로 설정합니다. 정사 각형이 왼쪽 상단으로 옮겨집니다.

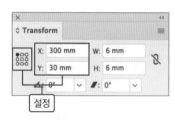

03 ❶ 선택 툴▷을 더블클릭하여 Move 창을 엽니다. ❷ Horizontal: 88mm로 설정한 후 ❸ 〈Copy〉를 클 릭합니다. 정사각형이 88mm 떨어진 오른쪽에 복제됩니다.

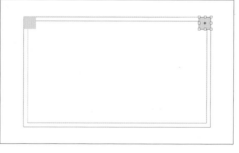

04 새로 복제된 정사각형을 Color 패널에서 보라색(C:70, M:70, Y:0, K:0)으로 수정합니다.

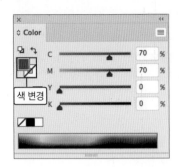 

05 두 개의 사각형 사이에 블렌드 효과를 주겠습니다. ❶ 블렌드 툴 을 더블클릭하여 Blend Options 창을 엽니다. ❷ Spacing을 Specified Steps로 선택하고 '14'를 입력한 후 ❸〈OK〉를 클릭합니다. ❹ Ctrl + A 를 눌러 두 개의 사각형을 선택한 후 ❺ 노란색 사각형과 보라색 사각형을 차례대로 클릭합니다. 두 사각형 사이에 14단계의 색으로 점진적으로 변하는 중간 오브젝트가 만들어집니다.

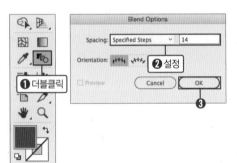 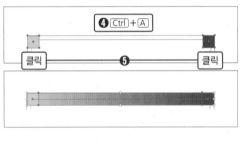

06 ❶ 선택 툴 을 더블클릭하여 Move 창이 열리면 ❷ Horizontal: 0mm, Vertical: 48mm로 설정한 후 ❸〈Copy〉를 클릭합니다. 정사각형이 48mm 떨어진 아래에 복제됩니다.

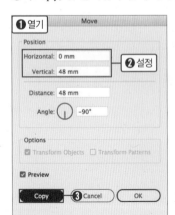 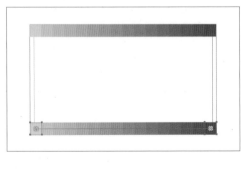

07 ❶ 직접 선택 툴▷로 아래에 있는 왼쪽 정사각형을 선택한 후 ❷ Color 패널에서 녹색으로(C:70, M:0, Y:50, K:0) 수정합니다. ❸ 다시 아래에 있는 오른쪽 정사각형을 선택한 후 ❹ 분홍색으로(C:70, M:70, Y:0, K:0) 수정합니다.

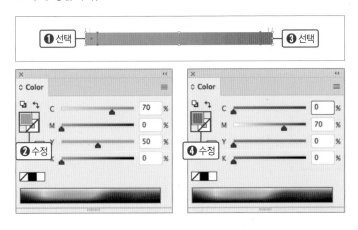

08 이제 전체적으로 블렌드 효과를 주겠습니다. ❶ Ctrl + A 를 눌러 전체를 선택한 후 ❷ [Object]– [Expand] 메뉴를 선택하여 Expand 창을 엽니다. ❸ 〈OK〉를 클릭하여 블렌드 효과가 적용된 사각형을 일반 오브젝트로 만듭니다.

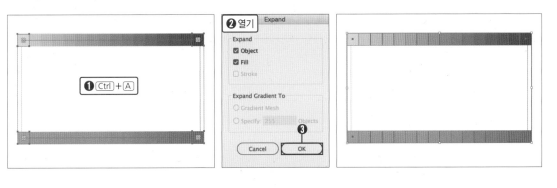

09 ❶ 블렌드 툴▨을 더블클릭하여 Blend Options 창을 엽니다. ❷ Spacing을 Specified Steps로 선택하고 '7'을 입력한 후 ❸ 〈OK〉를 클릭합니다. ❹ [Object]–[Blend]–[Make](Alt + Ctrl + B) 메뉴를 선택합니다. 가장 상단에 있는 사각형과 하단에 있는 사각형 사이에 7단계의 색으로 점진적으로 변하는 중간 오브젝트가 만들어집니다. 단계별 컬러 배경이 완성되었습니다.

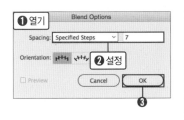
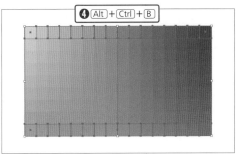

01 ❶ 사각형 툴▣을 선택하고 빈 화면을 클릭하여 Rectangle 창을 엽니다. ❷ Width: 1mm, Height: 54mm를 입력하고 ❸ 〈OK〉를 클릭합니다. ❹ Color 패널에서 면만 활성화하고 노란색으로(C:0, M:0, Y:100, K:0)설정합니다. 세로로 길죽한 노란색 직사각형이 만들어집니다.

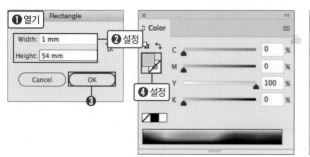

02 ❶ Transform 패널에서 기준점이 왼쪽 상단으로 되어 있는지 확인한 후 ❷ X: 300mm, Y: 100mm으로 설정합니다. 직사각형이 왼쪽 상단으로 옮겨집니다.

03 ❶ 선택 툴▶을 더블클릭하여 Move 창이 열리면 ❷ Horizontal: 93mm로 설정한 후 ❸ 〈Copy〉를 클릭합니다. 직사각형이 93mm 떨어진 오른쪽에 복제됩니다.

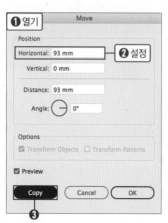

04 새로 복제된 직사각형을 Color 패널에서 분홍색으로(C:0, M:70, Y:0, K:0) 수정합니다.

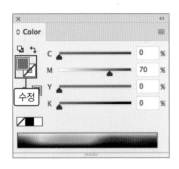

05 두 개의 직사각형 사이에 블렌드 효과를 주겠습니다. ❶ 블렌드 툴을 더블클릭하여 Blend Options 창이 열리면 ❷ Spacing을 Smooth Color로 선택하고 ❸ 〈OK〉를 클릭합니다. ❹ 선택 툴로 두 개의 사각형을 모두 선택한 후(Ctrl+A) ❺ 노란색 사각형과 분홍색 사각형을 차례대로 클릭합니다. 두 사각형 사이에 점진적으로 변하는 매끄러운 색상이 만들어집니다.

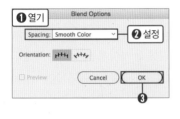
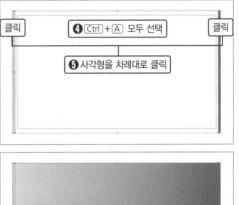

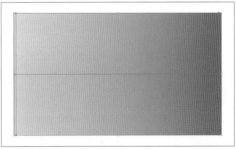

06 ❶ 원형 툴을 선택하고 빈 곳을 클릭하여 Ellipse 창이 열리면 ❷ Width: 4mm, Height: 4mm로 설정한 후 ❸ 〈OK〉를 클릭합니다. ❹ Stroke를 0.75pt로 설정하고 ❺ 선 색만 활성화한 후 흰색을 지정합니다. 지름이 4mm인 원형 선이 만들어집니다.

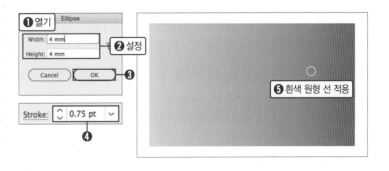

07 ❶ 스케일 툴 📧을 더블클릭하여 Scale 창을 엽니다. ❷ Uniform: 1700%로 설정한 후 ❸ 〈Copy〉를 클릭합니다. ❹ Stroke를 5pt로 설정하고 ❺ Transparency 패널에서 Opacity를 10%로 설정합니다. 반투명한 두꺼운 원형 선이 만들어집니다.

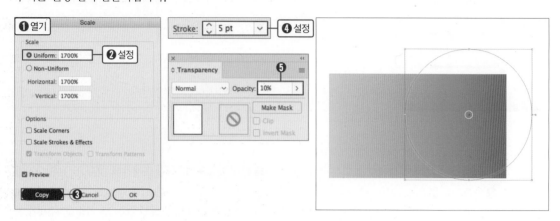

08 ❶ 블렌드 툴 📧을 더블클릭하여 Blend Options 창을 엽니다. ❷ Spacing을 Specified Steps로 선택하고 '20'을 입력한 후 ❸ 〈OK〉를 클릭합니다. ❹ 선택 툴 ▶로 두 개의 원형 선을 Shift를 누른 채 선택한 후 ❺ [Object]-[Blend]-[Make](Alt + Ctrl + B) 메뉴를 선택합니다. 두 개의 원형 선 사이에 선 굵기와 투명도가 20단계에 걸쳐 점진적으로 변하는 블렌드 효과가 적용됩니다.

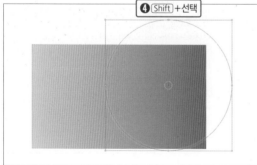

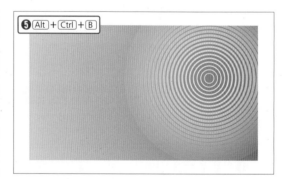

09 ❶ 펜 툴 ✒로 0.5pt 굵기의 곡선을 두 개 그립니다. ❷ 블렌드 툴 📧을 더블클릭하여 Blend Options 창이 열리면 Spacing을 Specified Steps로 선택하고 '30'을 입력한 후 ❸ 〈OK〉를 클릭합니다. ❹ 선택 툴 ▶로 두 개의 곡선을 Shift를 누른 채 선택하고 ❺ Ⓐ지점과 Ⓑ지점을 차례대로 클릭합니다. 두 개의 곡선 사이에 30개의 중간선이 만들어집니다.

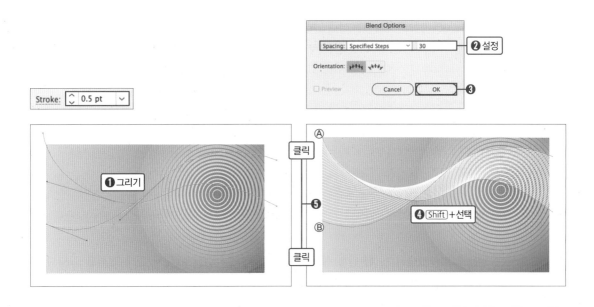

작업의 이해를 위한 **TIP** ▶ 적용한 블렌드를 취소하려면 블렌드가 적용된 오브젝트를 선택하고 [Object]–[Blend]–[Release](Alt + Shift + Ctrl + B) 메뉴를 선택합니다.

10 ❶ 직접 선택 툴 ▷ 로 아래에 있는 곡선을 선택한 후 ❷ Transparency 패널에서 Opacity를 40%로 설정합니다. 곡선이 반투명해져 흐릿해집니다. ❸ 완성된 블렌드 곡선을 Ctrl + C , Ctrl + V 를 눌러 복제한 후 그림과 같이 배치합니다.

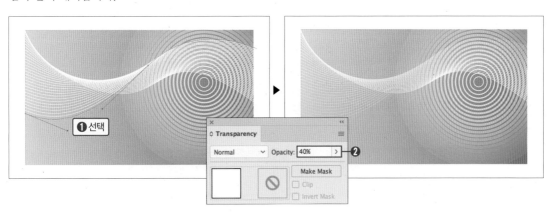

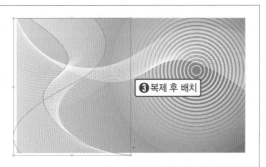

11 Transparency 패널에서 Soft Light를 선택합니다. 블렌드 곡선이 배경에 자연스럽게 합성됩니다.

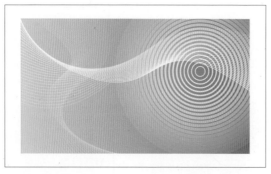

12 반짝이는 원을 그려보겠습니다. ❶ 원형 툴◉을 선택하고 Shift를 누른 채 흰색 정원을 그립니다. ❷ [Effect]-[Stylize]-[Outer Glow] 메뉴를 선택한 후 Outer Glow 창에서 다음과 같이 옵션을 설정하고 ❸ 〈OK〉를 클릭합니다. 외부 광선 효과가 적용되어 반짝이는 원이 됩니다.

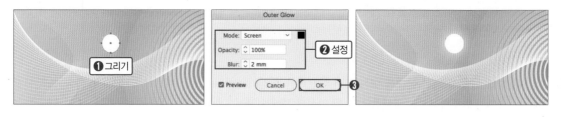

13 Transparency 패널에서 Overlay를 선택합니다. 반짝이는 원이 배경에 자연스럽게 합성됩니다.

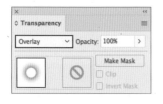

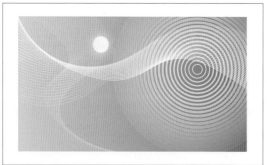

14 ❶ 선택 툴▶로 Alt를 누른 채 드래그하여 반짝이는 원을 여러 개 복제한 후 ❷ 크기를 조절하여 배경 이곳저곳에 배치합니다. ❸ 복제한 원은 Opacity 값을 조절하여 투명도를 낮춥니다.

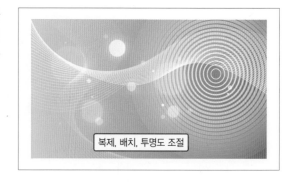

복제, 배치, 투명도 조절

15 블렌드 툴로 만든 단계별 컬러 배경과 곡선 배경을 복제하겠습니다. ❶ 직접 선택 툴로 Shift 를 누른 채 단계별 컬러 배경과 곡선 배경을 선택합니다. ❷ Alt 를 누른 채 오른쪽에 있는 작업사이즈 사각형 테두리에 맞춰 옆으로 드래그합니다.

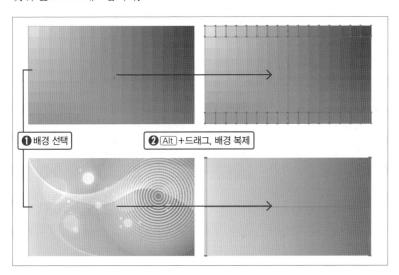

❶ 배경 선택   ❷ Alt +드래그, 배경 복제

STEP 4 명함 프로필 내역과 재단선 표시하기

01 Layers 패널에 있는 [명함에 필요한 정보]의 보이기 박스를 클릭하여 눈을 켜줍니다. 미리 작업해 놓은 명함 프로필 내역이 보입니다. 디자인을 참고하여 나의 프로필 정보를 수정해보세요.

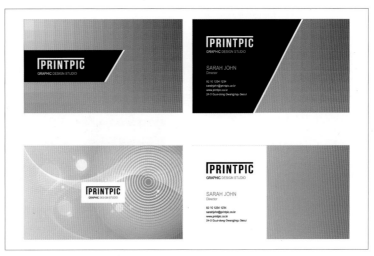

NOTE ▸ 폰트(글씨체)로 쓴 모든 글자는 아웃라인 처리해주세요.

본인이 사용한 폰트(글씨체)가 인쇄 업체에 없을 수 있습니다. 본인이 사용한 모든 폰트를 인쇄소가 모두 보유하고 있지 않으므로 인쇄를 맡기기 전에 폰트를 패스화 해줍니다. [Type]–[Create Outlines] 메뉴를 선택하거나 Shift + Ctrl + O 를 누르면 폰트가 아웃라인 처리됩니다. 아웃라인 처리된 글자는 더 이상 폰트가 아니라 패스를 가진 오브젝트입니다.

02 인쇄에 필요한 재단선을 표시해보겠습니다. **①** Layers 패널에서 [재단사이즈]의 자물쇠🔒를 클릭하여 잠금 해제한 후 **②** [재단사이즈] ◎을 클릭합니다. 가로 90mm, 세로 50mm의 사각형 네 개가 선택됩니다. **③** [Effect]-[Crop Marks] 메뉴를 선택하여 재단선을 표시합니다.

03 **①** Layers 패널에서 [재단사이즈]의 잠금칸▢을 클릭하여 자물쇠🔒를 채웁니다. **②** [일반명함설명]의 눈을 클릭하여 감긴 다음 **③** [File]-[Save](Ctrl+S) 메뉴를 선택하여 일러스트 원본 파일인 AI형식으로 저장합니다.

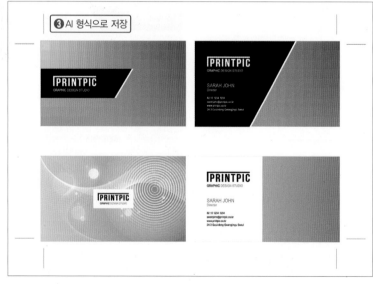

04 이번에는 인쇄하기 가장 적합한 EPS 형식으로 저장해보겠습니다. ❶ [File]-[Save As](Ctrl + Shift + S) 메뉴를 선택한 후 Save As 창이 열리면 ❷ Format을 Illustrator EPS(eps)로 설정한 후 ❸ 〈저장〉을 클릭합니다. ❹ EPS Options 창이 열리면 하위 버전을 선택한 후 ❺ 〈OK〉를 클릭합니다.

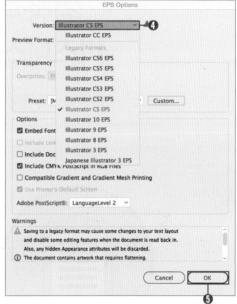

NOTE ▸ AI 형식과 EPS 형식으로 저장하기

Adobe Illustrator 형식은 일러스트레이터에서 작업한 모든 구성 요소를 기본으로 저장하는 원본 파일입니다. Illustrator EPS 형식은 인쇄하기 가장 적합한 파일로 비트맵 형식과 벡터 형식 모두 지원합니다. CMYK로 분판 출력할 수 있는 파일 형식입니다. 일러스트레이터에서는 하위 버전으로 바꿔 저장하면 오류가 자주 발생합니다. 따라서 원본 AI 파일과 EPS 파일을 따로 저장해두는 것이 좋습니다.

검정색 선이 들어간
비즈니스 아이콘 만들기

✂️ 각진 모퉁이 둥글이기 · 선 굵기 조정하기

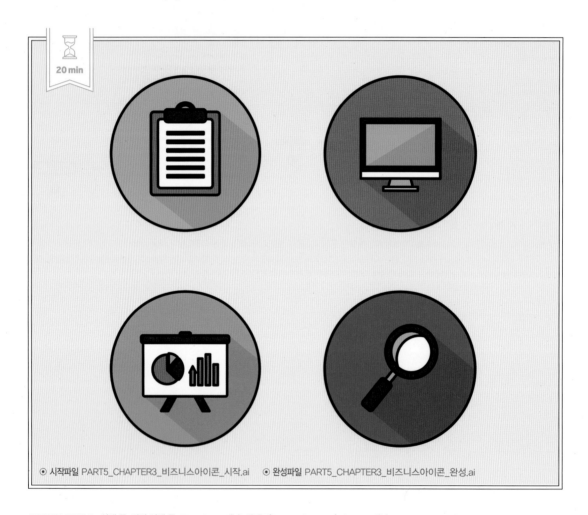

20 min

ⓞ **시작파일** PART5_CHAPTER3_비즈니스아이콘_시작.ai   ⓞ **완성파일** PART5_CHAPTER3_비즈니스아이콘_완성.ai

POINT SKILL 선택 툴, 직접 선택 툴, Transform 패널, 이펙트(Round Corners), Stroke 패널

HOW TO 일러스트레이터에서 오브젝트를 만들때 자주 사용하는 툴은 도형 툴입니다. 이번 예제에서는 도형 툴로 그린 비즈니스 아이콘에 검정색 선을 넣고 각진 모서리를 둥글게 만들어보겠습니다. 외곽에 적당한 두께의 선이 들어가면 보다 분명하고 세련된 느낌을 줄 수 있습니다. 각진 모서리 효과는 변형(Transform)패널의 코너 타입 옵션, 라운드 코너(Round Corners) 이펙트, 라이브 코너 위젯(Live Corner Widget)을 이용합니다.

STEP ❶ 변형 패널로 모퉁이 둥글이기 ▶ ❷ 라운드 코너 이펙트로 모퉁이 둥글이기 ▶ ❸ 라이브 코너 위젯으로 모퉁이 둥글이기 ▶ ❹ 스트로크 패널로 선 굵기 조정하기

Transform 패널 – 도형 정밀 편집

1. Transform 패널의 Shape 옵션

Transform 패널은 오브젝트의 좌표(위치), 크기, 각도, 기울기를 조절하고 측정하고 도형 툴을 정밀하게 편집할 수 있습니다. Transform 패널이 보이지 않으면 [Window]–[Transform]([Shift]+[F8]) 메뉴를 선택합니다.

선택 툴▶과 도형 툴▣을 선택한 후 상단 옵션 바를 확인하면 Shape 버튼이 보입니다. Shape 버튼을 클릭하면 크기, 회전, 모서리 둥글이기 옵션을 조절할 수 있는 팝업 창이 열립니다.

Transform 패널은 기본적으로 Shape 옵션이 포함되어 있습니다. ≣ 버튼을 눌러 Show Options 메뉴를 선택하면 Shape 항목들이 보입니다.

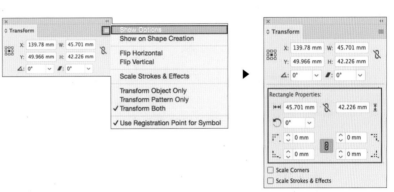

2. Transform 패널을 이용하여 도형 정밀 편집하기

Transform 패널의 Shape 항목을 이용하면 사각형 툴▣, 라운드 사각형 툴▣, 원형 툴◉, 다각형 툴◉, 선 툴◿로 그린 오브젝트를 정밀하게 편집할 수 있습니다.

❶ **사각형 툴, 라운드 사각형 툴 Rectangle Properties**

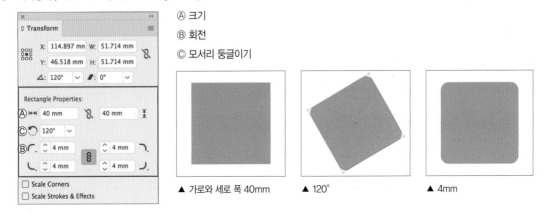

Ⓐ 크기

Ⓑ 회전

Ⓒ 모서리 둥글이기

▲ 가로와 세로 폭 40mm ▲ 120° ▲ 4mm

❷ 원형 툴 Ellipse Properties

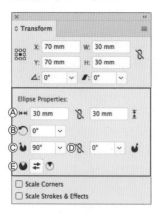

Ⓐ 크기
Ⓑ 회전
Ⓒ 파이 각도 : 시작각
Ⓓ 파이 각도 : 끝각
Ⓔ 파이반전

▲ 🅒 시작각 90°, 🅓 끝각 0°　　▲ 🅒 시작각 90°, 🅓 끝각 45°

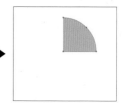

▲ 파이반전

❸ 다각형 툴 Polygon Properties

Ⓐ 모서리 개수(각)
Ⓑ 회전
Ⓒ 모서리 둥글이기

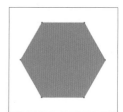

▲ 모서리 개수(각) : 3　　▲ 모서리 개수(각) : 4　　▲ 모서리 개수(각) : 6

❹ 선 툴 Line Properties

Ⓐ 크기
Ⓑ 회전

▲ 회전 : 120°

01 Ctrl + O 를 눌러 'PART5_CHAPTER3_비즈니스 아이콘_시작.ai' 파일을 불러옵니다.

02 ❶ 선택 툴▶로 메모 아이콘을 드래그하여 전체 선택합니다. ❷ Transform 패널의 왼쪽 상단 모서리 둥글이기 옵션을 모두 1mm로 설정합니다. 각진 모서리가 1mm만큼 둥글게 변합니다.

01 ❶ 선택 툴▶로 컴퓨터 아이콘을 드래그하여 전체 선택합니다. ❷ [Effect]-[Stylize]-[Round Corners] 메뉴를 선택합니다.

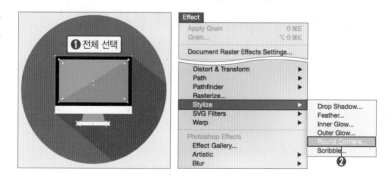

PART

5

아이덴티티 & UI 디자인

02 ❶ Round Corners 창이 열리면 Radius를 1mm로 설정한 후 ❷ 〈OK〉를 클릭합니다. 각진 모서리가 1mm만큼 둥글게 변합니다.

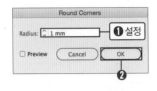 

03 ❶ 선택 툴▶로 금융 아이콘을 드래그하여 전체 선택합니다. 앞서 적용한 라운드 코너(Round Corners) 이펙트를 금융 아이콘에 적용해보겠습니다. ❷ [Effect]-[Apply Round Corners](Shift+Ctrl+E) 메뉴를 선택합니다.

 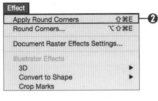

04 ❶ Round Corners 창이 열리면 Radius를 0.6mm로 설정한 후 ❷ 〈OK〉를 클릭합니다. 각진 모서리가 0.6mm만큼 둥글게 변합니다.

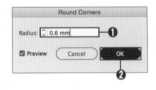 

NOTE ▶ 이전에 사용한 이펙트 재적용하기

Shift+Ctrl+E를 누르면 이전에 사용한 이펙트를 재적용할 수 있습니다. 본 예제에서는 금융 아이콘에 Round Corners 이펙트가 재적용되어 모서리가 둥글게 변합니다.

라이브 코너 위젯으로 모퉁이 둥글이기

01 ❶ 직접 선택 툴▷로 돋보기 아이콘을 드래그하여 전체 선택합니다. 라이브 코너 위젯◉으로 마우스를 가져가면 커서가 ▷모양으로 바뀝니다. ❷ 안쪽으로 드래그하여 모서리를 둥글게 만듭니다.

❶전체 선택
❷안쪽으로 드래그

NOTE ▶ 모서리 모양을 다듬는 라이브 코너 위젯 – Live Corner Widget

직접 선택 툴▷로 패스를 선택하면 모서리에 라이브 코너 위젯 버튼◉이 나타납니다. 버튼을 드래그하면 모서리를 둥글게 만들 수 있습니다. 라이브 코너 위젯 버튼이 보이지 않으면 [View]–[Show Corner Widget] 메뉴를 선택합니다.

스트로크 패널로 선 굵기 조정하기

01 Stroke 패널의 Weight 옵션을 조정하여 비즈니스 아이콘 외곽에 일정한 굵기의 선을 입히겠습니다. 선 효과를 주기에 앞서, 자물쇠로 채워진 아이콘 구성 요소를 풀어주고 그림자 부분을 자물쇠로 잠그겠습니다. ❶Layers 패널의 [메모아이콘]을 열어 ❷[그림자] 레이어만 잠궈 놓고 나머지 레이어의 자물쇠는 풀어줍니다.

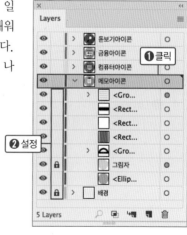

02 ❶Layers 패널의 [컴퓨터아이콘]을 열어 ❷[그림자] 레이어만 잠궈
놓고 나머지 레이어의 자물쇠는 풀어줍니다.

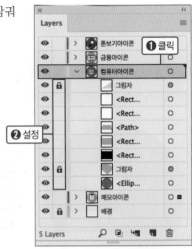

03 ❶Layers 패널의 [금융아이콘]을 열어 ❷[그림자] 레이어만 잠궈 놓
고 나머지 레이어의 자물쇠는 풀어줍니다.

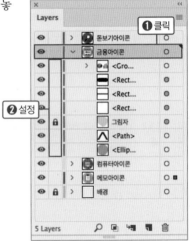

04 ❶Layers 패널의 [돋보기아이콘]을 열어 ❷[그림자] 레이어만 잠궈
놓고 나머지 레이어의 자물쇠는 풀어줍니다.

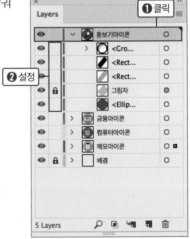

05 ❶ 선택 툴 ▶로 비즈니스 아이콘을 드래그하여 전체 선택합니다. ❷ Color 패널의 선 색을 K=100으로 설정합니다.

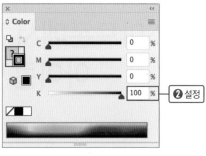

06 Stroke 패널의 Weight를 2.5pt로 설정합니다. 아이콘 외곽에 적당한 두께의 선이 들어가 세련된 느낌이 듭니다. 비즈니스 아이콘이 완성되었습니다.

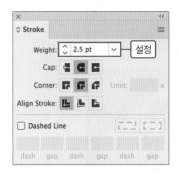

스마트폰에서 자주 사용하는
아이콘 만들기

🛠 도형 툴로 아이콘 만든 후 도형 구성 툴로 오브젝트 병합하고 지우기

⏳ 20 min

⦿ 완성파일 PART5_CHAPTER4_스마트폰아이콘_완성.ai

POINT SKILL 도형 툴, 도형 구성 툴, Align 패널

HOW TO 일러스트레이터에서는 다양한 오브젝트 결과물을 만들 수 있는 Pathfinder 패널을 제공합니다. Pathfinder 패널은 패스를 합치고 나누고 교차 부분만 남기는 기능으로 두 개 이상의 오브젝트가 겹쳐 있을 때 패스파인더 명령을 수행할 수 있습니다. 일러스트레이터 CS5 버전부터 Pathfinder 패널 기능을 간소화하여 패스를 합치고 뺄 수 있는 도형 구성 툴⊚이 추가되었습니다. 이번 예제에서는 도형 구성 툴⊚을 이용하여 스마트폰에서 자주 사용하는 아이콘을 만들어보고 Align 패널을 이용하여 패스를 정렬하는 방법을 알아보겠습니다.

STEP ❶ 아이콘 배경 만들기 ▶ ❷ 녹음 아이콘 만들기 ▶ ❸ 음악 아이콘 만들기 ▶ ❹ 메일 아이콘 만들기 ▶ ❺ 카메라 아이콘 만들기 ▶ ❻ 전화 아이콘 만들기 ▶ ❼ 날씨 아이콘 만들기

도형 툴

사각형 툴□을 꾸욱 누르고 있으면 여러 도형 툴이 나타납니다. 도형 툴을 이용하여 그리는 방법을 자세히 알아
보겠습니다.

1. 드래그하여 만들기

화면에서 자유롭게 드래그하면 가로와 세로 비율이 같지 않은 도형이 그려집니다. Alt 를 누르고 드래그하면 드
래그한 시작점이 중심점이 되고, Shift 를 누르고 드래그하면 가로 세로 비율이 같은 도형이 그려집니다.

[자유롭게 드래그]

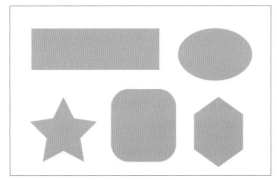

▲ 가로 세로 비율이 다른 도형

[Alt + Shift 를 누르고 드래그]

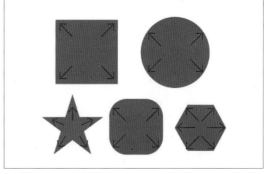

▲ 가로 세로 비율이 같은 도형

2. 정확한 수치를 입력하여 만들기

모든 도형 툴은 작업 창의 빈 곳을 클릭하면 수치 입력 창이 나타납니다. 원하는 수치를 입력해서 정확한 수치로
도형을 그릴 수 있습니다. 정확한 크기로 도형을 그려야 하는 도면 작업 시 유용합니다.

[사각형 툴□, Rectangle 창]

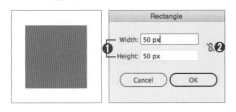

❶ Width / Height : 가로 세로 값을 수치로 입력합니다.

❷ 링크 버튼을 누르면 가로 세로의 비율이 유지됩니다.

[라운드 사각형 툴□, Rounded Rectangle 창]

❶ Width / Height : 가로 세로 값을 수치로 입력합니다.

❷ 링크 버튼을 누르면 가로 세로의 비율이 유지됩니다.

[원형 툴◯, Ellipse 창]

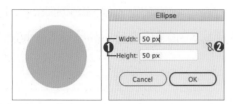

❶ Width / Height : 가로 세로 값을 수치로 입력합니다.

❷ 링크 버튼을 누르면 가로 세로의 비율이 유지됩니다.

[다각형 툴◯, Polygon 창]

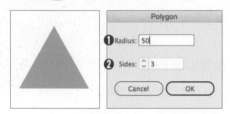

❶ Radius : 한 변의 길이를 수치로 입력합니다.

❷ Sides : 꼭지점의 개수를 입력합니다.

[별 툴☆, Star 창]

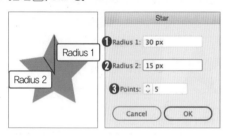

❶ Radius 1 : 중심에서 바깥 점까지의 거리입니다.

❷ Radius 2 : 중심에서 안쪽 점까지의 거리입니다.

❸ Points : 꼭지점의 개수를 입력합니다.

3. 방향키로 각 늘리기와 줄이기

❶ 라운드 사각형 툴◻을 사용할 때 ↑을 누르면 모서리의 둥글임이 커지고, ↓을 누르면 모서리의 둥글임이 작아집니다.

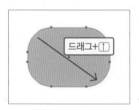

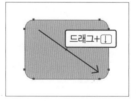

◀ 드래그하면서 ↑ 누르기

◀ 드래그하면서 ↓ 누르기

❷ 다각형 툴◯과 별 툴☆을 사용할 때 ↑, ↓를 누르면 변의 개수를 늘리거나 줄일 수 있습니다.

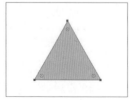

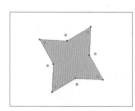

▲ 드래그하면서 ↑ 누르기

▲ 드래그하면서 ↓ 누르기

▲ 드래그하면서 ↑ 누르기

▲ 드래그하면서 ↓ 누르기

4. ~로 블렌드 효과주기

도형 툴로 드래그하는 도중 ~를 누르면 잔상이 그려집니다.

▲ 원본

▲ 드래그하면서 ~ 누르기

도형 구성 툴

도형 구성 툴◉은 간단한 오브젝트를 병합하고 지우는 기능입니다. 여러 개의 오브젝트를 한 번에 합치고 지워야 할 때에는 도형 구성 툴◉보다 Pathfinder 패널을 이용하는 것이 더 편리합니다.

1. 합치기

선택 툴▶로 오브젝트를 전체 선택합니다. 도형 구성 툴◉을 선택한 후 병합할 영역을 따라 드래그하고 손을 떼면 드래그한 영역이 병합됩니다.

[면 오브젝트]

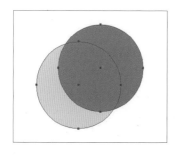 ▶ 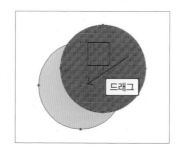 ▶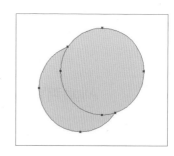

드래그

[선 오브젝트]

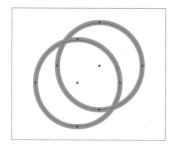 ▶ 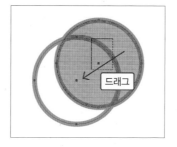 ▶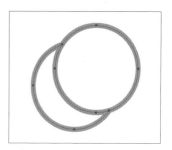

드래그

2. 빼기

선택 툴▶로 오브젝트를 전체 선택합니다. 도형 구성 툴◉을 선택한 후 Alt를 누른 채 지우고 싶은 영역을 클릭합니다.

[면 오브젝트]

[선 오브젝트]

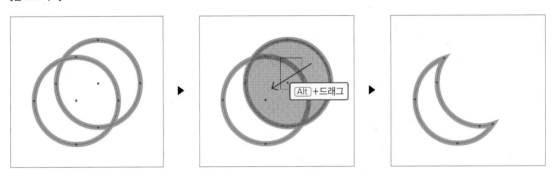

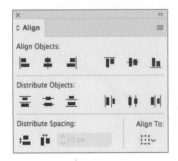
핵심기능 Align 패널

Align은 '정렬'이란 뜻입니다. Align 패널을 이용하면 여러 개의 오브젝트를 쉽고 정확하게 정렬할 수 있습니다.

1. Align Objects

임의의 선을 기준으로 정렬합니다.

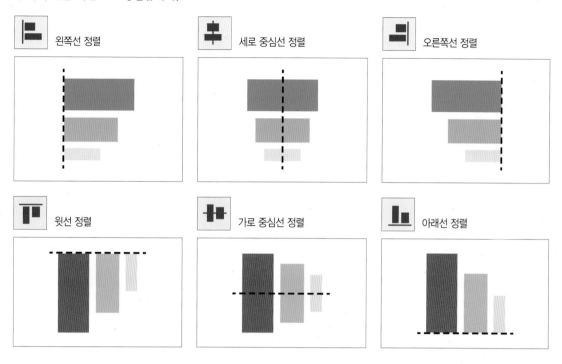

2. Distribute Objects

오브젝트 사이의 간격을 균등하게 정렬합니다.

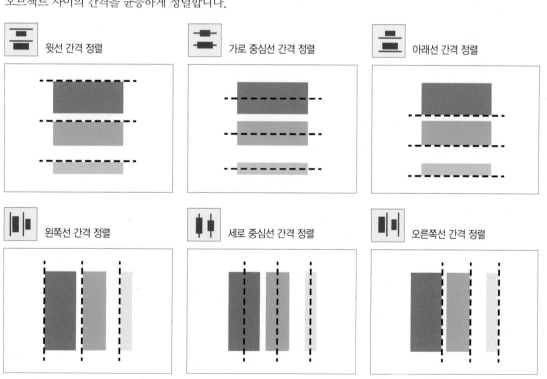

3. Distribute Spacing

간격 기준이 될 오브젝트를 선택하여 오브젝트 사이의 간격을 조절합니다. 수치값을 입력하여 간격을 조절할 수 있습니다. Distribute Spacing이 안 보이면 옵션 버튼▤을 클릭합니다.

❶오브젝트를 모두 선택합니다. ❷오브젝트들의 간격 기준이 될 오브젝트를 선택합니다(굵은 선으로 표시됩니다). ❸Distribute Spacing의 수치를 3mm로 입력하고 가로 간격🔳을 클릭합니다. 입력한 수치만큼 떨어집니다. ❹Distribute Spacing의 수치를 0mm로 입력하면 오브젝트를 빈틈없이 붙일 수 있습니다.

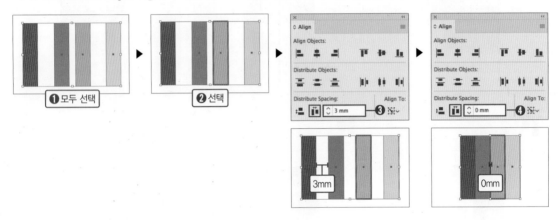

4. Align To

정렬 기준을 선택할 수 있습니다.

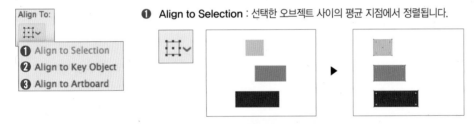

❶ **Align to Selection** : 선택한 오브젝트 사이의 평균 지점에서 정렬됩니다.

❷ **Align to Key Object** : 기준으로 삼을 키오브젝트(노란색 사각형)를 선택하면 선택한 키오브젝트를 기준으로 정렬됩니다.

❸ **Align to Artboard** : 아트보드를 기준으로 정렬됩니다.

01 ❶ Ctrl + N을 눌러 New Document 창을 엽니다. ❷ 가로(Width)와 세로(Height)에 각각 '400pixels', '400pixels'를 입력한 후 ❸ 〈Create〉를 클릭합니다.

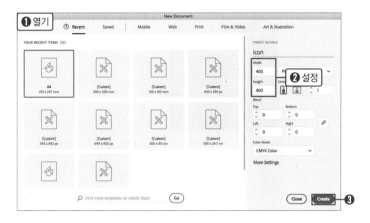

02 아이콘 배경을 만들겠습니다. ❶ 라운드 사각형 툴□을 더블클릭하여 Rounded Rectangle 창을 엽니다. ❷ Width: 350px, Height: 350px, Corner Radius: 40px으로 설정한 후 ❸ 〈OK〉를 클릭합니다. 350× 350px 크기의 라운드 사각형이 만들어집니다. ❹ 선택 툴▶로 작업 창 중앙에 배치합니다.

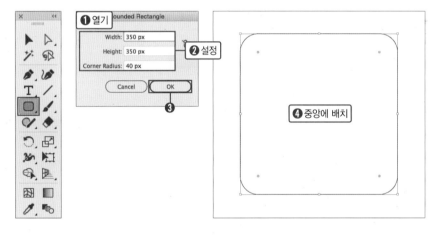

03 아이콘 배경에 그레이디언트를 입혀보겠습니다. ❶ 툴 박스 하단의 그레이디언트 버튼█을 클릭하면 흑백 그레이디언트가 입혀집니다. ❷ Gradient 패널의 왼쪽 컬러 칩을 더블클릭합니다. ❸ 왼쪽 컬러 칩 색은 C: 60, M: 100, Y: 0, K: 0, 각도: 90°로 설정, 선 색은 없앱니다. ❹ Gradient 패널의 오른쪽 컬러 칩을 더블클릭합니다. ❺ Gradient 패널의 오른쪽 컬러 칩은 C: 0, M: 70, Y: 50, K: 0으로 설정합니다. 보라색에서 주황색으로 이어지는 그레이디언트가 입혀집니다.

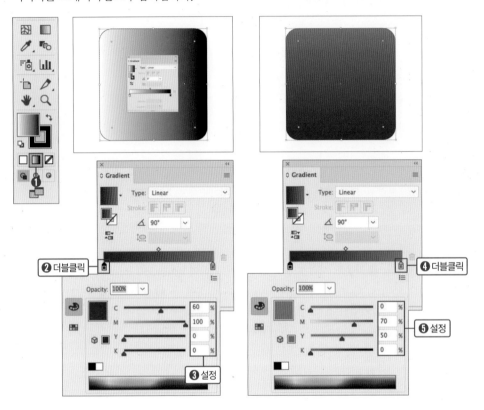

04 ❶ Layers 패널에서 [Layer 1]의 잠금칸█을 클릭하여 자물쇠를 채웁니다. ❷ 하단의 새 레이어 버튼█을 클릭하여 [Layer 2]를 생성합니다.

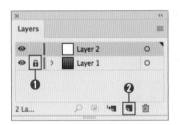

STEP 2 녹음 아이콘 만들기

01 녹음 아이콘을 만들겠습니다. ❶ 면만 활성화하고 흰색으로 지정한 후 ❷ 라운드 사각형 툴█을 더블클릭하여 Rounded Rectangle 창을 엽니다. ❸ Width: 70px, Height: 150px, Corner Radius: 40px로 설정한 후 ❹ 〈OK〉를 클릭합니다. 70px, 150px 크기의 흰색 라운드 사각형이 만들어집니다.

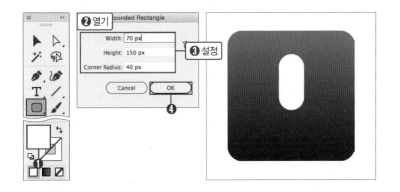

02 ❶이번에는 원형 툴◯을 더블클릭하여 Ellipse 창을 엽니다. ❷Width: 150px, Height: 150px을 입력한 후 ❸〈OK〉를 클릭합니다. ❹정원이 만들어지면 그림과 같이 배치합니다.

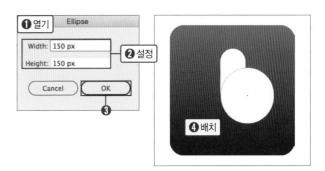

03 ❶선택 툴▶로 두 오브젝트를 선택합니다. ❷Align 패널의 Align To를 아트보드를 기준으로 정렬🖿로 선택하고 ❸세로 중심선 정렬🖿을 클릭합니다. 두 오브젝트가 아트보드의 세로를 기준으로 중앙정렬 됩니다.

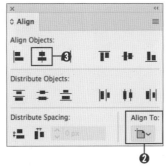

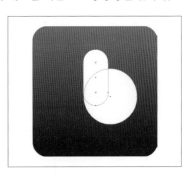

NOTE ▸ 정렬 패널의 Align To

정렬 패널의 Align To 항목이 보이지 않는다면 상단의 옵션 버튼🗏을 클릭하여 Show Options를 선택합니다. 오브젝트 사이의 간격을 수치로 조절해주는 Distribute Spacing 옵션과 정렬 기준을 선택할 수 있는 Align To 옵션이 나타납니다.

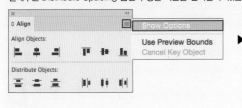 ▸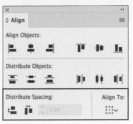

04 ❶ 직접 선택 툴▷로 원 상단의 기준점을(Ⓐ지점) 선택합니다. ❷ Delete 를 눌러 기준점을 삭제하면 반원이 됩니다. ❸ 선택 툴▶로 두 오브젝트를 선택한 후 ❹ 면 색을 None으로, 선 색을 흰색으로 설정합니다.

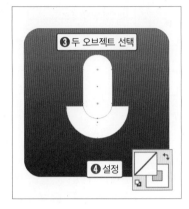

05 ❶ Stroke 패널에서 Weight를 19pt로 수정한 후 ❷ 라운드 캡■, 라운드 코너■를 클릭하여 선의 끝 모양과 모서리 모양을 둥글게 만듭니다. ❸ 펜 툴✐로 마이크 대를 그려 완성합니다.

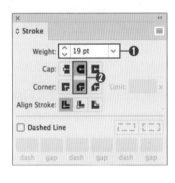

STEP 3 음악 아이콘 만들기

01 음악 아이콘을 만들어보겠습니다. ❶ 선만 활성화하고 검정색으로 지정합니다. ❷ 사각형 툴■로 다음과 같이 직사각형 두 개를 그립니다. ❸ Align 패널의 Align To를 선택한 오브젝트를 기준으로 정렬▦로 선택하고 ❹ 왼쪽선 정렬▤을 클릭합니다. 두 오브젝트가 왼쪽선을 기준으로 정렬됩니다.

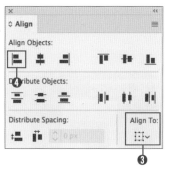

작업의 이해를 위한 TIP ▶ 앞에서 작업한 내용은 저장하고, 만든 오브젝트는 삭제하여 배경만 남긴 상태에서 새롭게 작업을 시작합니다.

02 ❶라운드 사각형 툴◻️을 더블클릭하여 Rounded Rectangle 창을 엽니다. ❷Width: 68px, Height: 68px, Corner Radius: 30px로 설정한 후 ❸〈OK〉를 클릭합니다. 68×68px 크기의 라운드 사각형이 만들어집니다. ❹ Ctrl 을 누른 채 세로형 직사각형을 선택하고 동시에 Alt 를 누른 채 옆으로 이동합니다. 직사각형이 복제됩니다. ❺같은 방법으로 라운드 사각형을 복제합니다.

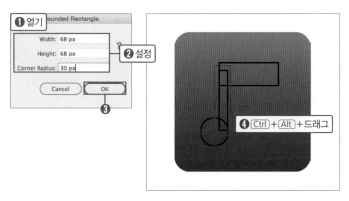

03 ❶선택 툴▶️로 오브젝트를 전체 선택합니다. ❷도형 구성 툴◉을 선택한 후 ❸병합할 영역을 따라 드래그하고 손을 떼면 드래그한 영역이 병합됩니다. ❹면 색만 활성화하고 흰색으로 설정합니다. 흰색 음표가 만들어집니다.

04 ❶ 직접 선택 툴▷로 Ctrl 을 누른 상태에서 왼쪽 상단의 기준점 두 개를 (Ⓐ, Ⓑ지점) 선택합니다. ❷ 방향
키 ↓를 눌러 아래로 내립니다.

STEP 4 메일 아이콘 만들기

01 메일 아이콘을 만들어보겠습니다. ❶ 면만 활성화하고 흰색으로 설정합니다. ❷ 라운드
사각형 툴▣로 가로형 라운드 사각형을 그립니다. ❸ Stroke 패널에서 Weight를 16pt로 수
정한 후 라운드 캡⬤, 라운드 코너⬛를 클릭하여 선의 끝 모양과 모서리 모양을 둥글게 설정
합니다. ❹ 선 색을 검정색으로 설정한 후 ❺ 펜 툴🖊을 이용해 V모양의 선을 그립니다.

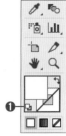

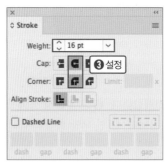

작업의 이해를 위한 **TIP** ▶ 앞에서 작업한 내용은 저장하고, 만든 오브젝트는 삭제하여 배경만 남긴 상태에서 새롭게 작업을 시작합니다.

02 ❶ 직접 선택 툴▷로 V모양의 가운데를 선택합니다. 바깥 모서리에 있는 라이브 코너 위젯◉으로 마우스를 가져가면 커서가 ▷ 모양으로 바뀝니다. ❷ 위로 드래그하면 모서리가 둥글게 변합니다.

NOTE ▶ **모서리 모양을 다듬는 라이브 코너 위젯 – Live Corner Widget**

직접 선택 툴로 패스를 선택하면 모서리에 라이브 코너 위젯 버튼◉이 나타납니다. 버튼을 드래그하면 모서리를 둥글게 만들 수 있습니다. 라이브 코너 위젯 버튼이 보이지 않으면 [View]–[Show Corner Widget] 메뉴를 선택합니다.

---

03 ❶ 펜 툴✏로 왼쪽 사선과 오른쪽 사선을 그립니다. ❷ 선택 툴▶로 오브젝트 전체를 선택합니다. ❸ [Object]–[Path]–[Outline Stroke] 메뉴를 선택하여 선을 면 오브젝트로 바꿉니다.

04 ❶ 선택 툴▶로 오브젝트 전체를 선택합니다. ❷ 도형 구성 툴◉을 선택한 후 Alt 를 누른 채 검정색 오브젝트를 모두 클릭합니다. 검정색 오브젝트가 삭제됩니다.

01 카메라 아이콘을 만들어보겠습니다. ❶ 면만 활성화하고 흰색으로 설정합니다. ❷ 사각형 툴 로 다음과 같이 직사각형 두 개를 그립니다.

작업의 이해를 위한 **TIP** ▶ 앞에서 작업한 내용은 저장하고, 만든 오브젝트는 삭제하여 배경만 남긴 상태에서 새롭게 작업을 시작합니다.

02 ❶ 선택 툴 로 두 오브젝트를 선택한 후 ❷ Align 패널의 Align To를 아트보드를 기준으로 정렬 로 선택하고 ❸ 세로 중심선 정렬 을 클릭합니다. 아트보드의 세로 중앙선을 기준으로 가운데 정렬됩니다.

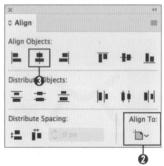

03 ❶ 도형 구성 툴 을 선택한 후 ❷ 병합할 영역을 따라 드래그하고 손을 떼면 드래그한 영역이 병합됩니다.

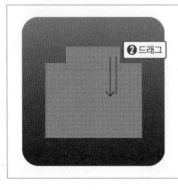

04 ❶원형 툴⬤로 면으로만 된 노란색 정원과 선으로만 된 노란색 정원을 그려 그림과 같이 배치합니다. ❷노란색 원의 선 굵기는 Stroke 패널에서 Weight: 15pt로 설정합니다. ❸가운데 원을 선택한 후 [Object]-[Path]-[Outline Stroke] 메뉴를 선택하여 선을 면 오브젝트로 바꿉니다.

05 ❶선택 툴▶로 오브젝트를 전체 선택합니다. ❷도형 구성 툴을 선택한 후 Alt 를 누른 채 노란색 오브젝트를 각각 클릭합니다. 노란색 오브젝트가 삭제됩니다.

STEP 6 전화 아이콘 만들기

01 전화 아이콘을 만들어보겠습니다. ❶선만 활성화하고 흰색으로 설정합니다. ❷사각형 툴▢로 직사각형을 그립니다. ❸선 굵기는 Stroke 패널에서 Weight: 6pt로 설정합니다.

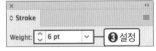

작업의 이해를 위한 **TIP** ▸ 앞에서 작업한 내용은 저장하고, 만든 오브젝트는 삭제하여 배경만 남긴 상태에서 새롭게 작업을 시작합니다.

02 ❶[Effect]-[Warp]-[Arc] 메뉴를 선택하여 Warp Options 창을 엽니다. ❷Vertical 항목을 선택하고 Bend를 30%로 설정한 후 ❸⟨OK⟩를 클릭합니다. 직사각형이 왼쪽으로 기울어져 부채꼴 형태로 변합니다. ❹[Object]-[Expand Appearance] 메뉴를 선택합니다. 모양에 맞춰 패스가 확장됩니다.

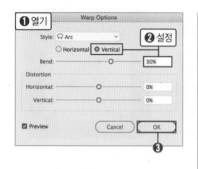

03 ❶사각형 툴▣로 직사각형을 그립니다. ❷각도를 조절하여 그림처럼 배치합니다. ❸직접 선택 툴▷로 직사각형을 선택합니다. ❹바깥 모서리에 있는 라이브 코너 위젯◉으로 마우스를 가져가면 커서가 ▷ 모양으로 바뀝니다. 아래로 드래그하여 모서리를 둥글게 만듭니다.

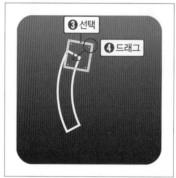

04 ❶왼쪽 상단의(Ⓐ지점) 라이브 코너 위젯◉ 하나만 선택합니다. ❷아래로 드래그하면 선택한 부분의 모서리만 더 둥글게 변합니다. 전화기 수화기 머리 부분이 완성되었습니다.

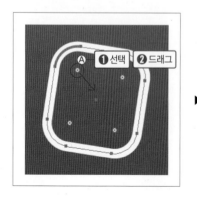

05 수화기 머리 부분을 복제하겠습니다. ❶ 오브젝트가 선택된 상태에서 마우스 오른쪽 버튼을 눌러 [Transform]–[Reflect] 메뉴를 선택합니다. ❷ Reflect 창에서 Horizontal 항목을 선택하고 ❸ 〈Copy〉를 클릭합니다. ❹ 수화기 머리가 수평선을 기준으로 상하 복제되면 그림처럼 배치합니다.

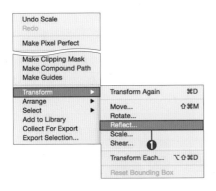

06 ❶ 선택 툴▶로 오브젝트를 전체 선택합니다. ❷ 도형 구성 툴◉을 선택한 후 병합할 영역을 따라 드래그하고 손을 떼면 드래그한 영역이 병합됩니다. ❸ 직접 선택 툴▷로 전화기를 선택한 후 라이브 코너 위젯◉을 드래그하여 모서리를 둥글게 만듭니다.

07 ❶ 선택 툴▶로 전화기의 각도와 위치를 변경합니다. ❷ 선 색을 None으로, 면 색을 흰색으로 지정합니다.

01 날씨 아이콘을 만들어보겠습니다. ❶ 선만 활성화하고 흰색으로 설정합니다. ❷ 원형 툴 ◎로 세 개의 정원을 그립니다. ❸ 라운드 사각형 툴□을 더블클릭하여 Rounded Rectangle 창을 엽니다. ❹ Width: 230px, Height: 100px, Corner Radius: 50px로 설정한 후 ❺ 〈OK〉를 클릭합니다. 230px, 100px 크기의 라운드 사각형이 만들어집니다.

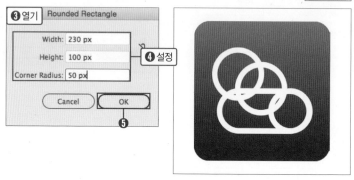

작업의 이해를 위한 **TIP ▶** 앞에서 작업한 내용은 저장하고, 만든 오브젝트는 삭제하여 배경만 남긴 상태에서 새롭게 작업을 시작합니다.

02 ❶ 선택 툴▶로 라운드 사각형과 오른쪽 원을 선택합니다. ❷ Align 패널에서 오른쪽선 정렬▣을 클릭합니다. 오브젝트가 오른쪽 끝부분에 맞춰 정렬됩니다.

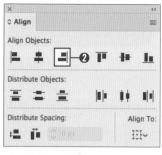

03 ❶ 선택 툴▶로 라운드 사각형과 두 개의 원을 선택합니다. ❷ 선 색을 None으로, 면 색을 흰색으로 설정합니다.

04 도형 구성 툴🗗을 선택한 후 병합할 영역을 따라 드래그합니다. 오브젝트가 병합됩니다.

05 스마트폰에 자주 등장하는 녹음, 음악, 메일, 카메라, 전화, 날씨 아이콘이 완성되었습니다. 아이콘들을 알맞게 정렬합니다.

테두리 장식이 돋보이는
라벨 디자인하기

🛠 패턴 브러시와 지그재그 이펙트를 이용해 라벨 디자인하기

10 min

⊙ **시작파일** PART5_CHAPTER5_테두리장식라벨_시작.ai ⊙ **완성파일** PART5_CHAPTER5_테두리장식라벨_완성.ai

---

POINT SKILL 패턴 브러시 툴(Pattern Brush), 이펙트(Zig Zag)

HOW TO 복잡한 모양의 테두리를 하나하나 드로잉하면 시간이 많이 걸립니다. 일러스트레이터에서 기본적으로 제공하는 패턴 브러시 소스를 이용하여 테두리 장식 효과를 줄 수 있지만 머릿속에 그리는 형태를 완벽하게 표현할 수 없습니다. 이때는 나만의 패턴 브러시를 만들어 사용하면 됩니다. 패턴 브러시와 함께 Zig Zag 이펙트를 외곽선에 적용하면 쉽고 빠르게 멋스러운 장식 효과를 줄 수 있습니다. 이번 예제에서는 패턴 브러시와 Zig Zag 이펙트로 테두리 장식이 돋보이는 라벨 디자인을 해보겠습니다.

STEP ❶ 올리브를 패턴 브러시로 등록하기 ▶ ❷ 레이스를 패턴 브러시로 등록하기 ▶ ❸ 패턴 브러시 적용하기 ▶ ❹ 지그재그 이펙트 적용하기

패턴 브러시

패턴 브러시(Pattern Brush)는 패스 라인을 기준으로 문양이 반복되어 나타나는 브러시입니다. 다섯 개의 개별 타일로 구성되어 각각 문양을 등록하여 사용할 수 있습니다. 외곽 장식 효과를 주거나 액자 틀을 만들 때 유용합니다.

1. 패턴 브러시의 개별 타일

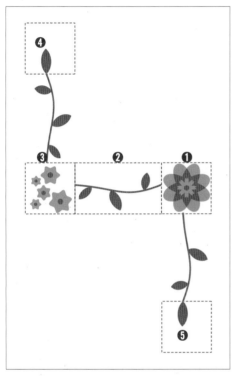
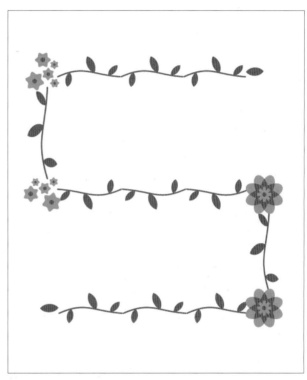

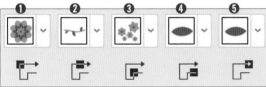

❶ **Outer Corner Tile** : 외부 모퉁이 타일

❷ **Side Tile** : 직선으로 진행되는 중간 타일

❸ **Inner Corner Tile** : 내부 모퉁이 타일

❹ **Start Tile** : 시작 타일

❺ **End Tile** : 끝 타일

2. 패턴 브러시 옵션 창

Brushes 패널에 등록된 패턴 브러시를 더블클릭하여 Pattern Brush Options 창을 엽니다.

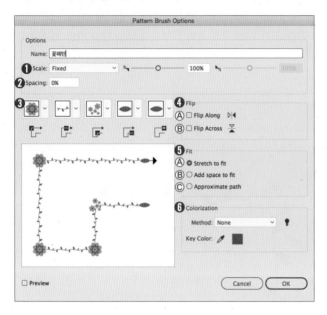

❶ **Scale** : 패턴 브러시 크기를 조절합니다. 팝업 메뉴에서 7가지 굵기 조절 방식을 선택합니다.

❷ **Spacing** : 패턴 브러시 간격을 조절합니다.

❸ **Tile** : 다섯 개의 개별 타일 문양을 선택합니다.

❹ **Flip** : 패턴의 방향을 바꿔줍니다.

    Ⓐ ▷◁ Flip Along : 패턴 좌우 대칭   Ⓑ ⊼ Flip Across : 패턴 상하 대칭

❺ **Fit** : 패턴을 패스에 맞추는 방식을 정합니다.

    Ⓐ **Stretch to fit** : 대상에 맞게 늘이기

    Ⓑ **Add space to fit** : 공간 추가하여 맞추기

    Ⓒ **Approximate path** : 패스에 맞추기

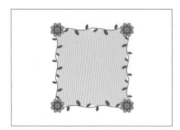 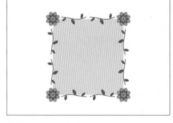 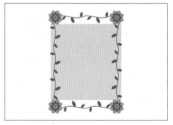

▲ Stretch to fit the target   ▲ Add space to fit   ▲ Approximate path

❻ **Colorization** : 브러시의 색상화 방법을 선택합니다.

    Ⓐ **None** : 사용자가 만들어서 등록한 브러시 그대로의 색을 보존합니다.

    Ⓑ **Tints** : 브러시에 색이 밝게 변경되어 칠해집니다.

    Ⓒ **Tints and Shades** : 모든 색상은 색상에 따라 검정색과 흰색의 혼합으로 표시됩니다.

    Ⓓ **Hue Shift** : 사용자가 지정한 색에 따라 브러시 색이 변경되어 칠해집니다.

01 ❶ Ctrl + O 를 눌러 'PART5_CHAPTER5_테두리장식라벨_시작.ai' 파일을 불러옵니다. ❷ 선택 툴▶로 첫 번째 올리브 열매를 선택합니다. ❸ Swatches 패널에 드래그하여 등록합니다.

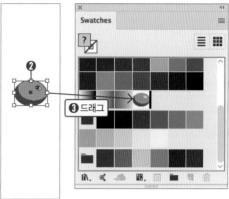

02 ❶ 두 번째 올리브 열매를 Swatches 패널에 드래그하여 등록합니다. ❷ 올리브 줄기도 같은 방법으로 등록합니다.

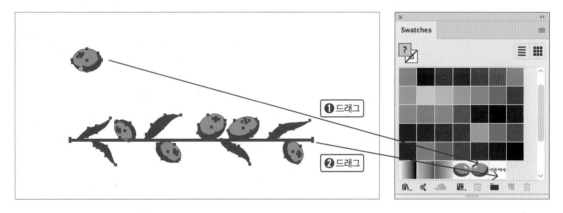

03 Swatches 패널에 등록한 소스를 이용하여 패턴 브러시를 만들어보겠습니다. ❶ Brushes 패널에서 ▣ 버튼을 클릭합니다. ❷ New Brush 창이 열리면 Pattern Brush를 선택하고 ❸ 〈OK〉를 클릭합니다.

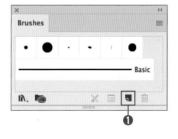

PART

5

아이덴티티 & UI 디자인

04 ❶Pattern Brush Options 창이 나타나면 이름을 '올리브 패턴'으로 입력합니다. ❷첫 번째 타일을 클릭하여 Auto—Sliced를 선택합니다. ❸두 번째 타일을 클릭하여 '올리브 줄기 문양(New Pattern Swatch 3)'을 선택합니다. ❹네 번째 타일을 클릭하여 '첫 번째 올리브 열매 문양(New Pattern Swatch 1)'을 선택합니다. ❺다섯 번째 타일을 클릭하여 '두 번째 올리브 열매 문양(New Pattern Swatch 2)'을 선택한 후 ❻〈OK〉를 클릭합니다.

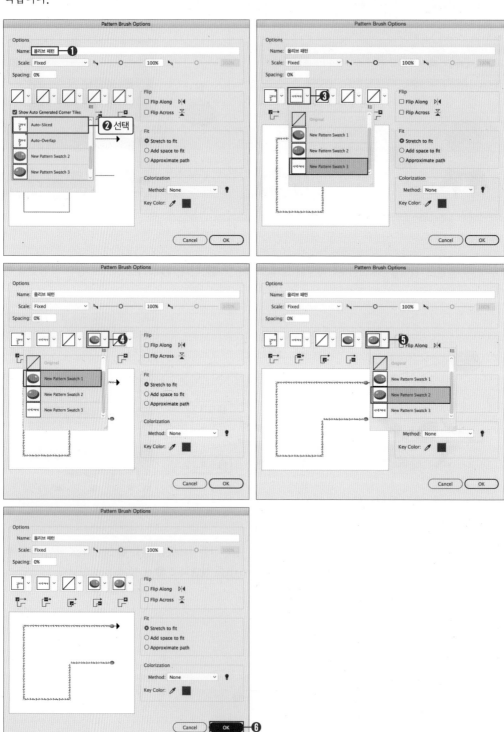

05 Brushes 패널에 올리브 패턴이 등록된 것을 확인할 수 있습니다.

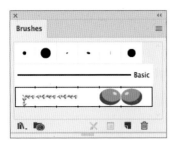

레이스를 패턴 브러시로 등록하기
STEP 2

01 레이스 소스를 이용하여 패턴 브러시를 만들어보겠습니다. ❶ 선택 툴 ▶로 레이스를 선택한 후 ❷ Brushes 패널로 드래그합니다. ❸ New Brush 창이 열리면 Pattern Brush를 선택하고 ❹ 〈OK〉를 클릭합니다.

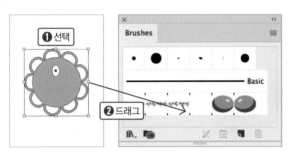

02 ❶ Pattern Brush Options 창이 열리면 이름을 '레이스 패턴'으로 입력하고 ❷ 〈OK〉를 클릭합니다. Brushes 패널에 레이스 패턴이 등록된 것을 확인할 수 있습니다.

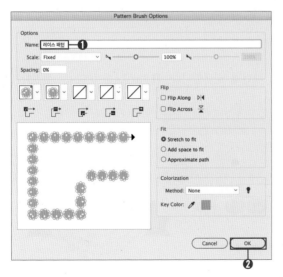
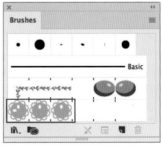

01 앞서 만든 패턴 브러시를 적용해보겠습니다. ❶선택 툴▶로 노란색 원을 클릭한 후 ❷Brushes 패널의 '레이스 패턴'을 선택합니다. ❸Stroke를 0.6pt로 설정합니다. 원 테두리에 레이스 패턴이 입혀져 도일리 페이퍼 장식이 완성되었습니다.

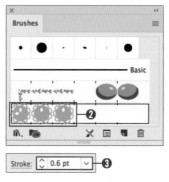

02 ❶밝은 베이지색 원을 선택한 후 ❷Brushes 패널의 '올리브 패턴'을 선택합니다. 원 테두리에 올리브 패턴이 입혀집니다.

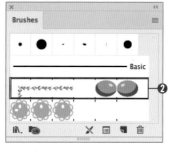

03 ❶녹색 선을 선택한 후 ❷Brushes 패널의 '올리브 패턴'을 선택합니다. ❸Stroke를 0.6pt로 설정합니다. 선에 좀 더 작은 크기의 올리브 패턴이 입혀집니다.

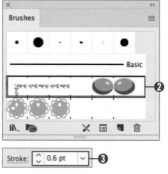

브러시 툴 ✏, 펜 툴 ✒, 연필 툴 ✏, 도형 툴 ▢로 패스를 만든 후 Brushes 패널의 패턴 브러시를 적용시킬 수 있습니다. 패스가 있는 곳이라면 패턴 브러시뿐만 아니라 캘리그라피 브러시, 산포 브러시, 아트 브러시를 적용하고 수시로 수정할 수 있습니다. 모든 브러시는 면이 아닌 선에 적용됩니다.

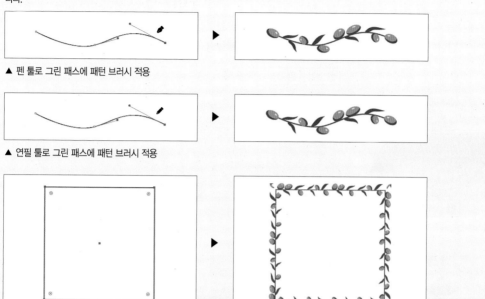

▲ 펜 툴로 그린 패스에 패턴 브러시 적용

▲ 연필 툴로 그린 패스에 패턴 브러시 적용

▲ 도형 툴로 그린 패스에 패턴 브러시 적용

패턴 브러시 크기는 Stroke 굵기를 조절하여 변화시킵니다.

▲ Stroke : 1pt로 설정

▲ Stroke : 2pt로 설정

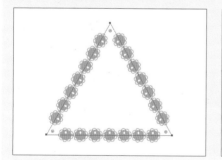
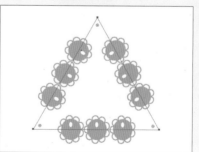

▲ Stroke : 1pt로 설정

▲ Stroke : 2pt로 설정

PART

5

일러스트 & UI 디자인

STEP 4 지그재그 이펙트 적용하기

01 지그재그 이펙트를 적용해보겠습니다. ❶ 베이지색 원을 선택한 후 ❷ [Effect]−[Distort & Transform]−[Zig Zag] 메뉴를 선택하여 Zig Zag 창을 엽니다. ❸ 그림처럼 설정한 후 ❹ 〈OK〉를 클릭합니다. 외곽선에 부드러운 굴곡이 생깁니다. ❺ [Object]−[Expand Appearance] 메뉴를 선택하여 모양에 맞게 패스를 확장합니다.

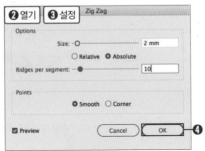

NOTE ▸ Zig Zag 이펙트의 Points 옵션

Zig Zag 이펙트의 Points 옵션은 꼭짓점의 모양을 설정합니다. Smooth를 체크하면 부드러운 굴곡이 만들어지고, Corner를 체크하면 뾰족한 굴곡이 만들어집니다.

▲ Smooth

▲ Corner

02 테두리 장식이 돋보이는 라벨 디자인이 완성되었습니다.

NOTE ▸ Appearance 패널에서 이펙트 수정, 삭제하기

오브젝트에 적용된 이펙트는 Appearance 패널에서 확인할 수 있습니다. 이펙트 이름이 적힌 부분을 클릭하면 해당 이펙트 창이 열리고 옵션을 조절하여 수정합니다. 이펙트를 삭제하려면 이펙트 이름이 적힌 부분을 클릭하고 🗑을 클릭하거나 🗑으로 드래그합니다.

PART 06

타이포그라피

일러스트레이터는 그 어떤 프로그램보다 문자와 관련된 기능이 강력합니다. 문자를 입력하고 편집하여 다양한 느낌의 타이포그라피 작업을 할 수 있습니다. 또한 기존 서체를 패스화하여 예술적 필적이 살아있는 캘리그라피를 만들 수 있습니다. 손맛을 살린 캘리그라피는 따뜻한 감성을 느낄 수 있어 다양한 디자인 분야에 이용됩니다.

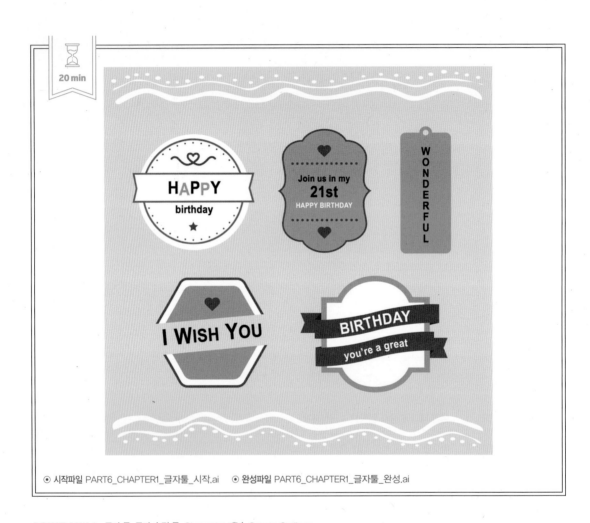

⊙ 시작파일 PART6_CHAPTER1_글자툴_시작.ai   ⊙ 완성파일 PART6_CHAPTER1_글자툴_완성.ai

POINT SKILL   글자 툴, 글자 손질 툴, Character 패널, Create Outlines

HOW TO   글자를 이용해 내용을 이해시키고 전달시키는 것은 디자인에 있어 아주 기초적인 작업입니다. 일러스트레이터에는 글자를 입력할 수 있는 글자 툴 ⊤이 있습니다. 글자를 세부적으로 조절하기 위해서는 Character 패널을 이용합니다. 글자 패널은 폰트 변경, 자간과 행간, 크기 조절 등의 기능을 포함합니다. 이번 예제에서는 생일 태그에 어울리는 글자를 입력하고 편집해보겠습니다.

STEP   ❶ 글자 입력하기 ▶ ❷ 패스에 글자 입력하기 ▶ ❸ 글자 패널과 글자 손질 툴을 이용하여 글자 수정하기 ▶ ❹ 아웃라인 처리하기

318

글자 툴

툴 패널에서 글자 툴 T 을 길게 누르면 글자와 관련된 세부 툴들이 나타납니다. 각각의 기능에 대해 살펴보겠습니다.

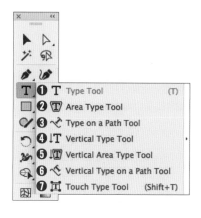

① 글자 툴 T : 빈 여백을 클릭한 후 커서가 깜박이면 글자를 입력할 수 있습니다. 글자 툴로 빈 여백을 사선으로 드래그하여 글상자를 만든 후 글자를 입력할 수 있습니다.

② 닫힌 패스 글자 툴 T : 도형 툴로 그린 사각형과 같이 닫힌 패스의 선 부분을 클릭하면 글상자로 변환됩니다. 글상자 영역 안에 글자를 입력할 수 있습니다.

③ 패스 글자 툴 : 선과 같이 열린 패스 위에 패스를 따라 흐르는 글자를 입력할 수 있습니다. 패스 위에 커서를 가져가면 모양이 되고, 클릭하면 커서가 깜박입니다. 글자 툴로 패스 선을 클릭해도 같은 결과가 나옵니다.

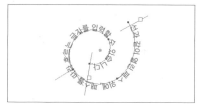

④ 세로쓰기 글자 툴 IT : 빈 여백을 클릭한 후 커서가 깜박이면 글자를 입력할 수 있습니다. 글자가 세로로 입력됩니다.

⑤ 닫힌 패스에 세로쓰기 글자 툴 : 글상자 영역 안에 세로로 글자를 입력할 수 있습니다.

❻ 패스에 세로쓰기 글자 툴  : 패스를 따라 흐르는 글자를 세로로 입력할 수 있습니다.

❼ 글자 손질 툴 ⊞ : 글자 손질 툴⊞은 CC버전부터 추가된 기능입니다. Character 패널의 [⊞ Touch Type Tool] 버튼을 클릭하거나 툴 패널에서 글자 툴⊤을 길게 눌러 글자 손질 툴⊞을 선택할 수 있습니다. 글자를 개별적으로 선택한 후 Character 패널에서 폰트, 크기, 위치, 회전각도 등을 수정할 수 있습니다.

Character 패널

[Window]−[Type]−[Character]([Ctrl]+[T]) 메뉴를 선택하면 Character 패널이 열립니다. Character 패널의 옵션 값을 이용하여 폰트, 크기, 위치, 회전각도 등을 수정할 수 있습니다.

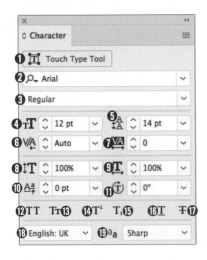

❶ 글자 손질 툴 : CC버전부터 추가된 기능입니다. 해당 버튼 [⊞ Touch Type Tool]을 클릭하거나 툴 패널에서 글자 손질 툴⊞을 선택하면 [⊞ Touch Type Tool] 버튼이 클릭됩니다. 한 글자씩 선택하여 폰트, 크기, 위치, 기울기, 색상 등을 수정할 수 있습니다.

❷ **폰트 목록** : 컴퓨터에 설치된 폰트 목록을 보여줍니다. 해당 버튼  을 클릭하면 Typekit 사이트로 이동합니다. Typekit 사이트에서 폰트를 불러와 사용할 수 있습니다. 검색 창에 폰트명을 직접 입력하여 폰트를 선택할 수 있습니다.

❸ **글자 굵기 스타일** : 스타일을 지원하는 경우 Light, Regular, Bold, Extra Bold 등을 선택할 수 있습니다.

굵기 스타일	굵기 스타일
▲ Light	▲ Regular

굵기 스타일	**굵기 스타일**
▲ Bold	▲ Extra Bold

❹ **크기** T : 글자 크기를 조절합니다(**글자 키우기** : Ctrl + Shift + >, **글자 줄이기** : Ctrl + Shift + <).

❺ **행간** : 행과 행 사이의 간격을 설정합니다(**행간 넓히기** : Alt + ↑, **행간 좁히기** : Alt + ↓).

타이포그라피 디자인에 필요한 글자 패널 익히기	타이포그라피 디자인에 필요한 글자 패널 익히기
▲ 행간 : 12pt	▲ 행간 : 15pt

❻ **부분 자간** : 두 글자 사이의 간격을 설정합니다. 보통 'Auto'로 지정되어 있습니다.

❼ **자간** : 글자와 글자 사이의 간격을 설정합니다(**자간 넓히기** : Alt + →, **자간 좁히기** : Alt + ←).

글자와 글자 사이	글자와글자사이
▲ 자간 : 0	▲ 자간 : −100

❽ **세로 높이** T : 글자 높이를 설정합니다.

높이 ▸ 높이

◀ 높이 : 140 %

❾ **가로 너비** T : 글자 가로 폭을 조절합니다.

너비 ▸ 너비

◀ 너비 : 70%

⑩ **기준선 옮기기** `A↕` : 글자의 기준선을 중심으로 글자를 위 또는 아래로 옮깁니다.

수평선^{이동}	수평선^{이동}
▲ 기준선 : 5pt	▲ 기준선 : −5pt

⑪ **회전** `↻` : 글자를 회전합니다.

회전	회전
▲ 회전 : 40°	▲ 회전 : −40°

⑫ **대글자 변환** `TT` : 대소문자를 변환합니다.

abc ▸ ABC

⑬ **작은 대글자 변환** `Tr` : 작은 대소문자로 변환합니다.

abc ▸ ABC

⑭ **위 첨자** `T¹` : 위 첨자를 만듭니다.

H2O ▸ H^2O

⑮ **아래 첨자** `T₁` : 아래 첨자를 만듭니다.

H2O ▸ H_2O

⑯ **밑줄** `T` : 글자 아래에 선을 넣습니다.

밑줄

⑰ **가운데 선 넣기** `Ŧ` : 글자 중앙에 선을 넣습니다.

중앙선

⑱ 언어를 선택합니다.

⑲ 외곽선 형태의 옵션을 설정합니다.

클릭해서 글자 입력하기

01 ❶ `Ctrl`+`O`를 눌러 'PART5_CHAPTER1_글자툴_시작.ai' 파일을 불러옵니다. ❷ 글자 툴 `T`을 선택하고
❸ 하얀색 리본 위를 클릭하면 커서가 깜박입니다.

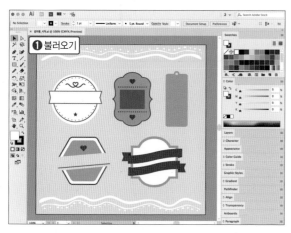  

02 ❶ 'HAPPY'를 입력합니다. ❷ 선택
툴▶로 글자를 선택하여 리본 중앙에 배
치합니다.

영역을 드래그하여 글자 입력하기

03 ❶ 글자 툴 `T`을 선택합니다. ❷ 빈 화면을 사선으로 드래그합니다. 드래그한 크기만큼 텍스트 상자가 만들
어지고 커서가 깜박입니다. ❸ 'birthday'를 입력합니다.

04 상단 옵션바에서 Paragraph의 ▤ 버튼을 누릅니다. 'birthday'가 중앙 정렬됩니다.

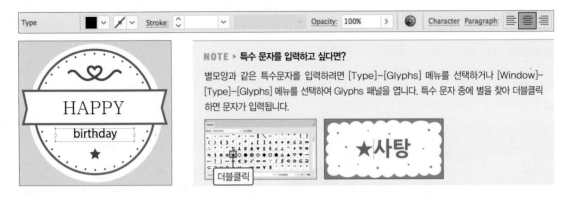

NOTE ▶ 특수 문자를 입력하고 싶다면?

별모양과 같은 특수문자를 입력하려면 [Type]-[Glyphs] 메뉴를 선택하거나 [Window]-[Type]-[Glyphs] 메뉴를 선택하여 Glyphs 패널을 엽니다. 특수 문자 중에 별을 찾아 더블클릭하면 문자가 입력됩니다.

세로로 글자 입력하기

05 ❶글자 툴 T 을 길게 눌러 세로쓰기 글자 툴 IT 을 선택합니다. ❷노란색 태그 윗부분을 클릭하면 커서가 깜박입니다. ❸'WONDERFUL'을 입력합니다. 세로로 글자가 써집니다.

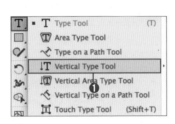

STEP 2

패스에 글자 입력하기

닫힌 패스 안에 글자 입력하기

01 회색 사각형 안에 글자를 입력해보겠습니다. ❶글자 툴 T 을 길게 눌러 닫힌 패스 글자 툴 ⟨T⟩ 을 선택합니다. ❷사각형의 선 부분을 클릭합니다. 사각형이 글상자로 변환됩니다.

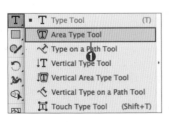

NOTE ▶ 닫힌 패스에 글자를 입력할 때 면이 아닌 선을 클릭하세요.

사각형은 패스의 시작점과 끝점이 만나는 닫힌 패스입니다. 사각형 안에 글자를 입력할 때 면을 클릭하면 다음과 같은 경고 창이 나타나고 글자를 입력할 수 없습니다. 선을 클릭하면 사각형 안에 커서가 깜박이고 글자 입력이 가능합니다.

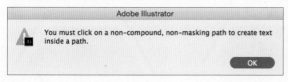

02 ❶ 상단 옵션바에서 Paragraph의 ▤ 버튼을 누릅니다. ❷ 글자를 입력합니다. 글자가 중앙 정렬되어 입력됩니다.

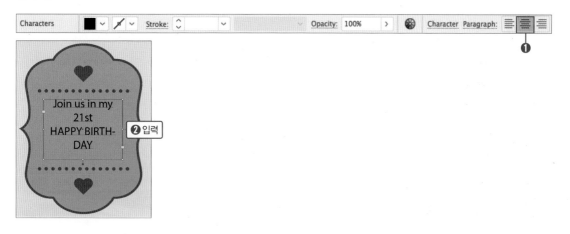

열린 패스 위에 글자 입력하기

03 회색선 위에 글자를 입력해보겠습니다. ❶ 글자 툴 T 을 선에 갖다 대면 커서가 ⌶ 모양이 됩니다. 클릭하면 패스는 글자의 기준선이 됩니다. ❷ 'I WISH YOU'를 입력합니다. 패스를 따라 글자가 흐릅니다.

04 패스 위의 글자를 이동시켜보겠습니다. ❶ 직접 선택 툴▷로 글자를 선택하면 다음과 같이 괄호가 세 개 나타납니다. 괄호는 차례대로 글자의 시작 부분/이동 부분/끝 부분을 나타냅니다. ❷ 첫 괄호를 오른쪽으로 드래그하면 글자가 오른쪽으로 밀려납니다. ❸ 마지막 괄호를 왼쪽으로 드래그하면 글자가 왼쪽으로 밀려납니다.

 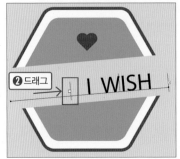 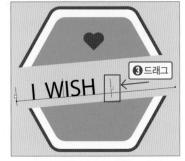

작업의 이해를 위한 **TIP** ▶ 괄호에 ⊞ 표시가 나타나는 경우는 글자 수가 패스보다 많거나 글자가 밀려 패스에서 벗어났을 때입니다. 이럴 경우 글자 크기나 글자 수를 줄이거나 패스를 확장해야 합니다.

패스를 만든 후 패스를 따라 흐르는 글자 입력하기

05 패스를 만들겠습니다. ❶ 선만 활성화한 후 빨간색 리본 모양을 따라 펜 툴🖊로 곡선 패스를 그립니다. ❷ 선택 툴▶로 곡선 패스를 선택하고 Alt를 누른 채 아래로 이동하여 복제합니다.

06 ❶ 글자 툴Ⓣ을 길게 눌러 패스 글자 툴✎을 선택합니다. 곡선에 갖다 대면 커서가 Ⅰ 모양이 됩니다. ❷ 클릭하면 패스는 글자의 기준선이 됩니다. ❸ 글자를 입력합니다. 패스를 따라 글자가 흐릅니다.

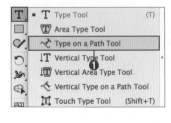  

작업의 이해를 위한 **TIP** ▶ 열린 패스는 패스 글자 툴✎을 이용하는 대신 글자 툴Ⓣ을 이용해도 글자를 입력할 수 있습니다. 하지만 닫힌 패스는 닫힌 패스 글자 툴⚊을 이용해야 글자가 입력됩니다.

패스를 따라 흐르는 글자 왜곡하기

07 [Type]-[Type on a Path] 메뉴를 선택하면 패스를 따라 흐르는 글자에 다양한 왜곡을 줄 수 있습니다. ❶ 선택 툴▶로 글자를 선택하고 ❷ [Type]-[Type on a Path]-[Stair Step] 메뉴를 선택합니다. 기울어진 글자가 수직으로 세워집니다.

NOTE ▶ [Type]-[Type on a Path] 효과

❶ Rainbow : 기울기가 패스의 흐름을 따릅니다.

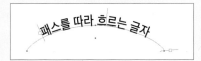

❸ 3D Ribbon : 패스의 기울어진 모양을 따라 글자가 왜곡됩니다.

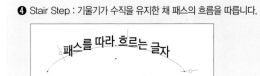

❹ Stair Step : 기울기가 수직을 유지한 채 패스의 흐름을 따릅니다.

❷ Skew : 글자가 비스듬해집니다.

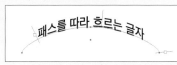

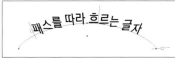

❺ Gravity : 무게중심을 따라 글자가 왜곡됩니다.

STEP 3 글자 패널과 글자 손질 툴을 이용하여 글자 수정하기

글자 패널로 수정하기

01 ❶ [Window]-[Type]-[Character]([Ctrl]+[T]) 메뉴를 선택하여 글자 패널을 엽니다. ❷ 선택 툴▶을 이용하여 [Shift]를 누른 채 모든 글자를 선택합니다.

02 글자 패널에서 폰트는 Arial Bold, 행간: 18pt, 자간: 20, 글자폭: 90%로 설정합니다. 글자가 수정되어 나타납니다.

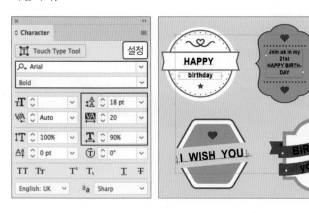

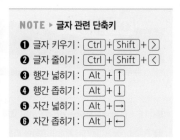

글자 손질 툴로 수정하기

03 글자 손질 툴로 개별 글자를 수정해보겠습니다. ❶ 글자 툴 T 을 길게 눌러 글자 손질 툴 을 선택합니다. ❷ 'A'를 선택하면 네모 박스가 나타납니다. ❸ 글자를 아래 방향으로 드래그하여 위치를 옮깁니다. ❹ Swatches 패널에서 주황색을 선택합니다. ❺ 같은 방법으로 'P'의 위치와 색상을 변경합니다.

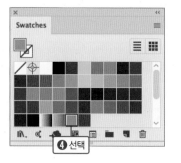

04 ❶ 글자 손질 툴 🔲로 'I'를 선택하면 네모 박스가 나타납니다. ❷ Character 패널에서 크기를 37pt로 변경합니다. 글자가 커집니다. ❸ 같은 방법으로 'W'와 'Y'의 크기를 변경합니다. 나머지 글자도 글자 손질 툴을 이용하여 자유롭게 수정해주세요.

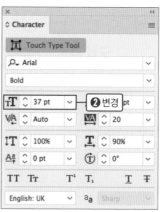

아웃라인 처리하기

01 글자 오브젝트를 패스로 만들어보겠습니다. ❶ 선택 툴 ▶로 글자를 전체 선택한 후 ❷ [Type]-[Create Outlines](Shift + Ctrl + O) 메뉴를 선택합니다. 글자가 패스를 가진 오브젝트로 변환됩니다.

NOTE ▶ 글자를 패스로 만드는 Create Outlines

글자를 선택한 후 [Type]-[Create Outlines](Shift + Ctrl + O) 메뉴를 선택하면 글자가 패스를 가진 오브젝트로 변환됩니다. 만약 '나눔고딕체'를 사용한 작업물을 다른 컴퓨터에서 열거나 인쇄소로 전송했을 때 '나눔고딕체'가 없으면 글자가 깨지거나 다른 글자체로 변환되어 나타납니다. 글자를 Create Outlines 처리하여 패스를 가진 오브젝트로 변환하면 해당 폰트가 없어도 보이는 모양 그대로 열 수 있습니다. 따라서 작업물에 글자가 들어간다면 습관처럼 Create Outlines 처리를 해주는 것이 좋습니다.

따뜻한 감성이 녹아 있는
캘리그라피 쓰기

✂ 폭 툴로 선 굵기 조절하기 · 아트 브러시로 붓글씨 효과 주기

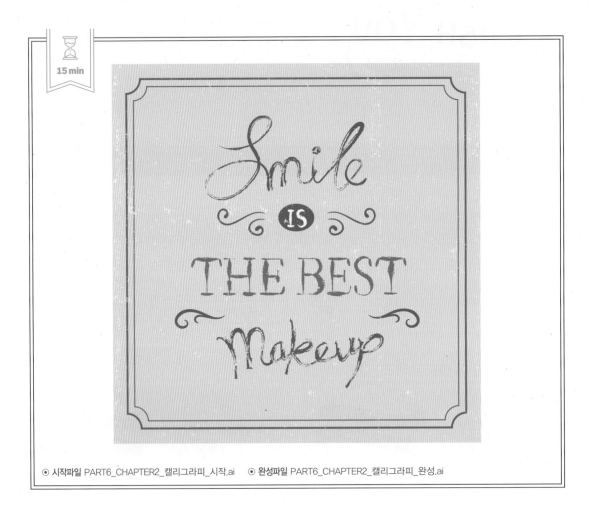

15 min

⊙ 시작파일 PART6_CHAPTER2_캘리그라피_시작.ai　　⊙ 완성파일 PART6_CHAPTER2_캘리그라피_완성.ai

POINT SKILL　아트 브러시 툴(Art Brush), 브러시 라이브러리, 폭 툴

HOW TO　캘리그라피(Calligraphy)는 일반 폰트로 표현할 수 없는 아날로그 감성의 손맛을 살린 '손글씨'입니다. '서예'의 속성을 가지지만 디자인 콘셉트에 따라 붓, 젓가락, 면봉 등 다양한 재료를 사용하여 아름다운 필체를 만들어냅니다. 캘리그라피(Calligraphy)를 쓸 때는 일반 폰트의 한계를 극복하여 시각적 효과를 극대화하기 위한 방법을 고민해야 합니다. 이번 예제에서는 패스 선에 아트 브러시를 적용하여 붓글씨 효과를 주는 방법과 폭 툴 🖋을 이용하여 선 굵기를 조절하는 방법을 학습해보겠습니다.

STEP　❶ 아트 브러시로 붓글씨 효과 주기 ▶ ❷ 폭 툴로 선 굵기 조절하기 ▶ ❸ 질감 합성하기

Art Brush Options 창

Brushes 패널에 등록된 아트 브러시를 더블클릭하여 Art Brush Options 창을 엽니다.

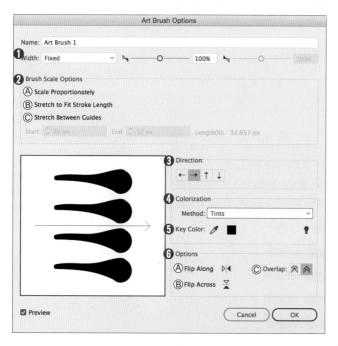

❶ **Width** : 브러시 굵기를 조절합니다. 팝업 메뉴에서 7가지 굵기 조절 방식을 선택합니다.

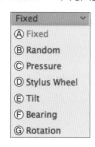

       Ⓐ **Fixed** : 고정값

       Ⓑ **Random** : 최소값과 최대값 사이의 임의 값

       Ⓒ **Pressure** : 태블릿이 연결되어 있어야 사용 가능합니다. 태블릿 압력 강도에 따라 굵기 변화를 줄 수 있습니다.

       Ⓓ **Stylus Wheel** : 스타일러스 휠

       Ⓔ **Tilt** : 기울기

       Ⓕ **Bearing** : 베어링

       Ⓖ **Rotation** : 회전

❷ **Brush Scale Options** : 브러시 획의 비율을 조절합니다.

    Ⓐ **Scale Proportionately** : 길이가 늘어날 때 비율대로 늘어납니다.

    Ⓑ **Stretch to Fit Stroke Length** : 길이가 늘어날 때 양쪽 끝은 기본 모양을 유지하고 중간 부분의 굵기가 늘어납니다.

ⓒ Stretch Between Guides : 길이가 늘어날 때 Start와 End 수치를 정해주면 사이 모양의 굵기가 변화 없이 늘어납니다.

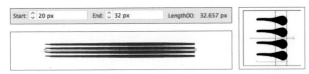

❸ Direction : 브러시 방향

←왼쪽이 획 끝   →오른쪽이 획 끝   ↑위쪽이 획 끝   ↓아래쪽이 획 끝

❹ Colorization : 브러시의 색상화 방법을 선택합니다.

Ⓐ None : 사용자가 만들어서 등록한 브러시 그대로의 색을 보존합니다.

Ⓑ Tints : 브러시에 선 색이 밝게 변경되어 칠해집니다.

ⓒ Tints and Shades : 모든 색상은 색상에 따라 검정색과 흰색의 혼합으로 표시됩니다.

Ⓓ Hue Shift : 사용자가 지정한 색에 따라 브러시 색이 변경되어 칠해집니다.

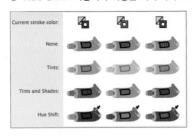

❺ Key Color : 스포이드를 이용하여 Preview 창에서 사용하려는 색상을 선택합니다.

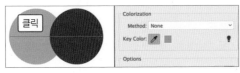

▲ 분홍색 클릭   ▲ 갈색 클릭

❻ Options : 기타 설정

Ⓐ Flip Along : 브러시를 좌우 반전합니다.

Ⓑ Flip Across : 브러시를 상하 반전합니다.

ⓒ Overlap : 접하기 / 겹치기(가장자리가 연결되고 접하는 것을 방지하려면 겹치기를 선택합니다.)

핵심 기능 **폭 툴**

폭 툴은 CS5 버전부터 추가된 툴입니다. 선 굵기를 조절하고 선 굵기 기준점을 이동 및 추가, 복제 및 삭제할 수 있습니다. 폭 툴의 핸들을 밖으로 드래그하면 폭이 굵어지고, 안으로 드래그하면 폭이 얇아집니다.

1. 선 굵기 조절하기

❶ 폭 툴 🖌️을 선택한 후 패스 위에 커서를 두면 폭 포인트와 핸들이 나타납니다. ❷ 폭 핸들을 바깥쪽으로(위로) 드래그하고 ❸ 안쪽으로(아래로) 드래그해봅니다. ❹ Alt를 누른 채 폭 핸들을 드래그하면 한쪽만 선 굵기가 조절됩니다.

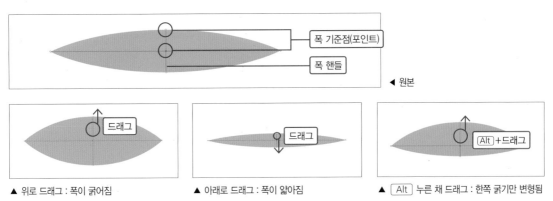

◀ 원본

▲ 위로 드래그 : 폭이 굵어짐　　　　▲ 아래로 드래그 : 폭이 얇아짐　　　　▲ Alt 누른 채 드래그 : 한쪽 굵기만 변형됨

2. 선 굵기 이동하기

❶ 중앙에 있는 폭 기준점을 왼쪽으로 드래그하면 왼쪽 폭이 굵어집니다. ❷ 오른쪽으로 드래그하면 오른쪽 폭이 굵어집니다.

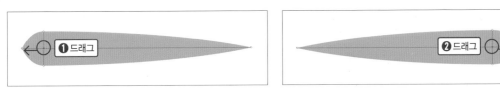

▲ 왼쪽으로 드래그 : 왼쪽 폭이 굵어짐　　　　▲ 오른쪽으로 드래그 : 오른쪽 폭이 굵어짐

3. 폭 기준점 추가하기

❶ 패스 위를 클릭 앤 드래그하면 클릭한 지점을 기준으로 폭 기준점과 폭 핸들이 생성됩니다. ❷ 폭 포인트와 핸들을 드래그하여 다양한 나무 모양을 만들어보세요.

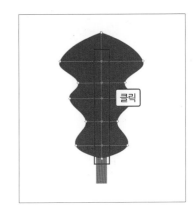

4. 폭 기준점 복제 및 삭제하기

❶ 폭 기준점을 선택한 후 ❷ `Alt`를 누른 채 옆으로 드래그합니다. 기준점이 복제됩니다. ❸ 폭 기준점을 선택한 후 `Alt`를 누른 채 드래그하여 여러 개의 기준점을 복제합니다. ❹ 기준점을 삭제해보겠습니다. `Shift`를 누른 채 기준점을 여러 개 선택합니다. ❺ `Delete`를 누르면 선택한 기준점이 모두 삭제됩니다.

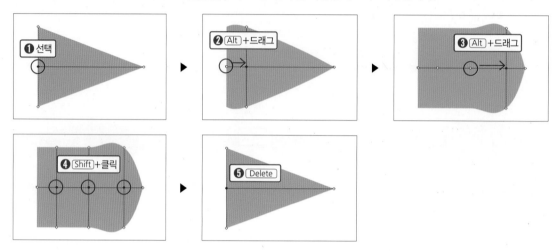

5. 일정한 굵기를 가진 선으로 되돌아가기

❶ 폭 툴 🖉로 선 굵기를 조절한 패스를 선택합니다. 선을 'None' 없음으로 바꾼 뒤 ❷ Stroke 패널에서 굵기를 다시 설정합니다. 일정한 굵기를 가진 선으로 변경됩니다.

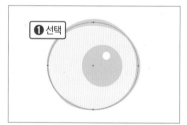

STEP 1 아트 브러시로 붓글씨 효과 주기

---

01 `Ctrl`+`O`를 눌러 'PART6_CHAPTER2_캘리그라피_시작.ai' 파일을 불러옵니다.

02 ❶ 선택 툴 ▶로 'Smile'과 'makeup'을 선택합니다. 일러스트레이터에서 기본적으로 제공하는 브러시 소스가 담긴 Brush Libraries 패널을 열어 브러시를 적용해보겠습니다. ❷ Brushes 패널에서 🔖 버튼을 클릭합니다. ❸ [Artistic]−[Artistic_Paintbrush] 메뉴를 선택합니다.

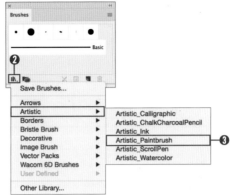

03 마른 붓으로 그린 듯한 브러시가 있는 Paintbrush 패널이 나타납니다. 'Dry Brush 2'를 선택합니다. 글자에 브러시 효과가 적용됩니다.

04 ❶ 선택 툴 ▶로 'IS'와 'THE BEST'를 선택합니다. ❷ Brushes 패널에서 🔖 버튼을 클릭합니다. ❸ [Artistic]−[Artistic_ChalkCharcoalPencil] 메뉴를 선택합니다.

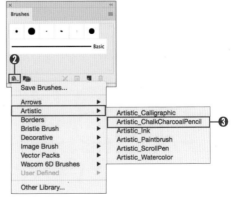

05 분필과 목탄으로 그린 듯한 브러시가 있는 ChalkCharcoalPencil 패널이 나타납니다. 'Charcoal Tapered'를 선택합니다. 글자에 브러시 효과가 적용됩니다.

NOTE ▶ 아트 브러시로 다양한 손글씨 느낌 내기

[Window]–[Brush Libraries]–[Artistic] 메뉴에 있는 아트 브러시 소스를 이용하여 다양한 손글씨 느낌을 연출해보세요. 패스를 선택한 후 브러시를 클릭하면 브러시가 바로 적용됩니다. 브러시는 선의 속성이므로 Stroke를 조절하여 글씨 굵기를 수정합니다.

▲ Fountain Pen

▲ Palette Knife

▲ Dry Brush 3

▲ Fountain Pen

▲ Palette Knife

▲ Dry Brush 3

---

06 뾰족하게 튀어나온 부분을 다듬어보겠습니다. ❶ 선택 툴▶로 'THE BEST'를 선택한 후 ❷ Stroke 패널에서 라운드 코너▣를 클릭합니다. 모서리 모양이 둥글게 변합니다.

01 폭 툴로 선 굵기를 조절해보겠습니다. 폭 툴 을 선택한 후 패스에 커서를 두면 폭 포인트와 핸들이 나타납니다. 폭 핸들을 바깥쪽으로(위로) 드래그합니다. 드래그한 만큼 선이 굵어집니다.

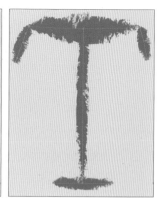

02 이번에는 세로 패스에 커서를 둡니다. 폭 핸들을 바깥쪽으로(오른쪽으로) 드래그합니다. 드래그한 만큼 선이 굵어집니다.

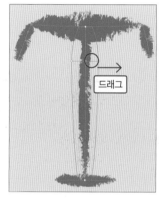
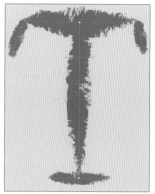

03 폭 기준점을 추가하여 굵기에 변화를 주겠습니다. 아래쪽 패스에 커서를 두고 폭 핸들을 안쪽으로(왼쪽으로) 드래그합니다. 드래그한 만큼 선이 얇아집니다.

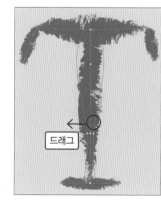
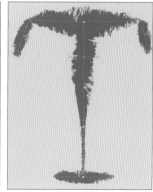

PART

6

일러스트레이터

04 지금까지 배운 방법으로 'THE BEST'글자의 선 굵기를 알맞게 조절합니다.

THE BEST

▼

THE BEST

NOTE ▸ 폭 툴로 선에 재미주기

일정한 굵기의 패스를 그린 후 선의 굵기를 조절할 수 있는 폭 툴 🖉을 이용하여 선의 굴곡을 변화시켜보세요. 캐릭터를 강약이 살아있는 카툰체 느낌으로 바꿀 수 있으며 캘리그라피를 쓸 때 가로획과 세로획의 굵기를 다이나믹하게 변화시킬 수 있습니다.

 ▶

 ▶

01 캘리그라피와 어울리는 질감을 합성해보겠습니다. ❶ Layer 패널에서 [질감] 레이어의 눈을 켠 다음 ❷ 원형 표시◎를 클릭합니다. [질감] 레이어에 포함된 오브젝트가 전체 선택됩니다.

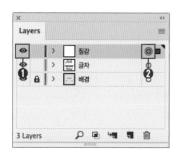

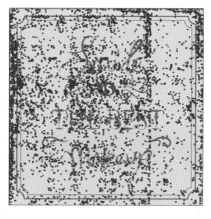

NOTE ▶ 레이어 패널의
◎ 원형 표시

◎ 원형 표시를 클릭하면 레이어 속한 모든 오브젝트를 선택할 수 있습니다.

02 Transparency 패널에서 Opacity를 80%로 설정하여 질감을 조금 흐릿하게 만듭니다. 캘리그라피 디자인이 완성되었습니다.

활판에 인쇄한 듯한
왜곡 글자 만들기

🛠 왜곡 기능을 이용해 핸드 레터링 효과 주기 · 직접 선택 툴로 패스 수정하기

⊙ 시작파일 PART6_CHAPTER3_활판인쇄왜곡글자_시작.ai   ⊙ 완성파일 PART6_CHAPTER3_활판인쇄왜곡글자_완성.ai

POINT SKILL   직접 선택 툴, Make With Warp, Make With Mesh, Make With Top Object

HOW TO   일러스트레이터에는 글자를 자유롭게 구성하고 변형할 수 있는 왜곡 기능이 있습니다. Make with Warp, Make with Mesh, Make with Top Object 세 가지 왜곡 기능을 이용하면 글자로 그림을 그리듯 자유롭게 흐르는 모양을 만들 수 있습니다. 손으로 그린 듯한 핸드 레터링은 아날로그적 감성을 느낄 수 있어 매력적입니다. 이번 예제에서는 실루엣 모양 안에 글자를 적고 글자를 변형하여 활판에 인쇄한 듯한 핸드 레터링 스타일의 왜곡 글자를 만들어보겠습니다.

STEP   ❶ Make With Warp로 글자 왜곡하기 ▶ ❷ Make With Mesh로 글자 왜곡하기 ▶ ❸ Make With Top Object로 글자 왜곡하기 ▶ ❹ 질감 합성하기

Make with Warp

Make with Warp 기능은 오브젝트를 휘어지게 왜곡합니다. [Object]-[Envelope Distort]-[Make with Warp]([Alt]+[Shift]+[Ctrl]+[W]) 메뉴를 선택하여 Warp Options 창을 엽니다. 글자 툴[T]로 글자를 입력한 후 글자가 선택된 상태에서 상단 메뉴의 🌐를 클릭해도 Warp Options 창을 열 수 있습니다.

1. Warp Options 창 살펴보기

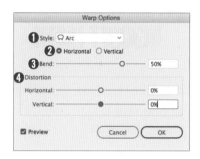

❶ **Style** : 15개의 왜곡 스타일을 선택합니다.

❷ **Horizontal** : 가로로 왜곡시킵니다. **Vertical** : 세로로 왜곡시킵니다.

❸ **Bend** : 휘어지는 정도를 설정합니다.

❹ **Distortion** : 찌그러뜨림, 굴곡의 정도를 설정합니다.

　• **Horizontal** : + 값일 경우 오른쪽 굴곡이 더 커지고, - 값일 경우 왼쪽 굴곡이 더 커집니다.

　• **Vertical** : + 값일 경우 아래쪽 굴곡이 더 커지고, - 값일 경우 위쪽 굴곡이 더 커집니다.

2. Warp Options의 15가지 왜곡 스타일

오브젝트를 휘어지게 하는 왜곡 스타일은 총 15개 입니다.

❶ **Arc : 부채꼴**
위쪽이 넓은 아치형이 됩니다.

❷ **Arc Lower : 아래쪽 부채꼴**
아래쪽만 둥글여집니다.

❸ **Arc Upper : 위쪽 부채꼴**
위쪽으로만 둥글여집니다.

❹ **Arch : 아치형**
기본 아치형이 됩니다.

❺ **Bulge : 돌출**
가운데만 볼록하게 됩니다.

❻ **Shell Lower : 조개모양(아래쪽)**
아래만 조개껍데기 모양이 됩니다.

❼ Shell Upper : 조개모양(위쪽)
위만 조개껍데기 모양이 됩니다.

❽ Flag : 깃발
바람에 흔들리는 깃발 모양이 됩니다.

❾ Wave : 물결
오브젝트 안에서만 물결치는 모양이 됩니다.

❿ Fish : 물고기모양
물고기 모양이 됩니다.

⓫ Rise : 상승
한쪽으로 일어서는 듯한 모양이 됩니다.

⓬ Fisheye : 물고기 눈 모양
가운데 부분이 크게 볼록해집니다.

⓭ Inflate : 부풀리기
부푸는 듯한 모양이 됩니다.

⓮ Squeeze : 양쪽 누르기
양쪽이 눌러진 모양이 됩니다.

⓯ Twist : 비틀기
비틀어진 모양이 됩니다.

3. Make with Warp으로 오브젝트 변형하기

❶ 글자 툴[T]로 글자를 입력한 후 ❷ [Object]-[Envelope Distort]-[Make with Warp]([Alt]+[Shift]+[Ctrl]+[W]) 메뉴를 선택하여 Warp Options 창을 엽니다. ❸ Warp Options 창에서 왜곡 스타일을 선택한 후 ❹ 〈OK〉를 클릭합니다. 왜곡된 오브젝트의 테두리에 패스가 생성됩니다. ❺ 직접 선택 툴[▷]로 패스를 수정하여 다듬을 수 있습니다. ❻ [Object]-[Expand] 메뉴를 선택합니다. 왜곡된 형태에 맞춰 패스가 만들어집니다.

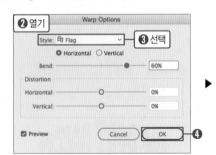

Make with Mesh

Make with Mesh 기능은 오브젝트를 그물망에 넣은 후 그물망 패스를 수정하여 형태를 왜곡합니다. [Object]
−[Envelope Distort]−[Make with Mesh](Alt + Ctrl + M) 메뉴를 선택하여 Envelope Mesh 창을 엽니다.

1. Envelope Mesh 창 살펴보기

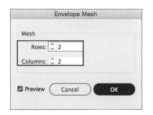

❶ **Rows** : 열(가로방향) 그물망의 개수를 지정합니다.
❷ **Columns** : 행(세로방향) 그물망의 개수를 지정합니다.

2. 메시 만들기

메시를 만들 때 Rows와 Columns에 입력한 숫자로 등분된다고 생각하면 쉽습니다. Envelope Mesh 창에서
Rows: 2, Columns: 2로 설정하면 그물망이 가로방향으로 이등분, 세로방향으로 이등분되어 나타납니다. 글
자 오브젝트에 Make with Mesh 를 입힐 경우 글자 수에 맞춰 Columns 값을 설정하면 수정이 편해집니다.

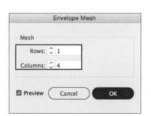

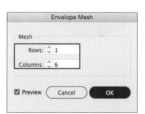

▲ 가로 2등분, 세로 2등분   ▲ 세로 4등분   ▲ 세로 6등분

3. Make with Mesh로 오브젝트 변형하기

❶글자 툴 T로 글자를 입력한 후 ❷[Object]–[Envelope Distort]–[Make with Mesh](Alt + Ctrl + M) 메뉴를 선택하여 Envelope Mesh 창을 엽니다. ❸Rows와 Columns 값을 설정합니다. 입력한 숫자에 맞춰 가로방향과 세로방향의 메시가 만들어집니다.

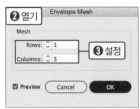

❹ 직접 선택 툴 ▷을 선택한 후 그물망 블럭을 선택합니다. 위로 드래그하면 그물망의 위치가 위로 이동합니다. ❺직접 선택 툴 ▷로 메시 기준점을 클릭하여 메시 핸들이 보이게 합니다. 핸들을 조절하여 패스를 수정하면 패스에 따라 형태가 수정됩니다. ❻[Object]–[Expand] 메뉴를 선택합니다. 왜곡된 형태에 맞춰 패스가 만들어집니다.

핵심기능

Make with Top Object

Make with Top Object 기능은 하위 오브젝트를 상위 오브젝트 모양에 맞춰 형태를 왜곡합니다. [Object]–[Envelope Distort]–[Make with Top Object](Alt + Ctrl + C) 메뉴를 선택하면 하위 오브젝트가 상위 오브젝트로 들어가 하나로 합쳐집니다.

1. 하위 오브젝트와 상위 오브젝트

하위 오브젝트는 변형의 주체가 되고 상위 오브젝트는 왜곡 모양을 제공합니다. 하위 오브젝트와 상위 오브젝트가 따로 떨어져 있어도 Make with Top Object 기능을 사용할 수 있습니다. 선택 툴 ▶로 두 개의 오브젝트를 선택한 후 Alt + Ctrl + C 를 누르면 상위 오브젝트 모양대로 하위 오브젝트의 형태가 왜곡되어 나타납니다. 하위 오브젝트는 상위 오브젝트 크기에 맞춰 자동 조절됩니다.

▲ 겹쳐져 있는 하위 오브젝트와 상위 오브젝트를 선택하여 기능 적용

 +  →

▲ 떨어져 있는 하위 오브젝트와 상위 오브젝트를 선택하여 기능 적용

2. Make with Top Object로 오브젝트 변형하기

❶ 글자 툴 T 로 글자를 입력하고 ❷ 원형 툴 ◎ 로 납작한 원을 그립니다. ❸ 선택 툴 ▶ 로 두 개의 오브젝트를 선택한 후 ❹ [Object]−[Envelope Distort]−[Make with Top Object](Alt + Ctrl + C) 메뉴를 선택합니다. 상위 오브젝트 모양대로 하위 오브젝트의 형태가 왜곡되어 나타납니다. ❺ 직접 선택 툴 ▷ 로 패스를 수정하여 다듬을 수 있습니다. ❻ [Object]−[Expand] 메뉴를 선택합니다. 왜곡된 형태에 맞춰 패스가 만들어집니다.

 ▶  ▶

 ▶  ▶

01 Ctrl+O를 눌러 'PART6_CHAPTER3_활판인쇄왜곡글자_시작.ai' 파일을 불러옵니다.

NOTE ▶ Gooddog 글꼴 다운로드

예제에서 사용한 폰트는 'Gooddog체'입니다. 시작파일을 열었
을 때 'Gooddog체'가 컴퓨터에 설치되어 있지 않으면 글자가
깨지거나 다른 글꼴로 변환되어 나타납니다. 'Gooddog체' 누
구나 자유롭게 다운받아 사용할 수 있는 영문글꼴입니다.

＊다운로드 주소 :
https://www.fontsquirrel.com/fonts/GoodDog

02 글자를 휘어지는 모양으로 왜곡시키겠습니다. ❶ 선택 툴▶로 'CHEESE' 글자를 선택한 후 ❷ 바운딩 박스
를 왼쪽으로 기울여 회전시킵니다. ❸ [Object]−[Envelope Distort]−[Make with Warp](Alt+Shift+Ctrl
+W) 메뉴를 선택합니다. ❹ Warp Options 창에서 Style을 Arc Upper로 선택, Horizontal을 체크, Bend
를 80%, Distortion의 Horizontal을 50%로 설정한 후 ❺ 〈OK〉를 클릭합니다. 오브젝트가 오른쪽 굴곡이 큰
위쪽 부채꼴 모양으로 바뀝니다.

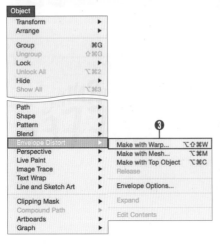

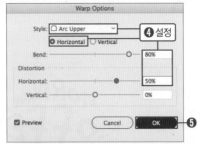

NOTE ▸ Warp Options 창에서 Distortion 설정하기

Distortion은 찌그러뜨림, 굴곡의 정도를 설정합니다. Horizontal이 +값일 경우 오른쪽 굴곡이 더 커지고, −값일 경우 왼쪽 굴곡이 더 커집니다. Vertical이 +값일 경우 아래쪽 굴곡이 더 커지고, −값일 경우 위쪽 굴곡이 더 커집니다.

▲ Distortion Horizontal : +50%

▲ Distortion Horizontal : −50%

▲ Distortion Vertical : +50%

▲ Distortion Vertical : −50%

03 직접 선택 툴▷로 기준점을 드래그하여 패스 위치를 수정하고 방향선을 움직여 패스 곡률을 조절합니다. 햄버거 실루엣 모양에 따라 오른쪽으로 갈수록 'CHEESE' 글자가 점점 커지도록 만듭니다.

04 ❶ 선택 툴▶로 'BURGER' 글자를 선택한 후 ❷ 바운딩 박스를 오른쪽으로 기울여 회전시킵니다. ❸ [Object]-[Envelope Distort]-[Make with Warp]([Alt]+[Shift]+[Ctrl]+[W]) 메뉴를 선택하여 Warp Options 창을 엽니다. ❹ Style을 Arc Upper로 선택, Horizontal을 체크, Bend를 80%, Distortion의 Horizontal을 -50%로 설정한 후 ❺ 〈OK〉를 클릭합니다. 오브젝트가 왼쪽 굴곡이 큰 위쪽 부채꼴 모양으로 바뀝니다.

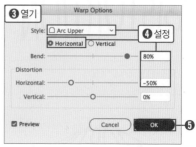

05 직접 선택 툴▷로 기준점을 드래그하여 패스 위치를 수정하고 방향선을 움직여 패스 곡률을 조절합니다. 햄버거 실루엣 모양에 따라 오른쪽으로 갈수록 'BURGER' 글자가 점점 작아지도록 만듭니다.

06 ❶ 직접 선택 툴▷로 'YUMMY' 글자를 선택한 후 바운딩 박스를 오른쪽으로 기울여 회전시킵니다. ❷ [Object]-[Envelope Distort]-[Make with Warp]([Alt]+[Shift]+[Ctrl]+[W]) 메뉴를 선택하여 Warp Options 창을 엽니다. ❸ Style을 Arc로 선택, Horizontal를 체크, Bend를 50%로 설정한 후 ❹ 〈OK〉를 클릭합니다. 오브젝트가 위쪽이 넓은 아치형으로 바뀝니다.

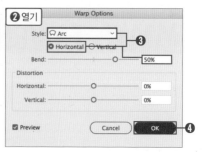

07 ❶ 바운딩 박스를 왼쪽으로 기울여 회전시킨 후 ❷ 직접 선택 툴 ▷로 기준점을 드래그하여 패스 위치를 수정하고 방향선을 움직여 패스 곡률을 조절합니다.

08 ❶ 선택 툴 ▷로 'LOVER' 글자를 선택한 후 ❷ [Object]-[Envelope Distort]-[Make with Warp](Alt + Shift + Ctrl + W) 메뉴를 선택하여 Warp Options 창을 엽니다. ❸ Style을 Bulge로 선택, Horizontal을 체크, Bend를 50%로 설정한 후 ❹ 〈OK〉를 클릭합니다. 가운데만 볼록하게 나온 형태로 오브젝트 모양이 바뀝니다.

 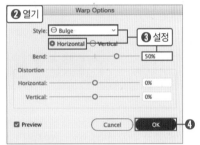

09 ❶ 선택 툴 ▷로 글자를 오른쪽으로 기울여 회전시킨 후 크기를 키워주세요. ❷ 직접 선택 툴 ▷로 기준점을 드래그하여 패스 위치를 수정하고 방향선을 움직여 패스 곡률을 조절합니다. 오른쪽으로 갈수록 'LOVER'글자가 점점 커지도록 만듭니다.

01 글자를 그물망에 넣어 자유로운 모양으로 왜곡시켜보겠습니다. ❶ 선택 툴▶로 'STEAK' 글자를 선택한 후 ❷ [Object]−[Envelope Distort]−[Make with Mesh](Alt+Ctrl+M) 메뉴를 선택하여 Envelope Mesh 창을 엽니다. ❸ Rows: 1, Columns: 5로 설정한 후 ❹〈OK〉를 클릭합니다. 입력한 숫자에 맞춰 세로 방향으로 5등분된 그물망이 씌워집니다.

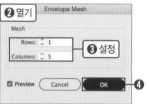

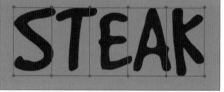

02 ❶ 직접 선택 툴▷로 그물망 블럭을 선택하여 이동합니다. 드래그한 방향으로 블럭이 이동합니다. ❷ 직접 선택 툴▷로 기준점을 드래그하여 패스 위치를 수정하고 ❸ 방향선을 움직여 패스 곡률을 조절합니다.

03 ❶ 선택 툴▶로 'CHICKEN' 글자를 선택한 후 크기를 줄여주세요. ❷ [Object]−[Envelope Distort]−[Make with Mesh](Alt+Ctrl+M) 메뉴를 선택하여 Envelope Mesh 창을 엽니다. ❸ Rows: 1, Columns: 7로 설정한 후 ❹〈OK〉를 클릭합니다. 입력한 숫자에 맞춰 세로 방향으로 7등분된 그물망이 씌워집니다.

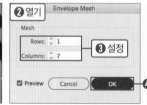

04 ❶ 직접 선택 툴▷로 그물망 블럭을 선택하여 아래로 드래그합니다. ❷ 오른쪽 사선 방향으로 점점 내려갈 수 있도록 블럭의 위치를 수정해주세요. ❸ 직접 선택 툴▷로 기준점을 드래그하여 패스 위치를 수정하고 방향 선을 움직여 패스 곡률을 조절합니다.

STEP 3 Make with Top Object로 글자 왜곡하기

01 글자 위에 상위 오브젝트를 만든 후 상위 오브젝트 모양에 맞춰 글자를 왜곡해보겠습니다. ❶ 면 색을 지정한 후 ❷ 펜 툴🖊로 'ON FRIED' 글자 위에 기울어진 둥근 삼각형을 그립니다.

02 ❶ 선택 툴▶로 글자와 둥근 삼각형을 선택한 후 ❷ [Object]-[Envelope Distort]-[Make with Top Object]([Alt]+[Ctrl]+[C]) 메뉴를 선택합니다. 글자 오브젝트가 둥근 삼각형 모양에 맞춰 왜곡됩니다. 'ON FRIED' 글자가 둥근 삼각형 크기에 맞춰 자동 조절된 것을 확인할 수 있습니다.

NOTE ▶ Make with Top Object 기능을 적용할 때 주의할 점

왜곡 모양을 제공하는 오브젝트는 상단에 위치시키고, 왜곡의 주체가 되는 오브젝트는 하단에 위치시킵니다. 상위 오브젝트와 하위 오브젝트가 따로 떨어져 있어도 상위 오브젝트와 하위 오브젝트가 위, 아래에 정확히 위치해 있으면 Make with Top Object 기능을 적용할 수 있습니다.

01 오브젝트를 일반 오브젝트로 바꿔보겠습니다. ❶ 선택 툴▶로 글자 전체를 선택합니다. ❷ [Object]-[Expand] 메뉴를 선택하여 Expand 창이 열리면 ❸ 〈OK〉를 클릭합니다. 왜곡된 글자 형태에 맞춰 패스가 만들어집니다.

02 아날로그 질감을 합성해보겠습니다. Layers 패널에서 [질감] 레이어의 눈을 켜줍니다. 햄버거 실루엣에 회색 질감이 입혀져 빈티지한 느낌이 연출됩니다. 활판에 인쇄한 듯한 왜곡 글자가 완성되었습니다.

옛스러운 빈티지 스타일의
글자 만들기

🛠 모양 패널과 이펙트 효과를 이용해 빈티지 글자 만들기

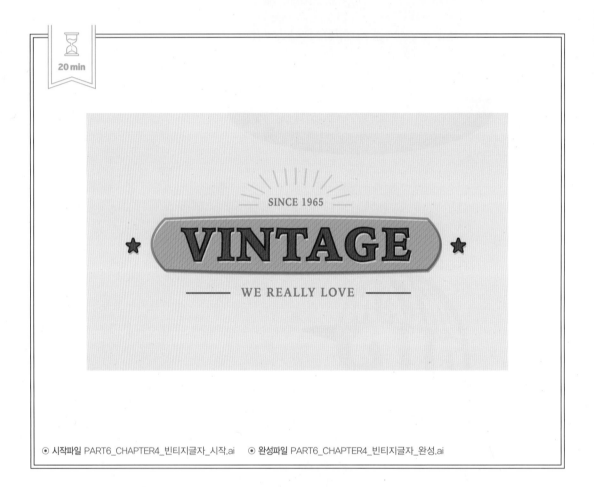

20 min

⊙ 시작파일 PART6_CHAPTER4_빈티지글자_시작.ai   ⊙ 완성파일 PART6_CHAPTER4_빈티지글자_완성.ai

POINT SKILL Appearance 패널, 이펙트(Rectangle, Inflate, Grain)

HOW TO 일러스트레이터의 Appearance 패널을 이용하면 오브젝트의 기본 구조를 변경하지 않으면서 오브젝트 모양을 다양하게 수정할 수 있습니다. Appearance 패널의 모양 속성에는 선과 면, 투명도 및 이펙트 효과가 포함됩니다. 하나의 오브젝트에 여러 개의 면과 선을 만들 수 있으며, 레이어 계층 구조처럼 면과 선을 위 아래로 드래그하여 위치를 바꿀 수 있습니다. 이번 예제에서는 Appearance 패널과 Rectangle 이펙트, Inflate 이펙트, Grain 이펙트를 이용해 옛스러운 빈티지 스타일의 글자를 디자인해보겠습니다.

STEP ❶ 모양 패널에서 면 색 변경하고 면 추가하기 ▶ ❷ 이펙트로 직사각형 만들기 ▶ ❸ 이펙트로 그레인 질감 입히기 ▶ ❹ 대각선 패턴과 선 색 입히기

Appearance 패널

Appearance는 '외관, 모양'이란 뜻입니다. 일러스트레이터의 Appearance 패널은 오브젝트를 이루는 면과 선을 설명하고 여러 개의 면과 선을 만들 수 있습니다. Graphic Styles, Brush, Transparency, 이펙트 효과를 적용하여 다양한 스타일을 연출할 수 있습니다. Appearance 패널이 보이지 않으면 [Window]-[Appearance] (Shift + F6) 메뉴를 선택합니다.

1. Appearance 창

❶ **특성** : 선택한 오브젝트가 Path로 만들어졌습니다.

❷ **Stroke** : 선 색과 선 굵기를 표시합니다.

❸ **Effect** : Effect를 표시합니다. 이펙트명을 클릭하거나 fx 버튼을 더블클릭하면 Effect 창이 열리고 Effect를 조정할 수 있습니다.

❹ **Opacity** : 불투명도를 표시합니다. Default(기본값)은 100%입니다.

❺ **Fill** : 면 색을 표시합니다.

❻ ◻ **Add New Stroke** : 새로운 선을 추가합니다.

❼ ◼ **Add New Fill** : 새로운 면을 추가합니다.

❽ fx **Add New Effect** : 새로운 이펙트를 추가합니다.

❾ ⊘ **Clear Appearance** : 오브젝트를 초기화합니다. 면과 선, 모든 이펙트가 사라집니다.

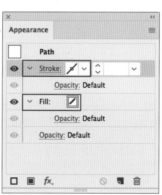
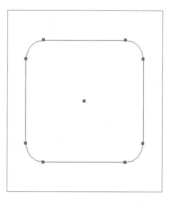

❿ ▤ **Duplicate Selected Item** : 선택한 모양을 복제합니다.

⓫ 🗑 **Delete Selected Item** : 선택한 모양을 삭제합니다.

2. 오브젝트의 면과 선, 이펙트 순서 변경하기

❶ Appearance 패널에서 면(Fill)을 선(Stroke) 위로 드래그합니다. 면이 선 위로 올라와 선의 일부를 가립니다.

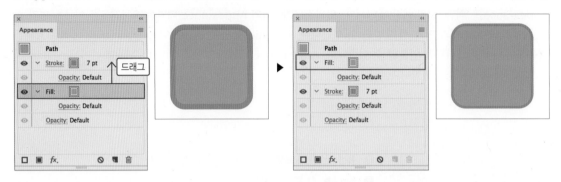

❷ 선(Stroke)에 적용되어 있던 Pucker & Bloat 이펙트를 면으로 드래그합니다. 면에 Pucker & Bloat 이펙트가 적용됩니다.

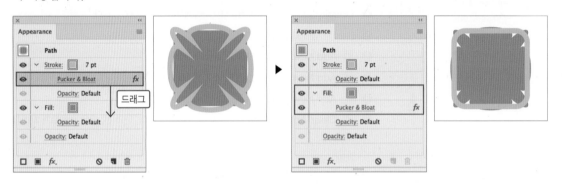

3. 오브젝트에 여러 개의 면 나타내기

❶ 원형 툴로 하늘색 원을 그립니다. ❷ Appearance 패널 하단의 버튼을 눌러 새로운 면을 추가합니다. ❸ Fill 컬러 칩을 클릭하여 면 색을 변경합니다.

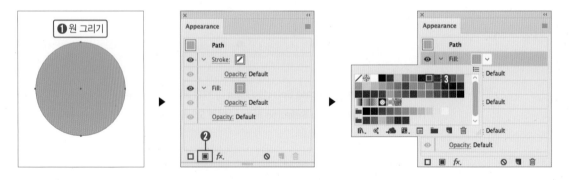

❹ 지정한 컬러로 면 색이 변경됩니다. ❺ Appearance 패널 하단의 fx.버튼을 눌러 [Distort & Transform]-[Transform] 메뉴를 선택합니다. ❻ Transform Effect 창이 열리면 Scale 항목의 Horizontal과 Vertical을 80%로 설정한 후 ❼〈OK〉를 누릅니다. 원이 20% 축소되어 나타납니다.

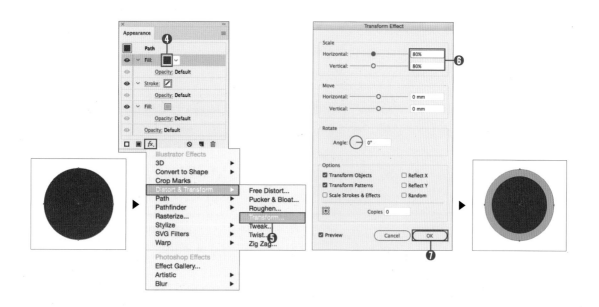

❽Ⓐ를 선택한 상태에서 Appearance 패널 하단의 🔳 버튼을 클릭합니다. Ⓐ모양이 복제됩니다. ❾Fill 컬러 칩을 클릭하여 면 색을 변경한 후 ❿이펙트명을 클릭하거나 🔳 버튼을 더블클릭합니다.

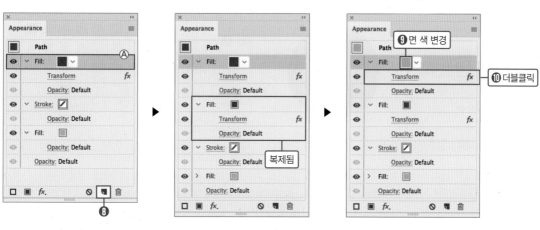

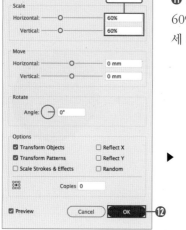

⓫Transform Effect 창이 열리면 Scale 항목의 Horizontal과 Vertical을 60%로 설정한 후 ⓬〈OK〉를 클릭합니다. 원이 20%축소되어 나타납니다. 세 개의 면이 겹쳐진 원이 완성됩니다.

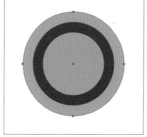

4. 오브젝트에 Graphic Style 적용하기

❶ 원형 툴 ⊙ 로 분홍색 원을 그립니다. ❷ Fill을 선택한 상태에서 Appearance 패널 하단의 ⬛ 버튼을 클릭합니다. Fill이 복제됩니다.

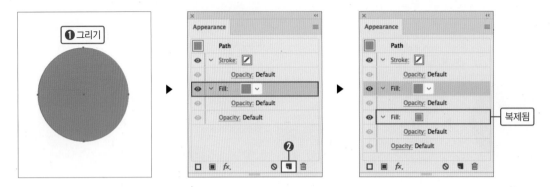

❸ Fill 컬러 칩을 클릭하여 면 색을 변경합니다. ❹ [Window]−[Graphic Styles](Shift+F5) 메뉴를 선택하여 Graphic Styles 패널을 엽니다. ❺ 패널 하단의 ⬛ 버튼을 눌러 Scribble Effects 메뉴를 선택합니다. ❻ Scribble Effects 라이브러리 창이 열리면 [Scribble 8] 그래픽 스타일을 선택합니다.

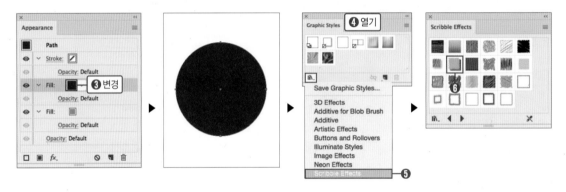

원에 녹색으로 표현한 낙서화 효과가 입혀집니다. Appearance 패널에 [Scribble 8] 그래픽 스타일에 적용된 이펙트 목록이 나타납니다. 오브젝트에 입혀진 그래픽 스타일을 일부 수정해보겠습니다. ❼ 연두색 면에 적용된 Scribble을 클릭하거나 fx 버튼을 더블클릭합니다. ❽ Scribble Options 창이 열립니다. Settings를 Swash로 설정한 후 ❾ 〈OK〉를 클릭합니다. 연두색 면에 다른 스타일의 낙서 효과가 입혀집니다.

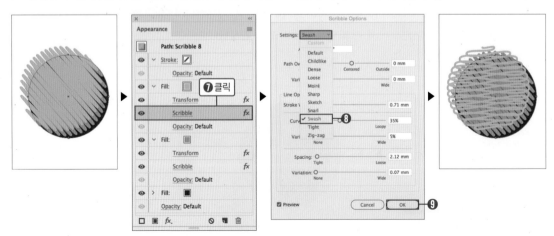

01 Ctrl+O를 눌러 'PART6_CHAPTER4_빈 티지글자_시작.ai' 파일을 불러옵니다.

02 ❶선택 툴▶로 'VINTAGE' 오브젝트를 선택합니다. ❷[Window]-[Appearance](Shift+F6) 메뉴를 선택하여 Appearance 패널을 엽니다. Appearance 패널에서 'VINTAGE'오브젝트가 Group으로 되어있음을 확인할 수 있습니다.

03 ❶Appearance 패널 하단의 ▣버튼을 눌러 새로운 면을 추가합니다. Shift를 누른 채 Fill 컬러 칩을 클릭하여 Color 팝업 창을 엽니다. ❷면 색을 베이지색으로 설정합니다. 'VINTAGE' 오브젝트 면 색이 베이지색으로 바뀝니다.

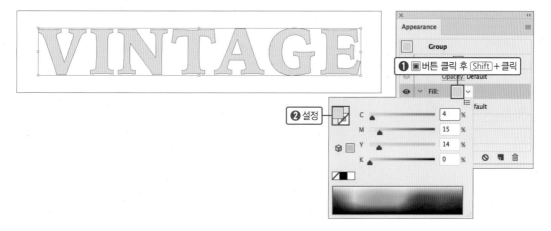

Appearance 패널의 컬러 칩을 클릭하면 Swatches 팝업 창이 열리고, Shift 를 누른 채 클릭하면 Color 팝업 창이 열립니다.

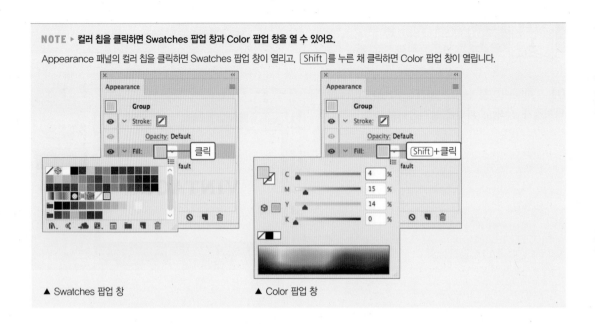

▲ Swatches 팝업 창   ▲ Color 팝업 창

STEP 2 이펙트로 직사각형 만들기

01 'VINTAGE' 오브젝트를 직사각형으로 바꿔보겠습니다. ❶ Fill을 선택한 상태에서 ❷ Appearance 패널 하단의 ⬛버튼을 클릭합니다. Fill이 복제됩니다. ❸ 밑에 있는 Fill 컬러 칩을 클릭하여 색상을 녹색으로 변경합니다. ❹ 녹색 Fill이 선택된 상태에서 fx 버튼을 눌러 [Convert to Shape]-[Rectangle] 메뉴를 선택합니다.

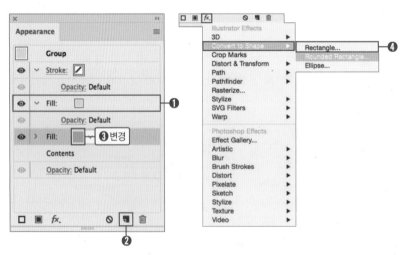

02 ❶Shape Options 창이 열리면 Extra Width: 8mm, Extra Height: 4mm로 설정한 후 ❷〈OK〉를 클릭합니다. 가로로 길쭉한 직사각형이 만들어집니다. ❸Appearance 패널에 Rectangle 이펙트가 표시됩니다.

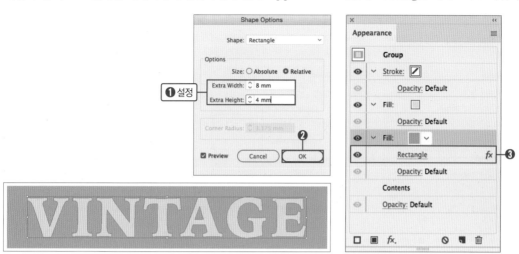

03 직사각형을 부풀린 모양으로 바꿔보겠습니다. ❶ ⨍ 버튼을 눌러 [Warp]-[Inflate] 메뉴를 선택합니다. ❷Warp Options 창이 열리면 Bend를 20%로 설정한 후 ❸〈OK〉를 클릭합니다. 직사각형이 볼록해지고 ❹Appearance 패널에 Inflate 이펙트가 표시됩니다.

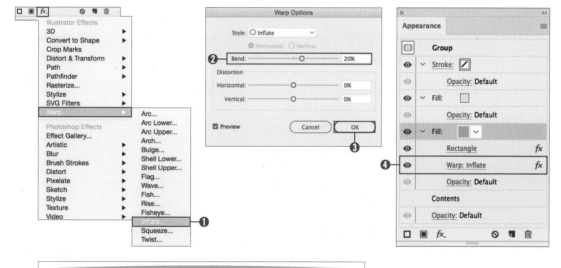

04 ❶Ⓐ를 선택한 상태에서 Appearance 패널 하단의 ▣ 버튼을 클릭합니다. Ⓐ가 복제됩니다. ❷ 복제된 Ⓑ 를 Stroke 밑으로 옮긴 후 ❸ Fill 컬러 칩을 클릭하여 색상을 회색으로 변경합니다. 회색 직사각형이 가장 상단 에 위치하게 됩니다.

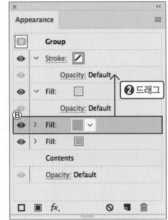

이펙트로 그레인 질감 입히기

01 작은 점으로 이루어진 질감을 만들어보겠습니다. ❶ 회색 Fill이 선택된 상태에서 *fx* 버튼을 눌러 [Texture]– [Grain] 메뉴를 선택합니다. ❷ Grain 창이 열리면 Intensity: 80, Contrast: 50으로 설정한 후 ❸⟨OK⟩를 클 릭합니다. 질감이 입혀집니다.

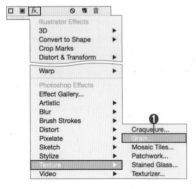
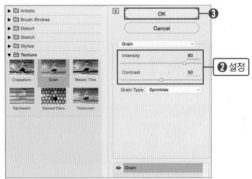

02 Appearance 패널에 Grain 이펙트가 표시됩니다. ❶ 회색 Fill의 Opacity를 클릭하여 ❷ 레이어 모드를 Multiply로 설정하고 Opacity를 40%로 줄입니다. 질감의 흰색 부분이 투명해지면서 회색 알맹이만 흐릿하게 보이게 됩니다.

03 ❶ 선택 툴▶로 오브젝트를 선택한 상태에서 ❷ Ctrl+C, Ctrl+F를 차례대로 눌러 제자리 복제합니다. ❸ 녹색 Fill이 선택된 상태에서 🗑️버튼을 눌러 삭제합니다. ❹ 베이지색 Fill 컬러 칩을 클릭하여 색상을 빨간색으로 변경합니다.

04 오브젝트 위치를 바꾸겠습니다. ❶ ← 방향키를 두 번, ↑ 방향키를 두 번 눌러 왼쪽 위로 올립니다. ❷ 회색 Fill이 선택된 상태에서 ❸ ▣버튼을 눌러 복제합니다.

01 대각선 패턴을 입혀보겠습니다. ❶ 위에 있는 회색 Fill 컬러 칩을 클릭하여 Swatches 팝업 창에서 대각선 패턴을 선택합니다. ❷ Grain 이펙트의 눈 칸▢을 클릭하여 눈을 꺼줍니다.

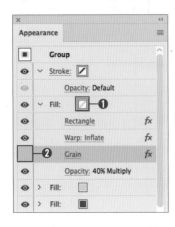

02 선 색을 입혀보겠습니다. Stroke 컬러 칩을 클릭하여 색상을 진한 빨간색으로, 굵기를 2pt로 설정합니다.

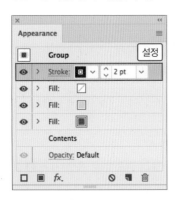

03 오브젝트가 선택된 상태에서 [Object]–[Expand Appearance] 메뉴를 선택하여 'VINTAGE'오브젝트와 직사각형 오브젝트를 분리합니다.

04 ❶그룹 선택 툴▣로 직사각형을 선택합니다. ❷Appearance 패널 하단의 ▣ 버튼을 클릭하여 새로운 선을 추가합니다. ❸Stroke 컬러 칩을 클릭하여 색상을 진한 빨간색으로 설정하고 굵기를 3pt로 설정합니다.

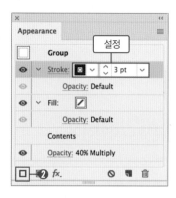

05 직사각형의 위치를 바꾸겠습니다. ← 방향키를 한 번, ↑ 방향키를 한 번 눌러 왼쪽 위로 올립니다. 자유롭게 빈티지 소스를 추가하거나 배경색을 넣어 빈티지 글자를 완성합니다.

볼륨감이 느껴지는
3D 입체 글자 만들기

 3D 이펙트와 그래픽 스타일을 이용해 입체감 있는 글자 디자인하기

⊙ 시작파일 PART6_CHAPTER5_3D입체글자_시작.ai ⊙ 완성파일 PART6_CHAPTER5_3D입체글자_완성.ai

POINT SKILL 글자 툴, 이펙트(Extrude & Bevel), Graphic Styles 패널

HOW TO 일러스트레이터에는 3D 전문 프로그램을 사용하지 않아도 2D 오브젝트를 입체감이 느껴지는 3D 오브젝트로 만들 수 있는 기능이 있습니다. 3D Extrude & Bevel 이펙트를 이용하면 입체감의 깊이와 원근감 및 조명을 설정하여 3D 입체 모양을 만들 수 있습니다. 이번 예제에서는 평면 글자를 입체 글자로 만들고 그래픽 스타일을 이용하여 그림자를 넣어보겠습니다.

STEP ❶ 3D 이펙트를 이용하여 입체 글자 만들기 ▶ ❷ 입체 글자의 면 색 변경하기 ▶ ❸ 그래픽 스타일 적용하고 수정하기

Extrude & Bevel 이펙트

일러스트레이터에서는 평면 오브젝트를 3D 오브젝트로 입체적으로 표현해주는 3D 이펙트 기능이 있습니다. Extrude & Bevel 이펙트는 평면 오브젝트를 돌출시키거나 모서리 형태를 설정하여 입체적으로 표현할 수 있습니다.

1. Extrude & Bevel로 입체 글자 만들기

❶ 글자 툴□로 글자를 입력하고 ❷ [Effect]-[3D]-[Extrude & Bevel] 메뉴를 선택하여 3D Extrude & Bevel Options 창을 엽니다. ❸ 3D 옵션을 다음과 같이 설정한 후 ❹ 〈OK〉를 클릭합니다. 입체 오브젝트가 만들어집니다. ❺ [Object]-[Expand Appearance] 메뉴를 선택하여 일반 오브젝트로 변경합니다.

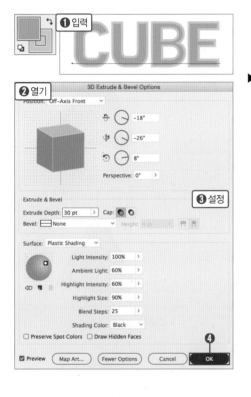

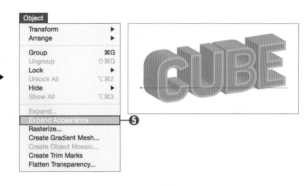

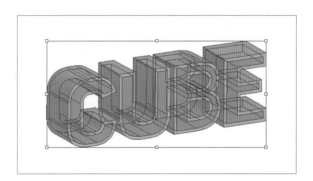

2. 3D Extrude & Bevel Options 창 옵션 설정하기

[Effect]-[3D]-[Extrude & Bevel] 메뉴를 선택하면 3D Extrude & Bevel Options 창이 열립니다.

❶ **Position** : 3D 방향을 설정합니다.

❷ **3D cube** : 3D 큐브를 직접 드래그하여 돌려 3D 방향을 설정합니다. 오브젝트의 윗면과 아랫면은 밝은 회색, 옆면은 중간 회색, 뒷면은 짙은 회색으로 표현됩니다.

❸ **회전축** : 각각 X축⊖, Y축⊕, Z축⊙을 의미합니다. −180에서 180사이의 값으로 설정합니다.

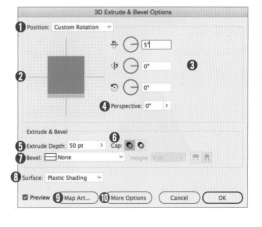

❹ **Perspective** : 원근감을 조절합니다. 0 – 160˚ 사이의 값으로 설정합니다.

❺ **Extrude Depth** : 돌출 두께를 설정합니다.

❻ **Cap** : 오브젝트 내부를 채워서 나타낼 것인지, 속이 비어 있는 모양으로 나타낼 것인지 설정합니다.

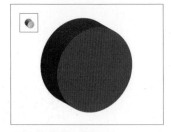
▲ 캡이 돌출된 오브젝트

▲ 캡이 없는 오브젝트

❼ **Bevel** : 두께의 모양을 설정합니다. Bevel을 None이 아닌 다른 모양으로 선택하면 Height가 활성화됩니다. Height는 모서리 형태의 크기를 설정합니다.

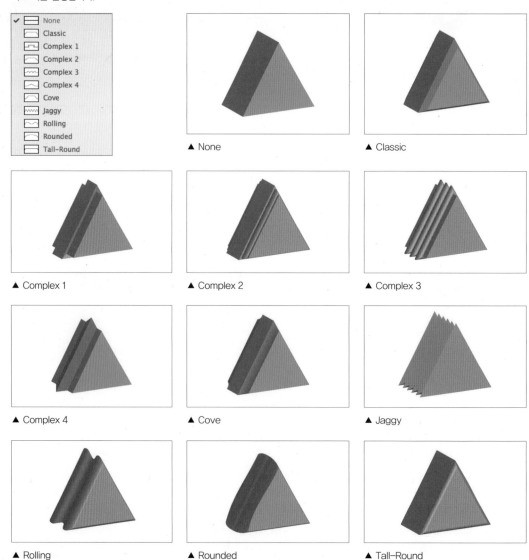

▲ None

▲ Classic

▲ Complex 1

▲ Complex 2

▲ Complex 3

▲ Complex 4

▲ Cove

▲ Jaggy

▲ Rolling

▲ Rounded

▲ Tall-Round

❽ **Surface** : 표면 음영에 대한 옵션을 선택합니다.

▲ Wireframe : 철사 프레임   ▲ No Shading : 음영 없음   ▲ Diffuse Shading : 음영확산   ▲ Plastic Shading : 플라스틱 음영

❾ **Map Art** : Symbols 패널에 원하는 심벌을 추가한 후 〈Map Art〉를 클릭하여 옵션 창을 엽니다. Symbol 옵션 단추에서 심벌을 선택한 후 〈OK〉를 클릭하면 3D 오브젝트에 매핑이 적용됩니다.

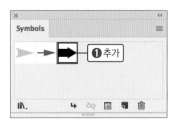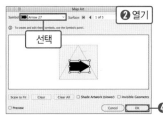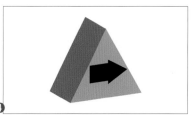

❿ **More Options** : 조명을 설정합니다. 해당 버튼을 누르면 감춰진 조명 옵션이 보입니다.

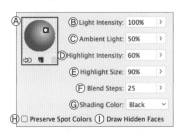

Ⓐ 라이트 미리보기 : 조명을 배치하고 추가하며 삭제합니다.

    ⊡ 선택한 라이트를 뒤에 배치하기

    ◪ 새 라이트 추가하기

    🗑 라이트 삭제하기

Ⓑ Light Intensity : 라이트의 강도를 설정합니다.

Ⓒ Ambient Light : 주변의 광량을 설정합니다.

Ⓓ Highlight Intensity : 가장 밝은 부분의 강도를 설정합니다.

Ⓔ Highlight Size : 가장 밝은 부분의 크기를 설정합니다.

Ⓕ Blend Steps : 렌더링 단계를 설정합니다. 수치가 클수록 렌더링 품질이 좋아집니다.

Ⓖ Shading Color : 어두운 부분의 색상을 설정합니다.

Ⓗ Perserve Spot Colors : 오브젝트 색상을 보존합니다.

Ⓘ Draw Hidden Faces : 화면에 보이지 않는 부분도 렌더링합니다.

3. Extrude & Bevel로 만든 다양한 입체 오브젝트

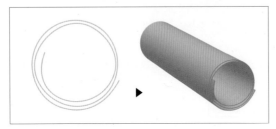 

Graphic Styles 패널

[Window]−[Graphic Styles](Shift + F5) 메뉴를 선택하면 Graphic Styles 패널이 열립니다. 그래픽 스타일은 클릭 한번으로 패스에 '스타일'을 적용하여 멋진 효과를 만들어낼 수 있습니다. 버튼을 클릭하면 일러스트레이터에서 기본적으로 제공하는 그래픽 스타일 라이브러리 소스를 꺼내어 이용할 수 있습니다.

1. Graphic Style 적용하기

❶ Graphic Styles 패널의 버튼을 눌러 Additive for Blob Brush 메뉴를 선택합니다. Additive for Blob Brush 패널이 열립니다. ❷ 오브젝트를 선택하고 ❸ Additive for Blob Brush 패널에서 'Drop Shadow'스타일을 클릭하면 글자에 그림자 스타일이 적용됩니다.

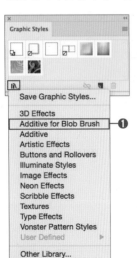   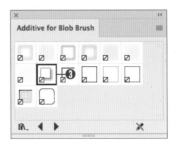

---

2. Appearance 패널에서 Graphic Style 수정하기

❶ 스타일이 적용된 오브젝트를 선택한 후 ❷ [Window]–[Appearance](Shift + F6) 메뉴를 선택하여 Appearance 패널을 엽니다. ❸ 'Drop Shadow' 이펙트명을 클릭하거나 fx 버튼을 더블클릭하여 Drop Shadow 창을 엽니다. ❹ Opacity: 50%, X Offset: 2mm, Y Offset: 2mm로 설정한 후 ❺ 〈OK〉를 클릭합니다. 오브젝트에 그림자 스타일이 수정되어 나타납니다.

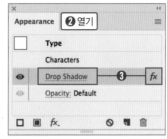

STEP 1 3D 이펙트를 이용하여 입체 글자 만들기

01 Ctrl + O 를 눌러 'PART6_CHAPTER5_3D입체글자_시작.ai' 파일을 불러옵니다.

NOTE ▶ 배달의 민족 한나체 다운로드

예제에서 사용한 폰트는 '우아한 형제'에서 만든 배달의 민족 한나체입니다. 시작파일을 열었을 때 한나체가 컴퓨터에 설치되어 있지 않으면 글자가 깨지거나 다른 글자체로 변환되어 나타납니다. 한나체는 누구나 자유롭게 다운받아 사용할 수 있습니다.

* 다운로드 주소 : http://www.woowahan.com/

02 3D 이펙트를 이용하여 입체 글자를 만들어보겠습니다. ❶ 선택 툴▶로 '휴식' 글자를 선택합니다.
❷ [Effect]-[3D]-[Extrude & Bevel] 메뉴를 선택하여 3D Extrude & Bevel Options 창을 엽니다.
❸ Preview에 체크 표시하고 Position을 Isometric Right로 설정합니다. Extrude Depth에 '50pt'를 입력하
고 Surface 조명 옵션을 다음과 같이 설정한 후 ❹ 〈OK〉를 클릭합니다. '휴식' 글자가 입체 모양으로 변합니다.

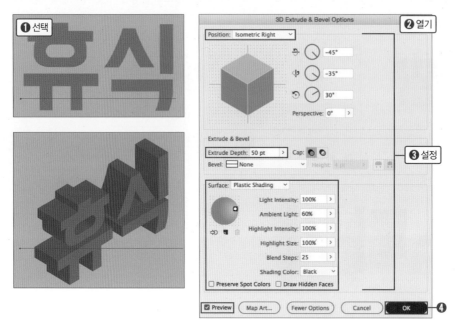

작업의 이해를 위한 **TIP** ▶ Surface 옵션이 보이지 않을 경우 아래 〈More Options〉를 클릭합니다.

03 [Object]-[Expand Appearance] 메뉴를 선택하여 3D 오브젝트를 패스 처리합니다.

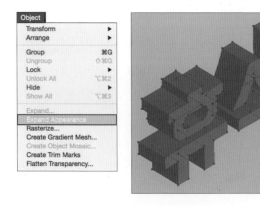

04 ❶[View]−[Outline]([Ctrl]+[Y]) 메뉴를 선택합니다. 오브젝트의 색상이 사라지고 패스만 보입니다. 자음 'ㅎ'의 패스가 여러 조각으로 나눠진 것을 확인할 수 있습니다. ❷직접 선택 툴▷을 선택한 후 [Shift]를 누른 채 네 개의 면을 차례대로 클릭합니다. ❸Pathfinder 패널에서 합치기▣를 클릭합니다.

NOTE ▶ 아웃라인(외곽선) 보기

[View]−[Outline]([Ctrl]+[Y]) 메뉴를 선택하면 오브젝트의 패스를 정확하게 볼 수 있습니다. 이렇게 패스 상태만 보이게 되면 오브젝트의 기본 구조를 정확히 파악할 수 있어 복잡한 작업을 할 때 도움이 됩니다. 아웃라인 보기를 취소하려면 [Ctrl]+[Y]를 다시 한 번 누릅니다.

---

05 네 개의 면이 하나로 합쳐집니다. 패스파인더 기능을 사용하면서 합쳐진 면이 상위 레이어로 올라왔습니다. [Shift]+[Ctrl]+[[]를 눌러 맨 아래로 내려줍니다.

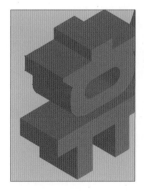
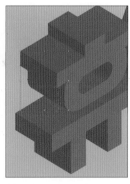

06 ❶직접 선택 툴▷로 [Shift]를 누른 채 자음 'ㅎ'의 바닥면 세 개를 차례대로 클릭합니다. ❷Pathfinder 패널에서 합치기▣를 클릭하여 하나로 합칩니다. ❸❹같은 방법으로 조각난 안쪽 옆면도 하나의 오브젝트로 만들어줍니다.

01 입체 글자의 면 색을 밝은 톤, 중간 톤, 어두운 톤으로 나누어 변경해보겠습니다. ❶ 직접 선택 툴 ▷로 Shift 를 누른 채 앞면을 클릭하여 선택합니다. ❷ Color 패널에서 분홍색을 선택하여 밝은 톤을 설정합니다.

02 ❶ 직접 선택 툴 ▷로 Shift 를 누른 채 윗면을 클릭하여 선택합니다. ❷ Color 패널에서 연한 보라색을 선택하여 중간 톤을 설정합니다.

03 ❶ 직접 선택 툴 ▷로 Shift 를 누른 채 옆면을 클릭하여 선택합니다. ❷ Color 패널에서 진한 보라색을 선택하여 어두운 톤을 설정합니다.

04 ❶ 직접 선택 툴 ▷로 '휴식' 오브젝트를 선택하여 둥근 사각 받침대 위에 배치합니다. 윗면에 그레이디언트 명암을 넣어 반짝이는 느낌을 만들겠습니다. ❷ 직접 선택 툴 ▷로 윗면을 클릭하여 선택합니다.

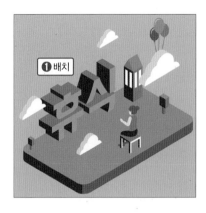

05 그레이디언트 라이브러리 소스를 열겠습니다. ❶ Swatches 패널 하단의 🗐 버튼을 클릭하여 [Gradients]– [Sky] 메뉴를 선택합니다. Sky 패널이 열립니다. ❷ 'Sky 17'을 클릭하면 윗면에 분홍색 그레이디언트가 입혀집니다.

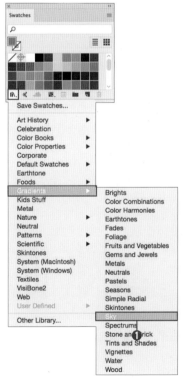

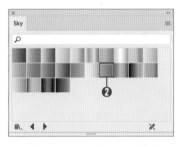

01 그래픽 스타일을 입히겠습니다. ❶ 선택 툴▶로 '휴식' 오브젝트를 선택합니다. ❷ Graphic Styles 패널 하단의 🔳 버튼을 클릭하여 Additive for Blob Brush 메뉴를 선택합니다. Additive for Blob Brush 패널이 열립니다. ❸ 'Drop Shadow'를 선택합니다. '휴식' 오브젝트에 그림자가 만들어집니다.

02 그림자 스타일을 수정하겠습니다. ❶ Appearance 패널에서 'Drop Shadow' 이펙트명을 클릭하거나 🔣 버튼을 더블클릭하여 Drop Shadow 창을 엽니다. ❷ Opacity: 50%, X Offset: −1mm, Y Offset: 1mm로 설정한 후 ❸ Color 칩을 클릭합니다. ❹❺ Color Picker 창이 열리면 그림자 색을 보라색으로 설정합니다. ❻ 최종적으로 Drop Shadow 창의 〈OK〉를 클릭합니다. 왼쪽 앞으로 살짝 이동한 보라색 그림자가 만들어집니다.

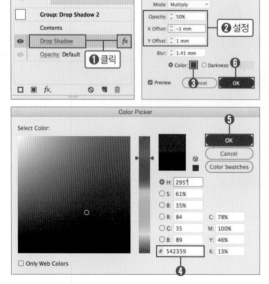

03 구름 오브젝트에 그래픽 스타일을 입히겠습니다. ❶Layers 패널에서 [여러오브젝트]의 잠근칸█을 클릭하여 자물쇠🔒를 풀어줍니다. ❷ 선택 툴▶로 구름을 선택합니다.

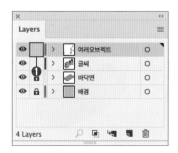

04 ❶Graphic Styles 패널 하단의 🔖 버튼을 클릭하여 [Additive] 메뉴를 선택합니다. ❷Additive 패널이 열리면 'Out Grow 5pt'를 선택합니다. 구름 외곽에 밝은 빛 효과가 입혀집니다.

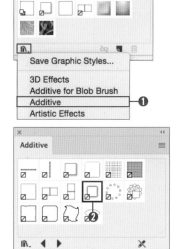

NOTE ▶ 3D 이펙트 종류

예제에서 이용한 [Effect]-[3D] 메뉴에는 Extrude & Bevel 이펙트 외에 두 가지 유형의 3D 이펙트가 더 있습니다. 유형별로 하나씩 살펴보겠습니다.

❶ **Extrude & Bevel** : 평면 오브젝트를 투시시점에 따라 두께를 주어 입체 모양을 만듭니다. 원근감, 모서리 형태 등을 설정할 수 있습니다.

▲ 원본

❷ **Revolve** : 평면 오브젝트의 반쪽 형태를 세로 축을 기준으로 360° 회전하여 입체 모양을 만듭니다.

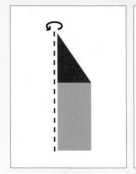  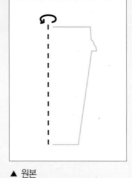 

▲ 원본　　　　　　　　　　　▲ 원본

❸ **Rotate** : 평면 오브젝트가 입체 모양으로 변하는 것이 아니라 평면 오브젝트 자체에 3D 투시가 적용됩니다.

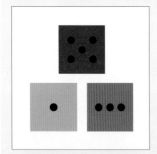 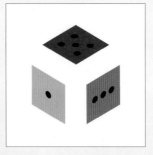 

▲ 원본

NOTE ▶ 어도비에서 무료로 제공하는 Typekit 폰트 활용법

Typekit는 일러스트레이터 CC 17.1 버전부터 적용된 기능이므로 이하 버전이라면 사용하는 데에 제한이 있을 수 있습니다. Typekit 폰트는 어도비에서 제공하는 무료 폰트입니다. Typekit 사이트(https://typekit.com)에 접속하여 무료 폰트를 설치하여 사용할 수 있습니다. Typekit 폰트는 컴퓨터에 설치된 다른 폰트와 함께 Character 패널 목록에 나타납니다. Typekit 폰트만 보고 싶으면 Character 패널의 폰트 목록에서 Tk 버튼을 클릭합니다.

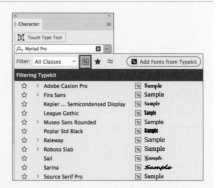

[한글 폰트]

1. 구글과 어도비

본고딕(노토 산스 CJK)은 구글과 어도비가 손잡고 만든 다국어 호환 폰트입니다. 한국어, 중국어 간체, 중국어 번체, 일본어, 영어를 한꺼번에 지원합니다.

   ❖ http://www.google.com/get/noto/#/family/noto-sans-kore

2. 네이버

나눔글꼴 7종(나눔스퀘어, 나눔바른펜, 나눔바른고딕, 나눔글꼴에코, 나눔손글씨, 나눔고딕, 나눔명조)을 무료로 제공합니다.

   ❖ http://hangeul.naver.com/2016/nanum

3. 우아한 형제

우아한 형제는 음식배달 앱 '배달의 민족'을 운영하고 있습니다. 회사 정체성을 보여주는 폰트 '한나체'와 '주아체', '도현체', '연성체'를 직접 만들어 무료로 배포하고 있습니다.

   ❖ http://www.woowahan.com/

4. 서울시

서울특별시 사이트에 들어가면 누구나 무료로 다운받아 자유롭게 사용할 수 있는 '서울남산체'와 '서울한강체'를 다운받을 수 있습니다.

   ❖ http://www.seoul.go.kr/v2012/seoul/symbol/font.html

5. 제주시

제주도청 제주고딕, 제주명조, 제주한라산

   ❖ http://www.jeju.go.kr/jeju/symbol/font/infor.htm

6. 각종 지방단체 및 진흥원

성동구청에서 만든 '성동고딕', '성동명조체'와 부산시에서 만든 '부산체', 여성가족부와 한국청소년활동진흥원에서 무료로 보급하고 있는 '청소년체'는 누구나 무료로 다운받아 자유롭게 사용할 수 있습니다.

   ❖ http://www.sd.go.kr/sd/main.do?op=mainSub&mCode=13G010030030

   ❖ http://www.busan.go.kr/bhbusan

[영문 폰트]

1. 다폰트

대표적인 영문 무료 폰트 사이트입니다. 카테고리 정리가 세분화되어 있어 원하는 스타일의 폰트를 찾기 쉽습니다.

   ❖ http://www.dafont.com

2. 폰트스퀘어

다양한 필터링 옵션을 통해 폰트를 손쉽게 검색할 수 있습니다.

   ❖ https://www.fontsquirrel.com/

3. 어반폰트

알파벳 순으로 쉽게 폰트명을 찾을 수 있습니다.

   ❖ http://urbanfonts.com/

4. 앱스트럭션폰트

알파벳 순으로 쉽게 폰트명을 찾을 수 있습니다.

   ❖ http://www.abstractfonts.com/

5. 폰트큐브

폰트 스타일별 세부 카테고리가 잘 되어 있습니다.

   ❖ http://www.fontcubes.com/

6. 폰트스페이스

인기 있는 영문 폰트를 메인에 소개합니다.

   ❖ http://www.fontspace.com/

PART

6

타이포그래피

PART 07

편집 디자인

디자인 과정에서 글과 그림의 요소를 제한된 공간 안에 아름답게 배분하여 누구나 편하게 읽고 볼 수 있도록 편집하는 과정은 매우 중요합니다. 자유자재로 지면을 활용할 수 있는 아트보드, 문장을 정렬하는 패널, 긴 문장을 연결하는 글 상자, 일관된 스타일을 지정할 수 있는 단락 스타일 등을 이용하여 편집 디자인 테크닉을 연습해보겠습니다.

사랑스러운
2단 웨딩 카드 만들기

⚒ 컬러 가이드 패널과 리컬러 아트웍으로 색 변경 후 선 툴로 가이드선 만들기

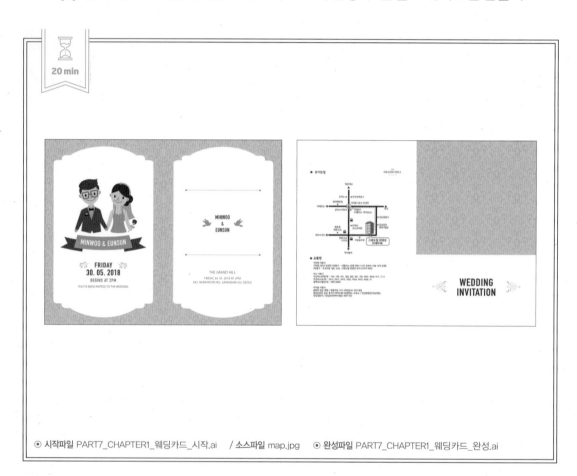

⊙ **시작파일** PART7_CHAPTER1_웨딩카드_시작.ai / **소스파일** map.jpg ⊙ **완성파일** PART7_CHAPTER1_웨딩카드_완성.ai

---

POINT SKILL 선 툴, 아트보드 툴, Color Guide 패널, Recolor Artwork, 가이드선(Make Guides)

HOW TO 일러스트레이터에서 손쉽고 빠르게 컬러를 변경하는 방법은 Color Guide 패널과 Recolor Artwork을 이용하는 것입니다. 기본색을 설정한 후 Color Guide 패널을 표시하면 추천 배색이 나타나 편리하게 색을 설정할 수 있습니다. Color Guide 패널의 배색 그룹을 Swatches 패널에 추가한 후 Recolor Artwork 창에서 추가한 배색 그룹을 오브젝트에 자동 적용할 수 있습니다. 이번 예제에서는 Color Guide 패널과 Recolor Artwork 창을 이용하여 색을 변경하는 방법, 2단 웨딩 카드의 앞면과 뒷면에 2단 접지선을 넣는 방법, 인쇄용 PDF 파일로 저장하는 방법 등을 학습해보겠습니다.

STEP ❶ 새 아트보드 만들어 위치 옮기기 ▶ ❷ 선 툴로 접지선 만들기 ▶ ❸ 컬러 가이드 패널을 이용해 채색하기 ▶ ❹ 리컬러 아트웍 창에서 색 변경하기 ▶ ❺ 외부 이미지 불러오기 ▶ ❻ PDF 파일로 저장하기

Color Guide 패널

[Window]–[Color Guide] 메뉴를 선택합니다. Color Guide 패널은 색을 직관적으로 배합하여 다양한 배색을 선택할 수 있는 가이드를 제공합니다. 기준이 되는 색상을 선택하면 그 색과 어울리는 색상을 선별해줍니다.

Color Guide 패널 살펴보기

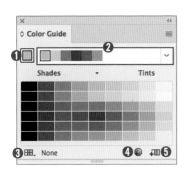

❶ 기준이 되는 색상입니다.

❷ 기준이 되는 색상을 바탕으로 다양한 배색 그룹이 나열됩니다. 팝업 버튼□을 누르면 다른 배색 그룹을 선택할 수 있습니다.

❸ ▦ : Swatches 라이브러리 목록을 열어 불러옵니다.

❹ ⊛ : Recolor Artwork 창을 엽니다.

❺ ⊞ : Swatches 패널에 현재 배색을 그룹으로 등록합니다.

Recolor Artwork

[Edit]–[Edit Colors]–[Recolor Artwork] 메뉴를 선택하거나 Color Guide 패널의 ⊛버튼을 클릭하여 Recolor Artwork 창을 엽니다. Recolor Artwork 기능을 이용하면 패턴, 브러시, 심벌, 메시 등이 적용된 오브젝트의 전체 색을 손쉽게 바꿀 수 있습니다. 오브젝트 전체를 일일이 선택하여 색을 변경하지 않아도 기존 오브젝트에 입혀진 색을 기준으로 색상 변경을 할 수 있어 편리합니다.

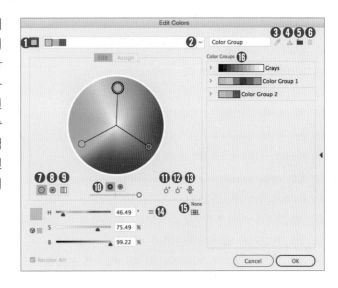

❶ 기준이 되는 색상과 배색 그룹을 나타냅니다.

❷ 팝업 버튼□을 누르면 다른 배색 그룹을 선택할 수 있습니다.

❸ ⊘ : 원래 배색으로 되돌립니다.

❹ ⊥ : 배색을 저장합니다.

❺ ▣ : 배색을 색상 그룹으로 저장합니다.

❻ ▤ : 배색을 삭제합니다.

❼ ⊙ : 색상원을 부드럽게 표시합니다.

❽ ⊛ : 색상원을 나눠진 구역으로 표시합니다.

❾ ▥ : 색상원을 막대바 형태로 표시합니다.

❿ ⬛◦◦ : 명도를 조절합니다.

⓫ ♂ : 색상원에서 색을 클릭하여 색을 추가합니다.

⓬ ♂ : 색상원에서 색을 클릭하여 색을 삭제합니다.

⑬ 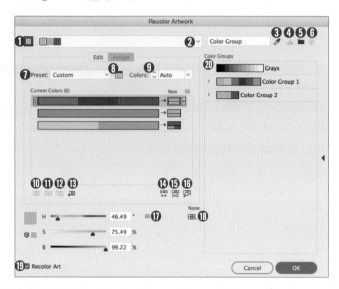 : 클릭하면 색상원 안에 있는 모든 색이 연결되어 함께 이동됩니다.

⑭ ☰ : 색상 모드를 변경합니다.   ⑮ ▦ : Swatches 라이브러리 목록을 열어 불러옵니다.

⑯ **Color Groups** : 필요한 색상 그룹을 저장하거나 편집합니다.

Assign Tab 살펴보기

❶ 기준이 되는 색상과 배색 그룹을 나타냅니다.

❷ 팝업 버튼⌄을 누르면 다른 배색 그룹을 선택할 수 있습니다.

❸ ✎ : 원래 배색으로 되돌립니다.

❹ ▣ : 배색을 저장합니다.

❺ ▣ : 배색을 색상 그룹으로 저장합니다.

❻ ▦ : 배색을 삭제합니다.

❼ **Preset** : 막대형 색 목록 보는 방식을 선택합니다.

❽ ▤ : Color Reduction Options 창을 띄웁니다.

❾ **Colors** : 색상 수를 설정합니다.

❿ ▥ : 목록에서 색을 두 개 이상 같이 선택하고 클릭하면 하나의 열로 합쳐집니다.

⑪ ▥ : 색상원에서 색을 클릭하여 색을 추가합니다.

⑫ ▨ : 한 개의 열에 여러 가지 배색이 있을 경우 색을 따로 구분합니다.

⑬ ▤ : 새로운 열을 만듭니다.

⑭ ▨ : 임의로 배색이 지정됩니다.

⑮ ▨ : 임의로 채도와 명도가 지정됩니다.

⑯ ▨ : 색상을 선택하고 클릭하면 선택한 색이 적용된 오브젝트만 보입니다.

⑰ ☰ : 색상 모드를 변경합니다.

⑱ ▦ : Swatches 라이브러리 목록을 열어 불러옵니다.

⑲ **Recolor Art** : 체크하면 적용되는 색을 미리 확인할 수 있습니다.

⑳ **Color Groups** : 필요한 색상 그룹을 저장하거나 편집합니다.

STEP 1 새 아트보드 만들어 위치 옮기기

01 Ctrl+O를 눌러 'PART7_CHAPTER1_웨딩카드_시작.ai' 파일을 불러옵니다.

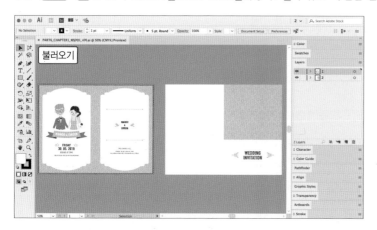

02 아트보드를 하나 더 만들겠습니다. ❶ [Window]-[Artboards] 메뉴를 선택하여 Artboards 패널을 연 다음 ❷ 🖼 버튼을 클릭합니다. 'Artboard 2'가 추가됩니다. 작업화면에 'Artboard 1'과 동일한 크기의 아트보드가 생긴 것을 확인할 수 있습니다.

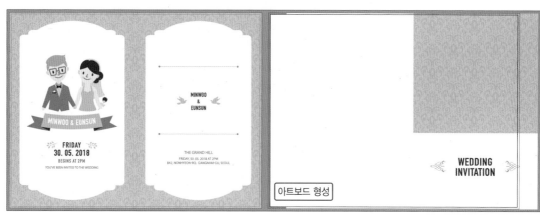

03 두 번째 아트보드의 위치를 옮겨보겠습니다. ❶아트보드 툴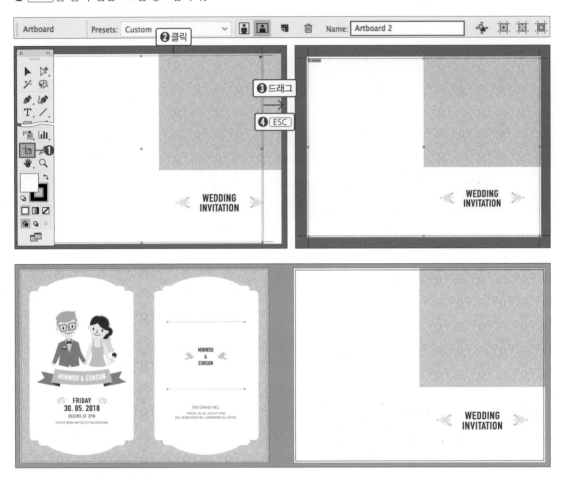을 선택합니다. 아트보드의 외곽이 어두워지며 아트보드 편집모드로 들어갑니다. ❷'Artboard 2' 바운딩 박스를 클릭하면 상단 옵션바 Name에 'Artboard 2'가 표시됩니다. ❸Artboard 2' 바운딩 박스를 종이 크기에 맞춰 오른쪽으로 드래그합니다. ❹ ESC 를 눌러 편집모드를 종료합니다.

NOTE ▶ 수치를 입력하여 아트보드 옮기기

아트보드 툴을 선택하면 나타나는 상단 옵션바에서 X와 Y값을 입력하여 아트보드를 옮길 수 있습니다.

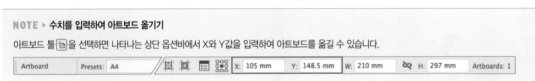

01 선 툴 ☑로 접지선을 만들겠습니다. ❶ 선 툴 ☑을 선택한 후 ❷ Stroke를 3pt로 설정합니다. ❸ Shift 를 누른 상태에서 드래그하여 수직선을 그립니다. ❹ 선택 툴 ▶로 Alt 를 누른 상태에서 드래그하여 선을 하나 더 복제합니다. 두 개의 선을 아트보드의 중앙에 배치합니다.

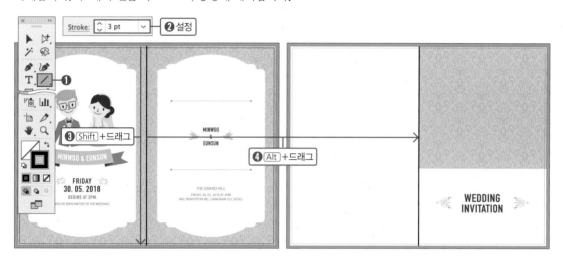

02 ❶두 개의 선을 모두 선택한 상태에서 ❷[View]-[Guides]-[Make Guides](Ctrl + 5) 메뉴를 선택합니다. 선이 종이를 접을 때 표시하는 가이드선(접지선)으로 바뀝니다. 아트보드 두 개는 각각 2단 웨딩 카드의 앞면과 뒷면이 됩니다.

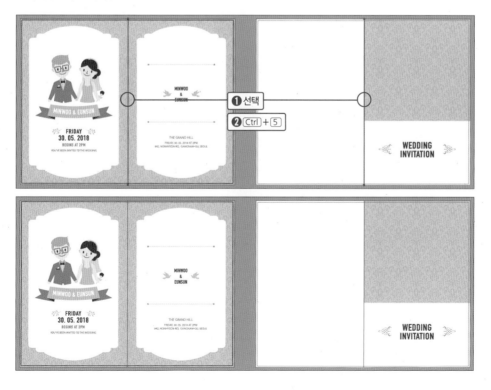

NOTE ▸ [View]-[Guides] 가이드선(안내선)과 관련된 메뉴 살펴보기

가이드선(안내선)은 작업에 도움을 주는 안내선입니다. 일러스트레이터 파일 안에서만 보이고 최종 결과물에는 나타나지 않습니다. [View]-[Guides] 메뉴를 이용하면 원하는 모양대로 가이드선을 만들고 가이드선을 숨기거나 잠글 수 있고 삭제할 수 있습니다. 가이드선은 보통 롤러(자)를 이용하여 만듭니다. [View]-[Rulers]-[Show Rulers]($\boxed{Ctrl}$+$\boxed{R}$) 메뉴를 선택하면 롤러(자)가 화면에 나타납니다. 롤러(자)를 클릭하여 화면으로 드래그하면 가이드선이 생성됩니다. 롤러(자)를 안보이게 하려면 [View]-[Rulers]-[Hide Rulers] 메뉴를 선택합니다.

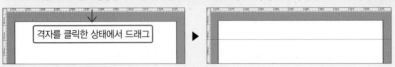

❶ Hide Guides($\boxed{Ctrl}$+$\boxed{;}$) : 가이드선을 숨깁니다.
❷ Lock Guides($\boxed{Alt}$+$\boxed{Ctrl}$+$\boxed{;}$) : 가이드선을 고정하여 잠급니다.
❸ Make Guides($\boxed{Ctrl}$+$\boxed{5}$) : 오브젝트를 만든 후 Make Guides 메뉴를 선택하면 오브젝트 모양 그대로 가이드선이 만들어집니다.

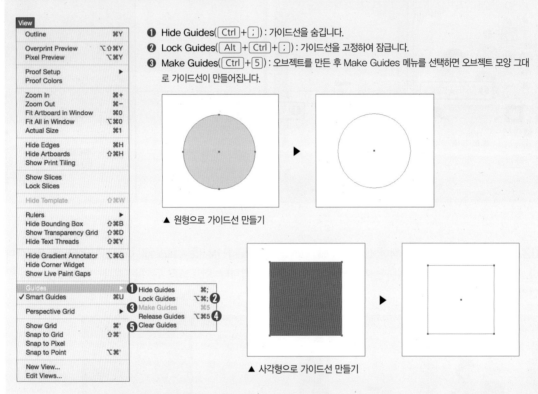

▲ 원형으로 가이드선 만들기

▲ 사각형으로 가이드선 만들기

❹ Release Guides($\boxed{Alt}$+$\boxed{Ctrl}$+$\boxed{5}$) : Make Guides 메뉴로 만든 가이드선을 선택하고 해당 메뉴를 선택하면 가이드선이 해제되고 원래의 오브젝트 모양으로 돌아갑니다.

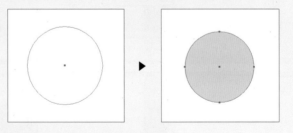

❺ Clear Guides : 모든 가이드선을 삭제합니다.

01 신랑과 신부 오브젝트에 색을 입혀보겠습니다. ❶ 그룹 선택 툴로 머리를 클릭한 후 ❷Swatches 패널에서 갈색을 선택하여 머리색을 바꿔줍니다.

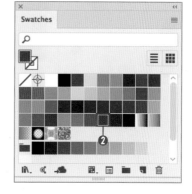

02 ❶[Window]–[Color Guide] 메뉴를 선택하여 Color Guide 패널을 엽니다. Color Guide 패널에 갈색과 어울리는 추천 배색과 함께 명도 단계가 나타납니다. ❷팝업 버튼☑을 클릭하여 추천 배색 목록을 살펴본 후 ❸'Compound 2' 배색을 선택합니다. 선택한 배색과 함께 명도 단계가 나눠진 색상 그룹이 나타납니다.

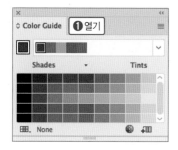

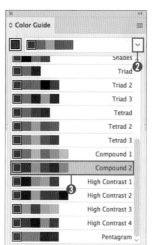

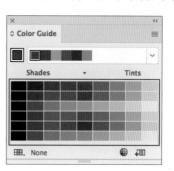

03 ❶ 그룹 선택 툴◉로 Shift를 누른 채 연한 회색을 선택합니다. ❷ Color Guide 패널에서 원하는 색을 선택하여 색을 적용합니다.

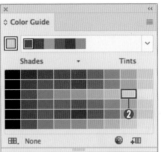

04 ❶ 그룹 선택 툴◉로 Shift를 누른 채 중간 회색을 선택합니다. ❷ Color Guide 패널에서 원하는 색을 선택하여 색을 적용합니다.

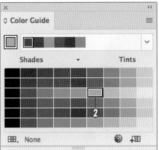

05 같은 방법으로 다양한 배색을 적용해 봅니다.

01 기존 배색을 리컬러 아트웍 창에서 다른 배색으로 변경해보겠습니다. ❶ Color Guide 패널의 버튼을 눌러 ❷ 'Compound 2' 배색을 Swatches 패널의 컬러 그룹으로 등록합니다.

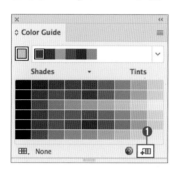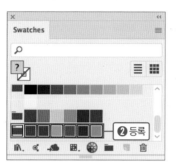

02 ❶ 선택 툴로 리본을 선택한 후 ❷ 상단의 버튼을 클릭하여 Recolor Artwork 창을 엽니다. ❸ Assign Tab을 클릭한 후 ❹ Color Groups에서 'Color Group 1' 배색을 선택합니다. New 부분이 'Color Group 1' 배색으로 바뀝니다. ❺ 〈OK〉를 클릭하면 리본에 색이 자동 적용됩니다.

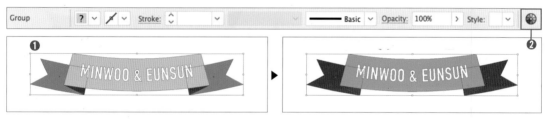

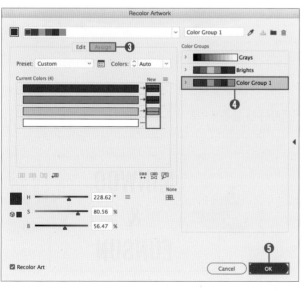

리컬러 아트웍을 이용하면 기존 오브젝트에 입혀진 색을 기준으로 색상 변경이 가능합니다. 기존 오브젝트를 명도 차이에 의한 배색, 즉 K 값이 다른 색으로 설정한 후 Recolor Artwork 창에서 Color Groups을 클릭하면 명도 차이를 기준으로 배색이 자동 적용됩니다.

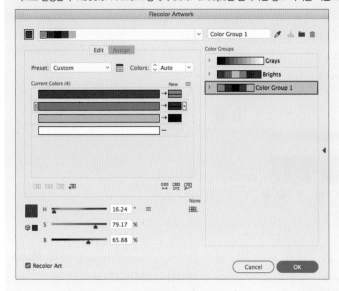

03 ❶그룹 선택 툴 ▶로 Shift 를 누른 채 새를 선택하여 ❷ 분홍색으로 색을 변경합니다.

외부 이미지 불러오기

01 ❶[File]−[Place]([Shift]+[Ctrl]+[P]) 메뉴를 선택하여 Place 창을 엽니다. ❷PART7_CHAPTER1의
map.jpg 파일을 선택하고 ❸〈Place〉를 클릭합니다. ❹작업 창의 빈 곳을 클릭하여 지도 이미지를 배치합니다.

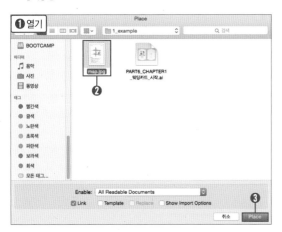
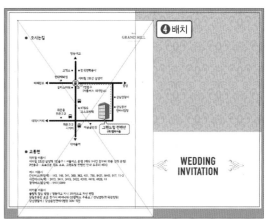

02 ❶상단 옵션바에서 을 클릭하여 모양으로 바꿔줍니다. 가로 사이즈와 세로 사이즈가 서로 비례하여
축소/확대될 수 있게 됩니다. ❷W를 120mm으로 설정하면 H는 170mm로 자동 입력되고 지도 이미지가 작아
집니다. ❸선택 툴을 이용해 그림처럼 배치합니다. ❹〈Embed〉를 클릭하면 'X'표시가 사라지고 지도 파일
이 작업 파일에 포함됩니다.

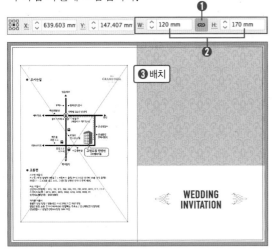
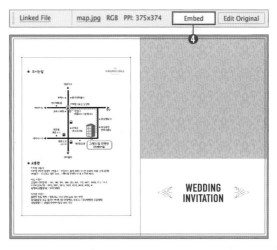

NOTE ▸ Place 메뉴를 통해 불러온 링크 파일 본문에 포함시키기

Place 메뉴를 통해 불러온 파일은 외부 파일을 링크해서 보여주는 것이므로 처음 불러오기 할 당시와 이미지 경로가 바뀌면 경로를 수정하거나 새로
불러와야 합니다. 상단의 〈Embed〉를 클릭하면 링크가 끊어지고 외부 파일이 현재 작업 파일에 포함되어 용량이 늘어납니다.

| Linked File | part3_capter1_남녀캐릭터_스ㅙ... | RGB | PPI: 72 | Embed | Edit Original | Image Trace | ⌄ | Mask | Opacity: | 100% | > | ⬚⌄ | Transform | ⤢ |

STEP 6 PDF 파일로 저장하기

01 인쇄용 PDF 파일로 저장해보겠습니다. ❶ [File]-[Save As]([Shift]+[Ctrl]+[S]) 메뉴를 선택하여 Save As 창이 열리면 ❷ Format을 PDF로 설정한 후 ❸ 〈저장〉을 클릭합니다. ❹ Adobe PDF Preset 창이 열리면 Preset 항목을 PDF/X-1a로 설정합니다. ❺ 왼쪽의 Compression 메뉴를 선택하여 ❻ 하위 항목을 모두 'Do Not Downsample'로 설정합니다. 'Do Not Downsample'로 설정해야 데이터가 압축되지 않습니다. ❼ Marks and Bleeds 메뉴를 선택하여 ❽ Trim Marks 박스와 Use Document Bleed Settings 박스에 체크한 후 ❾ 〈Save PDF〉를 클릭합니다.

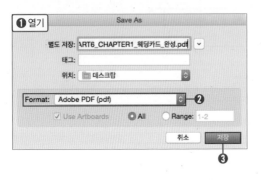

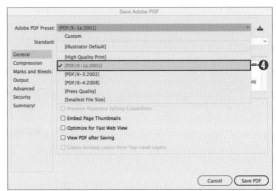

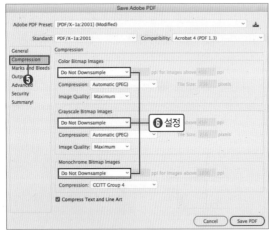

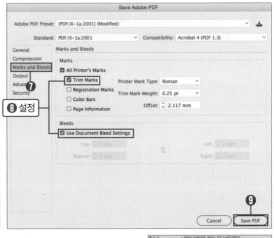

02 인쇄용 PDF 파일이 저장되었습니다. PDF 파일을 열어보면 웨딩 카드 앞면과 뒷면이 페이지별로 저장되고 모서리에 재단선이 표시된 것을 확인할 수 있습니다. 인쇄 업체마다 데이터 처리 방식이 다를 수 있으므로 인쇄를 맡길 경우 문의한 후 인쇄 업체에 맞는 파일 포맷으로 저장하는 것이 좋습니다.

1. Adobe PDF Preset

Adobe PDF Preset 창이 열리면 Preset 항목을 먼저 설정합니다. 인쇄 입고용에 적합한 PDF 파일 형식은 'PDF/X-1a와 PDF/X-4'입니다.

목적	파일 형식	설정 기능
일러스트레이터 파일 형식을 대신할 경우	Illustrator Default	일러스트레이터 버전이 불확실한 상대와 데이터를 주고 받을 경우
고화질 인쇄용	High Quality Print	데스크톱 프린터나 교정 디바이스의 고화질 인쇄를 할 경우
인쇄 입고용	PDF/X-1a, PDF/X-3, PDF/X-4	재단선, 색상 막대, 페이지 정보, 도련 등을 설정할 경우
CTP의 색 분해용	Press Quality	디지털 인쇄나 CTP 색 분해를 목적으로 한 인쇄 공정용 파일을 작성할 경우
메일 전송 및 웹 공개 iPad 등에서 열람	Smallest File Size	비트맵 이미지의 화질을 낮출 경우, 출력 색상을 설정, 이미지 샘플링을 Custom 으로 설정할 경우

2. Marks and Bleeds

도련 메뉴에서 다양한 프린트 표시를 추가할 수 있습니다.

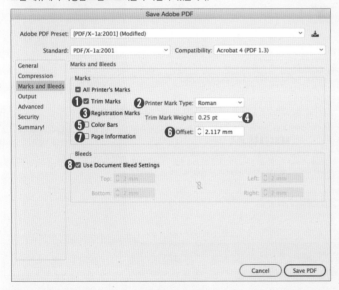

❶ Trim Marks : 재단선을 각 모서리에 표시합니다.

❷ Printer Mark Type : 로마자 프린터 표시를 선택하거나 아시아어로 인쇄할 페이지에 대해 일본어 표시를 선택할 수 있습니다.

❸ Registration Marks : 색상 문서에서 다른 분판을 정렬하기 위해 대지 외부에 표시합니다.

❹ Trim Mark Weight : 재단선 두께를 설정합니다.　　　❺ Color Bar : 각 별색 또는 배합 색상에 대한 작은 색상 막대기를 표시합니다.

❻ Offeset : 대지 가장자리에서 프린트 표시까지의 거리를 설정합니다.

❼ Page Information : 파일 이름, 페이지 번호, 현재 날짜와 시간 및 색상 분판 이름 등을 표시합니다.

❽ Bleeds : Use Document Bleed Settings 박스를 체크하면 미리 설정해 놓은 도련이 자동 적용됩니다. 🖗 버튼을 선택하면 네 항목의 값이 비례하여 하나를 편집하면 나머지 항목이 동일한 값으로 설정됩니다.

눈길을 사로잡는
카페 메뉴판 디자인

탭 기능, 글자 스타일, 문단 스타일을 이용해 메뉴판 정리하기

10 min

◉ 시작파일 PART7_CHAPTER2_카페메뉴판_시작.ai　　◉ 완성파일 PART7_CHAPTER2_카페메뉴판_완성.ai

---

POINT SKILL 글자 툴, Character 패널, Character Styles 패널, Paragraph Styles 패널, Tabs 패널

HOW TO 글의 양이 많을 경우 제목, 본문에 각기 다른 글자 스타일과 문단 스타일을 만들어 적용하면 일관되고 빠르게 편집할 수 있어 효율적입니다. 또한 메뉴판이나 목차 등에서 자주 활용되는 탭 기호를 반복해서 넣을 수 있는 Tabs 패널을 이용하면 작업 시간을 단축시킬 수 있습니다. 이번 예제에서는 일러스트레이터의 Character Styles 패널, Paragraph Styles 패널, Tabs 패널을 이용하여 카페 메뉴판을 정리해보겠습니다.

STEP ❶ 글자 스타일 만들어 적용하기 ▶ ❷ 문단 스타일 만들어 적용하기 ▶ ❸ 탭 패널을 이용하여 점선 표시하기

Character Styles 패널

[Window]–[Type]–[Character Styles] 메뉴를 선택하면 Character Styles 패널이 열립니다. 글자 스타일을
지정하면 일관되고 빠르게 글자를 편집할 수 있어 효율적입니다. 글자 스타일은 문단 스타일보다 우선시되어 문
단 스타일을 변경해도 글자 스타일 속성은 그대로 유지됩니다.

글자 스타일 등록하고 수정하기

❶ Character 패널(Ctrl+T)을 열어 폰트, 크기, 자간, 행간 등을 설정하고 ❷ Character Styles 패널의 🔳
을 클릭하여 글자 스타일을 추가합니다. ❸ Character Styles 패널에 추가된 글자 스타일 목록을 더블클릭하면
Character Style Options 창이 열립니다.

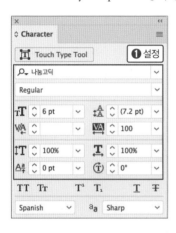

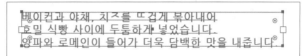

❹ 왼쪽의 Basic Character Formats 메뉴를 선택한 후 폰트, 크기, 자간, 행간 등을 설정합니다. ❺ Character
Color 메뉴를 선택한 후 녹색 컬러로 설정한 후 ❻ 〈OK〉를 클릭합니다. 스타일이 수정 등록되고, 선택한 글자
에 스타일이 반영됩니다.

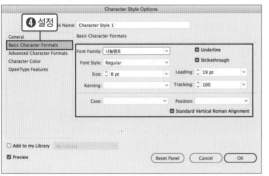

Paragraph Styles 패널

[Window]-[Type]-[Paragraph Styles] 메뉴를 선택하면 Paragraph Styles 패널이 열립니다. 문단 스타일을 지정하면 일관되고 빠르게 문단을 편집할 수 있어 효율적입니다. Paragraph 패널과 Character 패널에서 문단 정렬 및 글자 속성을 조절한 후 Paragraph Styles 패널에 등록해서 사용합니다.

문단 스타일 등록하고 수정하기

❶ Paragraph 패널([Alt]+[Ctrl]+[T])을 열어 처음 시작하는 문장 앞 여백 옵션을 10pt로 설정하고 ❷ Paragraph Styles 패널의 █을 클릭하여 글자 스타일을 추가합니다. ❸ Paragraph Styles 패널에 추가된 문단 스타일 목록을 더블클릭하면 Paragraph Style Options 창이 열립니다.

오믈렛은 달걀을 풀어 얇게 부친 것에 신선한 야채와 베이컨을 잘게 썰어 볶아 얹었습니다. 오믈렛과 살짝 익힌 토마토가 함께 플레이트되어 나갑니다.

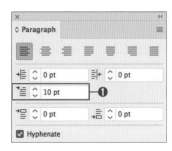

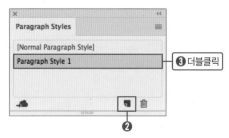

❹ 왼쪽의 Indents and Spacing 메뉴를 선택한 후 Alignment를 Center로 설정합니다. ❺ Character Color 메뉴를 선택한 후 파란색 컬러로 설정한 후 ❻ 〈OK〉를 클릭합니다. 스타일이 수정 등록되고, 선택한 문단에 스타일이 반영됩니다.

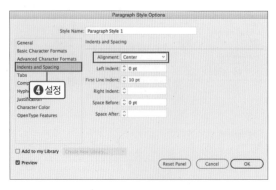

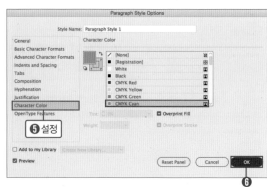

오믈렛은 달걀을 풀어 얇게 부친 것에 신선한 야채와 베이컨을 잘게 썰어 볶아 얹었습니다. 오믈렛과 살짝 익힌 토마토가 함께 플레이트되어 나갑니다.

Tabs 패널

[Window]-[Type]-[Tabs]([Ctrl]+[Shift]+[T]) 메뉴를 선택하면 Tabs 패널이 열립니다. Tabs 패널을 이용하면 메뉴판이나 목차 등에서 자주 활용되는 탭 기호를 넣을 수 있습니다.

1. 탭 패널 살펴보기

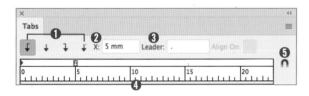

❶ 탭 정렬 단추

↓ 왼쪽 기준/ ↓ 중앙 기준 / ↓ 오른쪽 기준/ ↓ Align On에 입력한 글자 기준

❷ X : 탭 위치를 숫자로 입력합니다.

❸ Leader : [Tab]을 눌렀을 때 반복될 탭 기호를 입력합니다.

❹ 눈금자 : 눈금자에 탭 정렬 아이콘이 표시됩니다. 탭 정렬 아이콘을 드래그하여 위치를 바꿀 수 있습니다.

❺ Tabs 패널 위치 자동 조정 : 글상자를 클릭하고 ⋒ 버튼을 누르면 Tabs 패널이 문자 영역에서 벗어난 경우 문자 영역에 맞게 위치를 자동 조정합니다.

2. Tabs 패널로 글 정렬하기

❶ 글상자를 선택한 상태에서 [Window]-[Type]-[Tabs]([Ctrl]+[Shift]+[T]) 메뉴를 선택하여 Tabs 패널을 엽니다. ❷ ↓ 버튼을 누르고, X 를 24mm로 설정합니다. ❸ 두 번째 문장 '기' 글자 앞에 커서를 놓고 [Tab]을 누릅니다. ❹ 글자가 설정한 탭 위치만큼 오른쪽으로 이동합니다. ❺ 세 번째 문장부터 일곱 번째 문장까지 첫 글자 앞에 커서를 놓고 [Tab]을 누르면 같은 위치로 이동합니다.

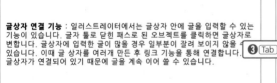

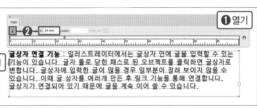

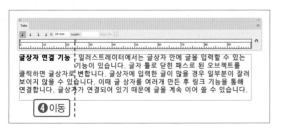

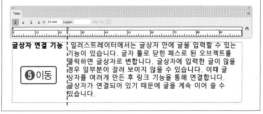

3. 반복되는 탭 기호 넣기

❶ 메뉴명과 금액 사이에 커서를 놓습니다. ❷ [Window]–[Type]–[Tabs](Ctrl + Shift + T) 메뉴를 선택하여 Tabs 패널을 엽니다.

❸ 패널 창을 오른쪽으로 드래그하여 눈금자의 단위가 더 보이게 만듭니다. ❹ ↓ 버튼을 누르고, X를 45mm로 설정하고 Leader에 '.'을 입력합니다. ❺ 'h'글자 뒤에 커서를 놓고 Tab 을 누릅니다.

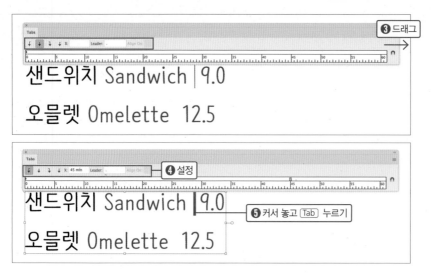

45mm 위치만큼 '.'기호가 반복되어 입력됩니다. ❻ 같은 방법으로 아래 문장에도 반복되는 탭 기호를 넣어줍니다.

STEP 1 글자 스타일 만들어 적용하기

---

01 Ctrl + O를 눌러 'PART7_CHAPTER2_카페메뉴판_시작.ai' 파일을 불러옵니다.

> **NOTE ▶ 폰트 유실 경고 메시지 창이 나타나도 신경 쓰지 마세요.**
>
> 예제에서 사용한 폰트는 '나눔고딕'과 '나눔바른펜' 입니다. 시작파일을 열었을 때 해당 글꼴이 없으면 경고 메시지 창이 뜰 수 있습니다. 예제에서 사용한 '나눔고딕'과 '나눔바른펜'은 누구나 자유롭게 다운 받아 사용할 수 있습니다.
>
> * 다운로드 주소 : http://www.woowahan.com/

---

02 글자 스타일을 만들어 '메뉴명'에 적용하겠습니다. ❶ 선택 툴▶로 글상자를 선택합니다. ❷ Character 패 널(Ctrl + T)을 열어 ❸ 폰트를 '나눔고딕 Bold'로 선택하고 크기: 11pt, 가로너비: 98%로 설정합니다. ❹ [Window]−[Type]−[Character Styles] 메뉴를 선택하여 Character Styles 패널을 엽니다. ❺ ◉을 클릭하 여 글자 스타일을 추가합니다.

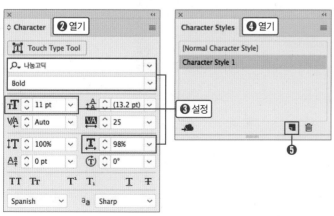

03 ❶글자 스타일 목록을 더블클릭하여 Character Style Options 창을 엽니다. ❷Style Name을 '메뉴명' 으로 바꾼 후 ❸〈OK〉를 클릭합니다. 선택한 글자에 스타일이 반영됩니다.

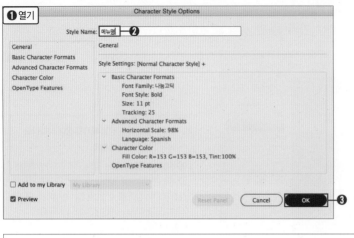

04 ❶글자 툴 T로 'Sandwich 9.0'을 드래그하여 선택합니다. ❷Character 패널에서 폰트를 '나눔바른펜 Bold'로 선택하고, 가로 너비를 100%로 설정합니다. ❸Character Styles 패널의 ⬛을 클릭하여 글자 스타일 을 추가합니다.

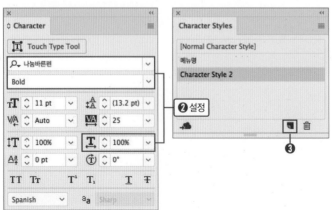

05 ❶ 'Character Style 2'를 더블클릭하여 Character Style Options 창을 엽니다. ❷ Style Name을 '영문 메뉴명.가격'으로 바꾼 후 ❸ ⟨OK⟩를 클릭합니다. 선택한 글자에 스타일이 반영됩니다.

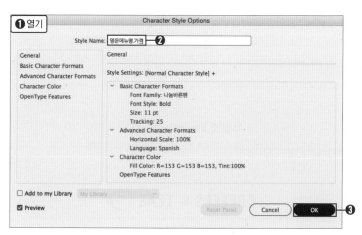

06 ❶ 선택 툴▸로 Shift를 눌러 '오믈렛 메뉴명 ~ 와플 메뉴명'까지 글 상자를 선택합니다. ❷ Character Styles 패널의 '메뉴명'을 클릭하여 글자 스타일을 적용시킵니다.

07 ❶ 글자 툴 T로 영문메뉴명과 가격을 드래그하여 선택합니다. ❷ Character Styles 패널의 '영문메뉴명.가격'을 클릭하여 글자 스타일을 적용시킵니다. ❸ 같은 방법으로 나머지 부분도 글자 스타일을 적용시킵니다.

오믈렛 Omelette 12.5 ❶ 드래그

달걀을 풀어 얇게 부친 것에 신선한 야채와 베이컨을 잘게 썰어 볶아 얹었습니다. 오믈렛과 살짝 익힌 토마토가 함께 플레이트되어 나갑니다.

오믈렛 Omelette 12.5

달걀을 풀어 얇게 부친 것에 신선한 야채와 베이컨을 잘게 썰어 볶아 얹었습니다. 오믈렛과 살짝 익힌 토마토가 함께 플레이트되어 나갑니다.

COFFEES & TEAS

아메리카노 Americano 4.5

에스프레소에 물을 넣어 연하게 마시는 커피입니다. 머그잔에 적당량의 물을 붓고 난 후 살살 돌리면서 에스프레소를 부어주면 진한 크레마가 살짝 떠서 맛있습니다.

까페라떼 Cafe Latte 5.5

라떼는 이탈리아어로 '우유'입니다. 까페라떼는 우유를 따뜻하게 데워서 에스프레스와 우유의 비율을 1:4 정도로 섞어 만들었습니다. 우유 거품을 살짝 얹어 부드러운 향이 느껴집니다.

DESSERTS

❸ 스타일 적용

허니브레드 Honey Bread 11.5

식빵을 9등분하여 짭짤한 버터와 설탕을 넣어 오븐에 구웠습니다. 겉은 바삭하고 속은 부드럽습니다. 고소하고 부드러워 커피와 즐기기 좋습니다.

와플 Waffle 12.5

밀가루, 버터, 달걀을 넣어 납작하게 만든 격자무늬의 케이크입니다. 메이플 시럽과 계절 과일, 생크림과 아이스크림과을 토핑하여 더욱 달콤하게 즐길 수 있습니다.

문단 스타일 만들어 적용하기

01 문단 스타일을 만들어 '메뉴 설명글'에 적용하겠습니다. ❶선택 툴▶로 글상자를 선택합니다. ❷Character 패널에서 폰트를 '나눔바른펜 Regular'로 선택하고 크기: 7pt, 행간: 9pt로 설정합니다. ❸Paragraph 패널 (Alt+Ctrl+T)을 열어 처음 시작하는 문장 앞 여백 옵션을 5pt로 설정합니다. ❹Color 패널에서 K: 80%로 설정합니다.

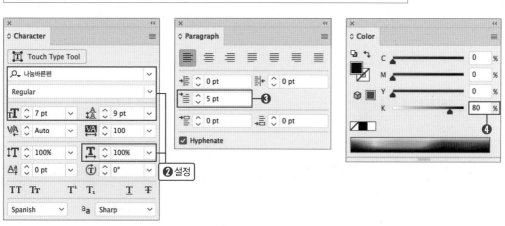

02 ❶[Window]-[Type]-[Paragraph Styles] 메뉴를 선택하여 Paragraph Styles 패널을 엽니다. ❷▣을 클릭하여 문단 스타일을 추가합니다. ❸문단 스타일 목록을 더블클릭하여 Paragraph Style Options 창을 엽니다. ❹Style Name을 '메뉴설명'으로 바꾼 후 ❺⟨OK⟩를 클릭합니다. 스타일명이 수정 등록되고 선택한 문단에 스타일이 반영됩니다.

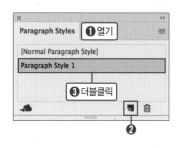

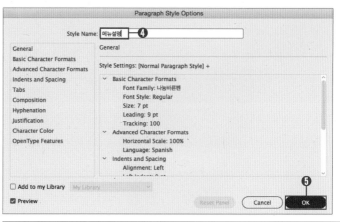

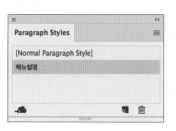

PART

7

편집 디자인

03 ❶ 선택 툴 ▶을 선택한 후 Shift를 눌러 '오믈렛 메뉴설명 ~ 와플 메뉴설명'까지 글상자를 선택합니다. ❷ Paragraph Styles 패널의 '메뉴설명'을 클릭합니다. 문단에 스타일이 반영됩니다.

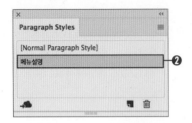

❷

❶ Shift + 선택

탭 패널을 이용하여 점선 표시하기

01 메뉴명과 금액 사이에 반복되는 점선을 넣습니다. ❶ 선택 툴▶을 선택한 후 [Shift]를 눌러 그림처럼 글상자를 선택합니다. ❷ [Window]-[Type]-[Tabs] 메뉴를 선택하여 Tabs 패널을 엽니다.

NOTE ▶ 글상자 폭에 맞춰 열리는 Tabs 패널

글상자를 선택한 후 Tabs 패널([Ctrl]+[Shift]+[T])을 열면 글상자 너비에 맞춰진 눈금자가 나타납니다. Tabs 패널이 문자 영역에서 벗어난 경우 글상자를 클릭하고 🔒 버튼을 누르면 문자 영역에 맞게 위치를 자동 조정합니다.

▲ 글상자 폭 35mm에 맞춰 열린 Tabs 패널

▲ 글상자 폭 320mm에 맞춰 열린 Tabs 패널

---

02 ❶ ↓ 버튼을 누르고 ❷ X를 252px로 설정하고 Leader에 '.'을 입력합니다. 눈금자 252px 지점에 오른쪽 정렬 아이콘↓이 표시됩니다. ❸ 글자 툴[T]을 선택한 후 'h'글자 뒤에 커서를 깜박이게 합니다. [Tab]을 누르면 252px 위치만큼 '.'기호가 반복되어 입력됩니다.

03 ❶ 'e'글자 뒤에 커서를 깜박이게 합니다. Tab을 누르면 252px 위치만큼 '.'기호가 반복되어 입력됩니다. ❷ 같은 방법으로 메뉴명과 금액 사이에 반복되는 탭 기호를 넣어줍니다.

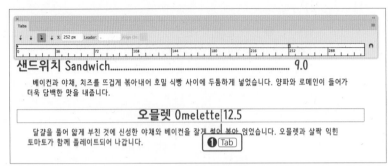

샌드위치 Sandwich...9.0

베이컨과 야채, 치즈를 뜨겁게 볶아내어 호밀 식빵 사이에 두툼하게 넣었습니다. 양파와 로메인이 들어가 더욱 담백한 맛을 내줍니다.

오믈렛 Omelette|12.5

달걀을 풀어 얇게 부친 것에 신성한 야채와 베이컨을 잘게 썰어 볶아 얹었습니다. 오믈렛과 살짝 익힌 토마토가 함께 플레이트되어 나갑니다. ❶ Tab

---

❷ 탭 기호 넣기

BRUNCH

샌드위치 Sandwich... 9.0

베이컨과 야채, 치즈를 뜨겁게 볶아내어 호밀 식빵 사이에 두툼하게 넣었습니다. 양파와 로메인이 들어가 더욱 담백한 맛을 내줍니다.

오믈렛 Omelette... 12.5

달걀을 풀어 얇게 부친 것에 신성한 야채와 베이컨을 잘게 썰어 볶아 얹었습니다. 오믈렛과 살짝 익힌 토마토가 함께 플레이트되어 나갑니다.

COFFEES & TEAS

아메리카노 Americano.. 4.5

에스프레소에 물을 넣어 연하게 마시는 커피입니다. 머그잔에 적당량의 물을 붓고 난 후 살살 돌리면서 에스프레소를 부어주면 진한 크레마가 살짝 떠서 맛있습니다.

까페라떼 Cafe Latte... 5.5

라떼는 이탈리아어로 '우유'입니다. 까페라떼는 우유를 따뜻하게 데워서 에스프레스와 우유의 비율을 1:4 정도로 섞어 만들었습니다. 우유 거품을 살짝 얹어 부드러운 향이 느껴집니다.

DESSERTS

허니브레드 Honey Bread... 11.5

식빵을 9등분하여 짭짤한 버터와 설탕을 넣어 오븐에 구웠습니다. 겉은 바삭하고 속은 부드럽습니다. 고소하고 부드러워 커피와 즐기기 좋습니다.

와플 Waffle... 12.5

밀가루, 버터, 달걀을 넣어 납작하게 만든 격자무늬의 케이크입니다. 메이플 시럽과 계절 과일, 생크림과 아이스크림과을 토핑하여 더욱 달콤하게 즐길 수 있습니다.

04 Tab 위치를 수정하겠습니다. ❶ 선택 툴▶로 Shift 를 눌러 그림처럼 글상자를 선택합니다. ❷ Tabs 패널의 X를 275px로 변경합니다. 275px 위치만큼 '.'기호가 추가로 입력됩니다.

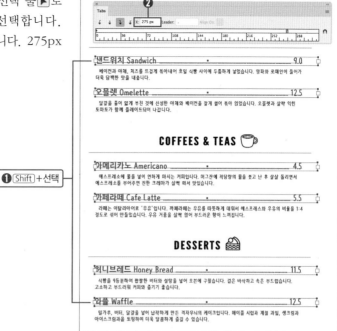

❶ Shift +선택

05 ❶ 전체를 선택하고 ❷ [Type]−[Create Outlines](Ctrl + Shift + O) 메뉴를 선택하여 글자를 아웃라인 처리합니다. 눈길을 사로잡는 카페 메뉴판이 완성되었습니다.

한편의 시가 있는 페이지 디자인

⚒ 글상자 링크 기능과 글 밀어내기 기능을 이용해 문단 편집하기

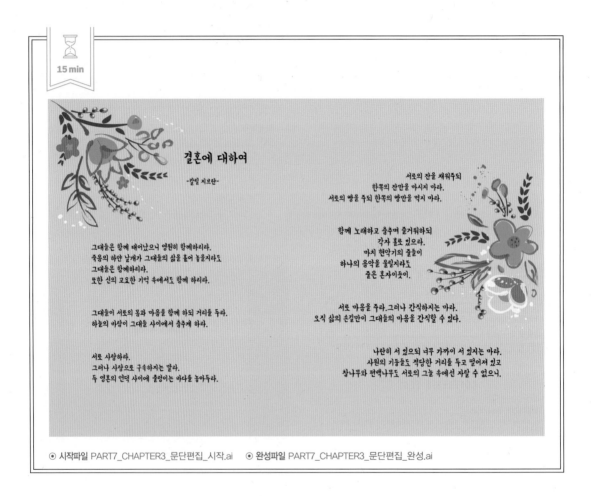

15 min

결혼에 대하여

-칼릴 지브란-

그대들은 함께 태어났으니 영원히 함께하리라.
죽음의 하얀 날개가 그대들의 삶을 흩어 놓을지라도
그대들은 함께하리라.
또한 신의 고요한 기억 속에서도 함께 하리라.

그대들이 서로의 몸과 마음을 함께 하되 거리를 두라.
하늘의 바람이 그대들 사이에서 춤추게 하라.

서로 사랑하라.
그러나 사랑으로 구속하지는 말라.
두 영혼의 언덕 사이에 출렁이는 바다를 놓아두라.

서로의 잔을 채워주되
한쪽의 잔만을 마시지 마라.
서로의 빵을 주되 한쪽의 빵만을 먹지 마라.

함께 노래하고 춤추며 즐거워하되
각자 홀로 있으라.
마치 현악기의 줄들이
하나의 음악을 울릴지라도
줄은 혼자이듯이.

서로 마음을 주라. 그러나 간직하지는 마라.
오직 삶의 손길만이 그대들의 마음을 간직할 수 있다.

나란히 서 있으되 너무 가까이 서 있지는 마라.
사원의 기둥들도 적당한 거리를 두고 떨어져 있고
참나무와 편백나무도 서로의 그늘 속에선 자랄 수 없으니.

⊙ 시작파일 PART7_CHAPTER3_문단편집_시작.ai ⊙ 완성파일 PART7_CHAPTER3_문단편집_완성.ai

POINT SKILL 글자 툴, Paragraph 패널, Threaded Text, Text Warp

HOW TO 일러스트레이터에서는 글상자 안에 글을 입력할 수 있는 기능이 있습니다. 글자 툴[T]로 닫힌 패스로 된 오브젝트를 클릭하면 글상자로 변합니다. 글상자에 입력한 글이 많을 경우 일부분이 잘려 보이지 않을 수 있습니다. 이때 글상자를 여러 개 만든 후 링크 기능을 통해 연결합니다. 글상자가 연결되며 글을 계속 이어 쓸 수 있습니다. 이번 예제에서는 두 개의 글상자를 만든 후 연결하여 한편의 시를 입력한 후 Paragraph 패널에서 문장을 왼쪽과 오른쪽으로 정렬하는 연습을 해보겠습니다. 또한 겹쳐진 글과 그림의 간격을 조절하여 그림 테두리를 따라 글을 밀어내는 방법을 학습해보겠습니다.

STEP ❶ 글상자 연결하기 ▶ ❷ 문단 패널을 이용하여 문장 정렬하기 ▶ ❸ 그림 테두리를 따라 글 밀어내기

Paragraph 패널

[Window]–[Type]–[Paragraph]((Alt)+(Ctrl)+(T)) 메뉴를 선택하거나 글자 툴을 선택한 후 상단의 옵션바에서 Paragraph 버튼을 클릭하여 Paragraph 패널을 열 수 있습니다. Paragraph 패널은 단락의 정렬 방식 및 여백과 간격을 설정합니다.

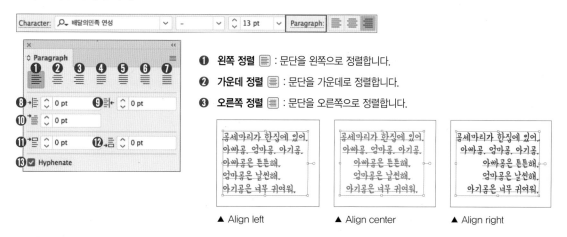

❶ 왼쪽 정렬 ▤ : 문단을 왼쪽으로 정렬합니다.

❷ 가운데 정렬 ▤ : 문단을 가운데로 정렬합니다.

❸ 오른쪽 정렬 ▤ : 문단을 오른쪽으로 정렬합니다.

▲ Align left ▲ Align center ▲ Align right

❹ 양쪽 정렬과 끝줄은 왼쪽 정렬 ▤ : 양쪽 정렬하고 마지막 줄은 왼쪽 정렬합니다.

❺ 양쪽 정렬과 끝줄은 가운데 정렬 ▤ : 양쪽 정렬하고 마지막 줄은 가운데 정렬합니다.

❻ 양쪽 정렬과 끝줄은 오른쪽 정렬 ▤ : 양쪽 정렬하고 마지막 줄은 오른쪽 정렬합니다.

❼ 양쪽 정렬 ▤ : 문단을 양쪽 틀에 맞게 정렬합니다.

❽ 왼쪽 들여쓰기 ▤ : 왼쪽을 들여쓰기 하여 여백을 남깁니다.

❾ 오른쪽 들여쓰기 ▤ : 오른쪽을 들여쓰기 하여 여백을 남깁니다.

❿ 첫줄 들여쓰기 ▤ : 문단이 나눠질 때 처음 시작하는 첫 번째 문장 앞에 여백을 설정하여 들여쓰기 합니다.

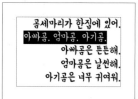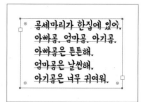

▲ 오른쪽 들여쓰기 : 20pt ▲ 오른쪽 들여쓰기 : 20pt ▲ 첫 줄 들여쓰기 : 20pt

⓫ 위 문장을 기준으로 간격 설정하기 ▤ : 위 문장을 기준으로 일정한 간격을 설정합니다.

⓬ 아래 문장을 기준으로 간격 설정하기 ▤ : 아래 문장을 기준으로 일정한 간격을 설정합니다.

⓭ Hyphenate : 단어가 아랫줄로 넘어갈 때 자동으로 하이픈을 표시합니다.

Threaded Text

Threaded Text는 '링크된 텍스트'입니다. 글상자를 만든 후 글상자를 서로 연결시키는 기능으로 여러 개의 다단을 만들 때 유용합니다.

1. 글상자 연결하기

❶ 글상자를 만들고 선택 툴▶로 글상자를 전체 선택한 후 ❷ [Type]-[Threaded Text]-[Create] 메뉴를 선택하면 글상자가 서로 링크된 상태, 즉 연결된 텍스트 영역으로 바뀝니다.

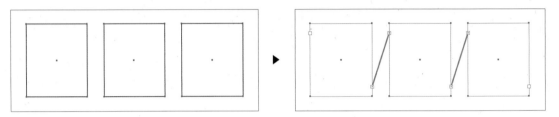

❸ 첫 번째 글상자에 커서를 두고 긴 문장을 입력하면 세 번째 글상자까지 연결되어 나타납니다.

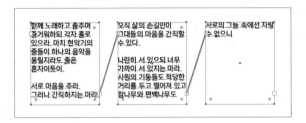

2. 글상자 연결 해제하기

❶ 선택 툴▶로 연결된 글상자를 선택한 후 ❷ [Type]-[Threaded Text]-[Remove Threading] 메뉴를 선택하면 글상자가 각각 분리됩니다.

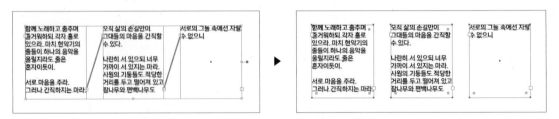

3. 글상자 거꾸로 연결하기

❶ 첫 번째 글상자(왼쪽 글상자)가 두 번째 글상자(오른쪽 글상자)보다 하위에 존재해야 차례대로 연결됩니다. 두 번째 글상자(오른쪽 글상자)가 하위에 존재하고 첫 번째 글상자(왼쪽 글상자)가 상위에 존재하게 한 후 ❷ [Type]-[Threaded Text]-[Create] 메뉴를 선택하면 글상자가 반대로 연결됩니다. 따라서 글자를 입력하면 두 번째 글상자(오른쪽 글상자)에서부터 거꾸로 입력됩니다.

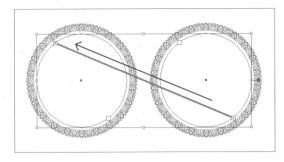
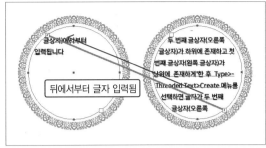

4. 별개의 글상자 연결하기

❶ 별개의 글상자를 연결해 줄 수 있습니다. 첫 번째 글상자에 담긴 글이 잘려 있고 두 번째 글상자는 비어 있습니다. 글자 툴로 ⊞표시와 두 번째 글상자의 ☐표시를 차례대로 클릭하면 ❷ 별개였던 글상자가 연결되고 글이 이어집니다.

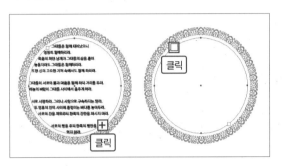
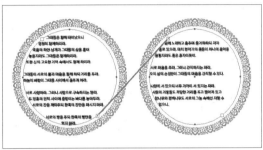

Text Warp

Text Warp은 글자와 오브젝트 사이에 간격을 줄 수 있는 기능입니다. [Object]–[Text Warp]–[Make] 메뉴를 선택하면 겹쳐 있던 글자가 오브젝트 테두리를 따라 밀려난 듯 배치됩니다. 일러스트와 글자를 함께 배치할 때 유용합니다.

1. 글자와 일러스트 사이에 간격 주기

❶ 글자 위에 일러스트를 놓습니다. ❷ 일러스트를 선택하고 [Object]–[Text Warp]–[Make] 메뉴를 선택하면 ❸ 글자가 일러스트 테두리를 따라 밀려납니다.

2. 글자와 일러스트 사이에 간격 조절 및 취소하기

[Object]-[Text Warp]-[Text Wrap Options] 메뉴를 선택하면 테두리를 따라 밀리는 간격을 조절할 수 있습니다. Text Wrap Options 창이 열리면 Offset 값을 입력하고 〈OK〉를 클릭합니다. 일러스트를 선택하고 [Object]-[Text Warp]-[Release] 메뉴를 선택합니다. 둘러싸기가 취소됩니다.

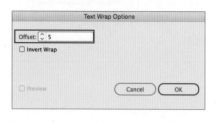

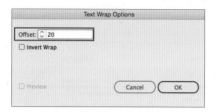
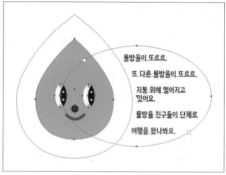

01 Ctrl+O를 눌러 'PART7_CHAPTER3_문단편집_시작.ai' 파일을 불러옵니다.

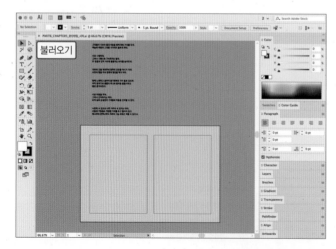

02 ❶선택 툴▶로 두 개의 사각형을 선택합니다. ❷[Type]-[Threaded Text]-[Create] 메뉴를 선택합니다. 사각형이 글상자로 변하고 서로 연결됩니다.

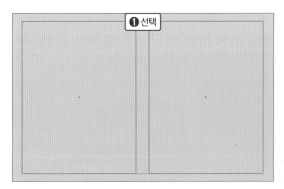

03 ❶아트보드 바깥 회색 바탕에 있는 '시'를 드래그한 후 `Ctrl`+`C`를 눌러 복사합니다. ❷글자 툴`T`로 첫 번째 글상자를 클릭한 후 `Ctrl`+`V`를 눌러 붙여 넣습니다.

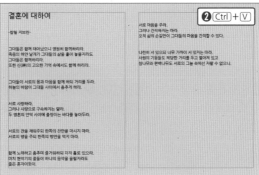

04 글자 폰트를 수정하겠습니다. ❶Character 패널에서 폰트를 '배달의 민족 연성'으로 설정합니다. ❷제목 크기를 키워주고, ❸작가이름 크기를 줄여줍니다.

NOTE ▶ 배달의 민족 연성체 다운로드

예제에서 사용한 폰트는 '우아한 형제'에서 만든 배달의 민족 연성체입니다. 시작파일을 열었을 때 연성체가 컴퓨터에 설치되어 있지 않으면 글자가 깨지거나 다른 글자체로 변환되어 나타납니다. 연성체는 누구나 자유롭게 다운받아 사용할 수 있습니다.

* 다운로드 주소 : http://www.woowahan.com/

01 문단 패널을 이용하여 문장을 정렬하고 여백을 주겠습니다. ❶ 선택 툴▶로 왼쪽 글상자를 선택합니다.
❷ Paragraph 패널의 ▦ 옵션을 17pt로 설정합니다. 수치만큼 왼쪽으로 들여쓰기 됩니다.

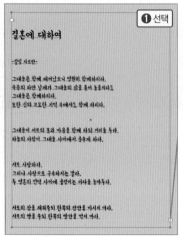
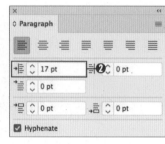
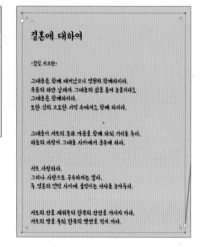

02 ❶ 선택 툴▶로 오른쪽 글상자를 선택합니다. ❷ Paragraph 패널에서 오른쪽 정렬 버튼▤을 클릭합니다.
❸ ▦ 옵션을 17pt로 설정합니다. 글이 오른쪽으로 정렬되고 수치만큼 오른쪽으로 들여쓰기 됩니다.

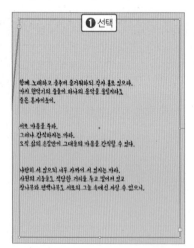
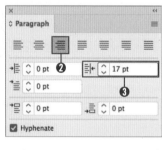
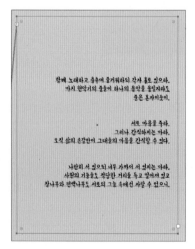

01 겹쳐진 글과 그림의 간격을 조절하여 그림 테두리에 따라 글을 밀어내보겠습니다. Layers 패널에서 [꽃오브제] 눈을 켜줍니다.

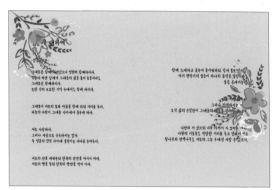

02 ❶[Object]–[Text Warp]–[Text Wrap Options] 메뉴를 선택하여 Text Wrap Options 창을 엽니다. ❷Offset을 10으로 입력한 후 ❸〈OK〉를 클릭합니다. 글 밀어내기 간격이 10으로 설정됩니다.

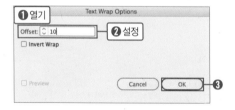

03 ❶선택 툴 로 상단에 있는 일러스트를 선택합니다. ❷[Object]–[Text Warp]–[Make] 메뉴를 클릭합니다. 일러스트 외곽에 공간이 생깁니다. 아직 글자가 밀려나지 않았습니다.

04 ❶Layers 패널에서 [L_flower] 레이어를 드래그하여 [본문 글] 레이어 안으로 드래그합니다. [본문 글] 레이어 안에 글과 일러스트가 함께 위치하게 되었습니다. 일러스트 테두리를 따라 글이 밀려납니다. ❷작가 이름과 '그대들은~' 사이를 Enter 를 여러 번 눌러 줄바꿈 합니다.

05 글이 점차적으로 밀려나 두 개의 문장이 오른쪽 글상자로 옮겨집니다. ❶문장을 드래그하여 선택한 후 ❷Paragraph 패널에서 오른쪽 정렬 버튼을 클릭합니다. ❸ 옵션을 17pt로 설정합니다. 수치만큼 오른쪽으로 들여쓰기 됩니다. ❹'함께 노래하고~' 앞에 커서를 놓은 후 ← 를 여러 번 눌러 문단 간격을 좁혀줍니다.

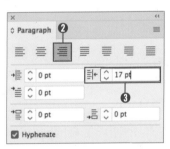
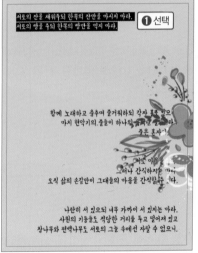

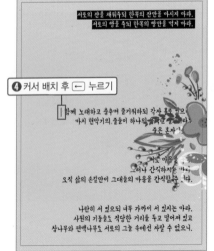
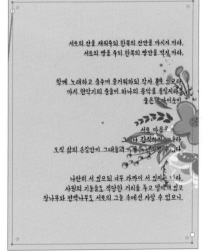

06 ❶ 선택 툴▶로 중앙에 있는 일러스트를 선택합니다. ❷ [Object]-[Text Warp]-[Make] 메뉴를 클릭합니다. 일러스트 외곽에 공간이 생깁니다. 아직 글자가 밀려나지 않았습니다.

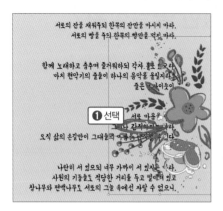
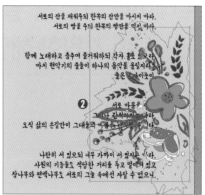

07 Layers 패널에서 [R_flower] 레이어를 드래그하여 [본문 글] 레이어 안으로 드래그합니다. [본문 글] 레이어 안에 글과 일러스트가 함께 위치하게 되었습니다. 일러스트 테두리를 따라 글이 밀려납니다.

08 일러스트와 글이 전체적으로 잘 어울리도록 문단의 폭을 비슷하게 맞춰주는 것이 좋습니다. ⊟와 ⊡를 눌러 행 간격과 글자 수를 맞춰줍니다. 한편의 시가 있는 페이지 디자인이 완성되었습니다.

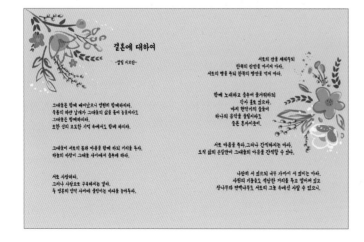

일러스트레이터 작업 중 발생한 돌발상황?
속 시원한 해답!

꼭 알아두면 좋을 유용한 팁 × 작업이 편해지는 특급 노하우

주위 사람들에게 물어봐도 속 시원한 대답을 얻지 못했던 것, 작업 중 발생한 돌발상황, 일러스트레이터 작업을 하면서 누구나 한번쯤 궁금해 했을 법한 상황들을 모았습니다. 정말 중요하지만 책에는 나오지 않았던 일러스트레이터 기능을 Q&A로 알려드립니다.

≫ 돌발상황 01 | 이전 단계로 돌아가거나 다시 실행하고 싶어요. 최종 저장한 상태로 되돌리고 싶어요.

작업 중인 파일을 이전으로 되돌리려면 Ctrl+Z를 누릅니다. Ctrl+Z를 누를 때마다 계속 이전 단계로 돌아갑니다. 작업 중인 파일을 다시 실행하려면 Shift+Ctrl+Z를 누릅니다. Shift+Ctrl+Z를 누를 때마다 작업이 다시 실행됩니다. 여러 단계를 거쳐 작업한 파일이 마음에 들지 않아 최종 저장한 상태로 되돌리려면 [File]-[Revert](Ctrl+Alt+Z) 메뉴를 선택합니다. 안내창이 열리면 〈Revert〉를 클릭합니다.

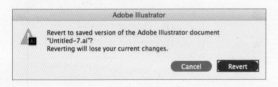

≫ 돌발상황 02 | 일러스트레이터 파일을 포토샵에서 열고 싶어요.

포토샵에서 ai 파일 열기

❶ 포토샵에서 [File]-[Open](Ctrl+O) 메뉴를 선택하여 ai 파일을 불러오면 Import PDF 창이 열립니다. 일러스트레이터에서 작업한 크기에 맞게 트리밍된 이미지가 비트맵으로 변환되어 불러와집니다. ❷ 오른쪽 옵션 창에서 Image Size(이미지 크기)와 Resolution(해상도)를 직접 입력하여 조절할 수 있습니다. ❸ 〈OK〉를 클릭하면 투명 배경을 가진 이미지로 열립니다.

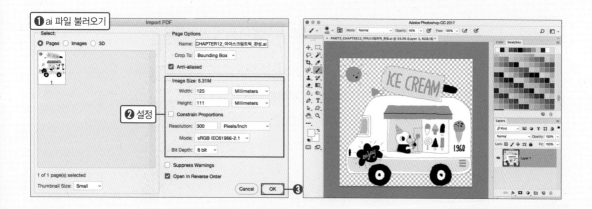

일러스트레이터에서 복사한 후 포토샵에서 붙여넣기

❶ 선택 툴▶로 오브젝트를 선택한 후 Ctrl+C를 눌러 복사합니다. ❷ 포토샵에서 [File]-[New](Ctrl+N) 메뉴를 선택하면 New Document창이 열립니다. 일러스트레이터에서 복사한 오브젝트의 크기에 맞게 가로, 세로 사이즈가 자동 설정되어 나타납니다. Width(가로)와 Height(세로), Resolution(해상도), Color Mode(컬러 모드) 등을 직접 입력하여 조절할 수 있습니다. ❹ 〈Create〉를 클릭하면 ❺ 흰 배경을 가진 도큐먼트가 만들어집니다. ❻ Ctrl+V를 누르면 Paste 창이 열립니다. ❼ Pixels를 선택한 후 ❽ 〈OK〉을 클릭합니다. ❾ 일러스트레이터에서 복사한 오브젝트가 붙여넣기 됩니다. Enter를 눌러 고정하면 바운딩 박스가 사라집니다.

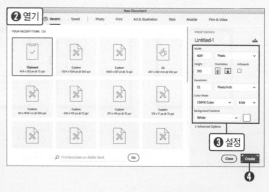

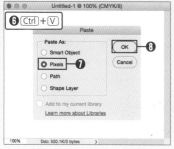

421

마우스 커서 모양이 이상할 때

Caps Lock 이 눌러져 있으면 마우스 커서 모양이 X, ⊞으로 보일 수 있습니다. Caps Lock 을 한번 더 누르면 마우스 커서 모양이 원 상태로 돌아옵니다.

마우스 움직임이 끊어질 때

마우스의 움직임이 딱딱 끊어지지 않고 부드럽게 하려면 [View]-[Snap to Point] 메뉴(격자에 맞추어 움직이기)와 [View]-[Snap to Grid] 메뉴(그리드에 맞추어 움직이기)를 선택하여 체크를 풀어줍니다.

≫ 돌발상황 **04** │ **마우스 커서를 움직일 때 이상한 글자와 컬러 선이 나타나요.**

오브젝트 주변에 anchor, center, path, handle 등과 같은 글자와 컬러 선이 나타날 때가 있습니다. 글자는 일러스트레이터 작업을 편하게 할 수 있도록 도와주는 글자입니다. 컬러 선은 오브젝트 간의 수직, 수평, 간격을 표시해 주는 가이드입니다. 일러스트레이터를 처음 사용하는 분들에게 이러한 스마트 가이드가 도움이 될 수 있습니다. 감추고 싶으면 [View]-[Smart Guide](Ctrl + U) 메뉴를 선택합니다.

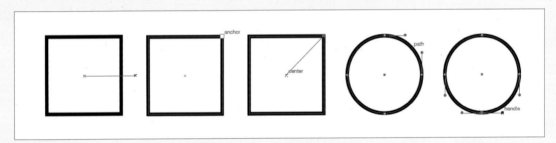

≫ 돌발상황 **05** │ **패스와 기준점이 안 보여요.**

오브젝트를 선택했을 때 패스와 기준점이 보이지 않을 수 있습니다. 패스와 기준점이 보이지 않으면 패스를 수정하여 모양을 편집할 수 없기 때문에 불편합니다. [View]-[Show Edges](Ctrl + H) 메뉴를 선택하면 보이지 않던 패스와 기준점이 나타납니다. 패스와 기준점은 항상 보이게 하는 것이 좋습니다.

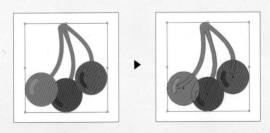

바운딩 박스가 안 보일때

오브젝트를 선택했을 때 바운딩 박스가 보이지 않을 수 있습니다. [View]-[Show Bounding Box]([Shift]+[Ctrl]+[B]) 메뉴를 선택하면 바운딩 박스가 다시 나타납니다.

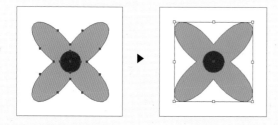

바운딩 박스 재설정

❶ 바운딩 박스 모서리를 드래그하여 오브젝트를 90° 회전하면 ❷ 바운딩 박스가 마름모꼴이 됩니다. ❸ 바운딩 박스가 마름모꼴일 때 오브젝트의 폭을 조절하면 일그러집니다. 이럴 때는 회전된 바운딩 박스를 사각형 모양으로 재설정하는 것이 좋습니다. ❹ [Object]-[Transform]-[Reset Bounding Box] 메뉴를 선택하면 바운딩 박스가 재설정됩니다.

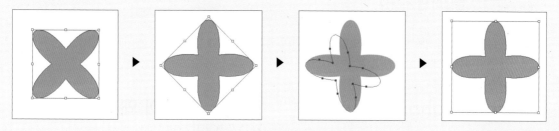

[Edit]-[Preferences]-[Units] 메뉴에서 측정 단위와 단위 값을 설정할 수 있습니다. Points, Picas, Inches, Millimeters, Centimeters, Pixels 단위 값 중에서 선택합니다.

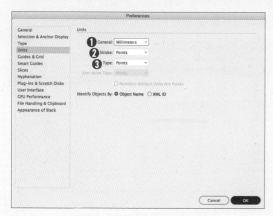

❶ **General** : 측정 단위를 설정합니다. 보통 'Millimeters'(mm) 또는 'Pixels'(px)로 선택합니다.

❷ **Stroke** : 선 굵기 단위를 설정합니다. 보통 'Points'(pt)로 선택합니다.

❸ **Type** : 글자 크기 단위를 설정합니다. 보통 'Points'(pt)로 선택합니다.

돌발상황 08 **원근감 투시 격자를 없애고 싶어요.**

툴 패널에서 원근감 격자 툴[■]을 선택하면 원근감 투시 격자가 화면에 나타납니다. 원근감 투시 격자를 없애려면 [View]-[Perspective Grid]-[Hide Grid] 메뉴를 선택하거나 원근감 격자 툴[■]을 선택한 후 3D cube박스의 닫기[■]를 클릭합니다.

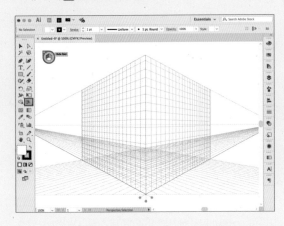

돌발상황 09 **한글이 안 써져요.**

[한/영]을 아무리 눌러도 한글이 입력되지 않고 영문만 입력되는 경우가 있습니다. [Alt]+[Shift]를 누른 채 마우스 커서가 깜박이는 부분을 클릭하면 한글이 입력됩니다.

> gksrmfdl dho dksTjwlfRk?| ▶   한글이 왜 안써질까?|
>
> [Alt]+[Shift] 누른 채 클릭

돌발상황 10 **브러시로 그림이 안 그려져요.**

브러시 툴[■]을 선택한 후 Brushes 패널에서 브러시를 선택하지 않으면 그림을 그릴 수 없습니다. 브러시를 선택하지 않으면 [⊘]가 화면에 나타납니다. Brushes 패널에서 브러시를 선택해야 그림을 그릴 수 있습니다.

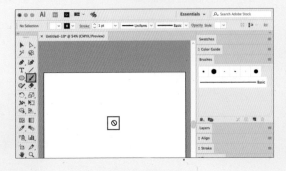

Layers 패널의 레이어가 잠겨져 있으면 그림을 그릴 수 없습니다. 잠금칸을 클릭하여 자물쇠를 풀어주면 브러 시로 그림을 그릴 수 있습니다.

새롭게 만든 브러시를 다음에도 꺼내 쓰고 싶으면 브러시 라이브러리로 저장해두는 것이 좋습니다. ❶Brushes 패널에 원하는 브러시를 모아 구성한 후 상단의 보조버튼▤을 눌러 ❷Save Brush Library 메뉴를 선택합니 다. ❸Save Brushes as Library 창이 열리면 브러시 이름을 정한 후 ❹〈저장〉을 클릭합니다. ❺저장을 마친 후 [Window]-[Brush Libraries]-[User Defined] 메뉴 안에 저장한 브러시 라이브러리를 선택합니다. 라이 브러리 창이 열립니다.

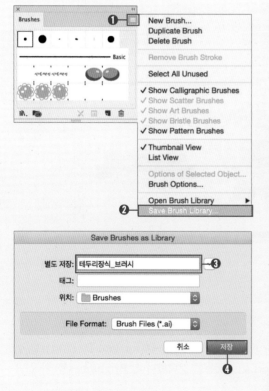
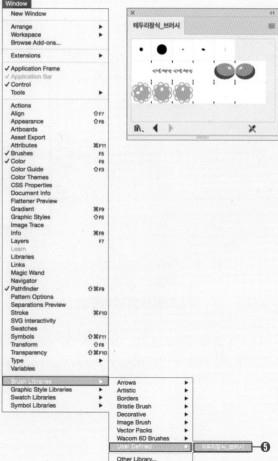

돌발상황 12 | 오브젝트를 잠시 숨기고 싶어요.

숨기고 싶은 오브젝트를 선택한 후 Ctrl + 3 을 누릅니다. 오브젝트가 사라지면서 Layers 패널의 눈이 꺼집니다. 숨긴 오브젝트 모두를 다시 표시하고 싶으면 Ctrl + Alt + 3 을 누릅니다.

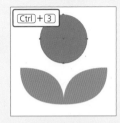 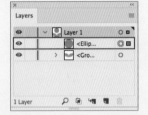  

돌발상황 13 | 작업 중 아트보드 크기 및 단위를 바꾸고 싶어요.

클라이언트의 요구로, 컨셉 수정을 이유로 작업 중 아트보드 크기를 수정해야 할 때가 종종 있습니다. ❶이런 경우 [File]-[Document Setup](Ctrl + Alt + P) 메뉴를 선택하거나 상단 옵션바에 위치한 Document Setup 버튼을 클릭합니다. ❷Document Setup 창이 열리면 Units 항목에서 단위를 선택할 수 있습니다. ❸오른쪽 상단의 〈Edit Artboards〉를 클릭하면 아트보드 크기를 수정할 수 있는 화면으로 바뀝니다. ❹조절점을 드래그하여 아트보드 크기를 조절합니다.

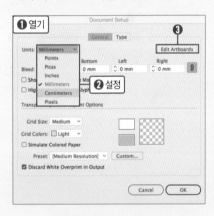 

돌발상황 14 | 작업화면을 밝게 바꾸고 싶어요.

작업화면을 밝게 바꾸고 싶으면 Mac 사용자는 [Illustrator CC]-[Preference]-[User Interface] 메뉴를 선택합니다. PC 사용자는 [Edit]-[Preference]-[User Interface] 메뉴를 선택합니다. Brightness를 '가장 밝은 회색'으로 선택하고 〈OK〉를 클릭합니다.

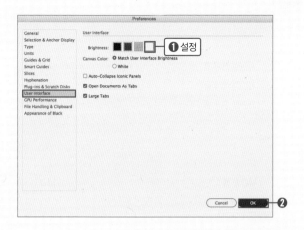

일러스트레이터에서는 3.13%까지 화면을 줄이고, 64000%까지 화면을 키울 수 있습니다. 화면이 너무 작아졌거나 너무 커졌다면 작업하기가 불편합니다. 화면 하단의 화면 비율을 클릭하여 Fit On Screen으로 설정합니다([Ctrl]+[Alt]+[0]).

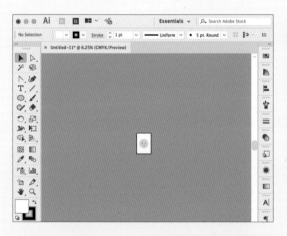

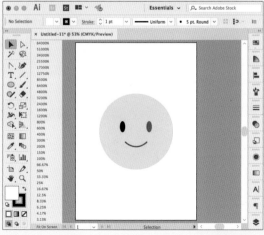

파일 단축키	▶ 새로 만들기	`Ctrl`+`N`
	▶ 열기	`Ctrl`+`O`
	▶ 저장하기	`Ctrl`+`S`
	▶ 다른 이름으로 저장하기	`Shift`+`Ctrl`+`S`
	▶ 가져오기	`Shift`+`Ctrl`+`P`
	▶ 인쇄하기	`Ctrl`+`P`
	▶ 종료하기	`Ctrl`+`Q`
편집 단축키	▶ 실행 취소하기	`Ctrl`+`Z`
	▶ 재실행하기	`Shift`+`Ctrl`+`Z`
	▶ 오리기	`Ctrl`+`X`
	▶ 복사하기	`Ctrl`+`C`
	▶ 붙이기	`Ctrl`+`V`
	▶ 앞에 붙이기	`Ctrl`+`F`
	▶ 뒤에 붙이기	`Ctrl`+`B`
	▶ 제자리에 붙이기	`Shift`+`Ctrl`+`V`
	▶ 키보드 단축키 지정하기	`Alt`+`Shift`+`Ctrl`+`K`
	▶ 환경 설정하기	`Ctrl`+`K`
오브젝트 단축키	▶ 변형 반복하기	`Ctrl`+`D`
	▶ 맨 앞으로 가져오기	`Shift`+`Ctrl`+`]`
	▶ 앞으로 가져오기	`Ctrl`+`]`
	▶ 뒤로 보내기	`Ctrl`+`[`
	▶ 맨 뒤로 보내기	`Shift`+`Ctrl`+`[`
	▶ 그룹 설정하기	`Ctrl`+`G`
	▶ 그룹 풀기	`Shift`+`Ctrl`+`G`
	▶ 잠금 설정하기	`Ctrl`+`2`
	▶ 모든 잠금 풀기	`Alt`+`Ctrl`+`G`
	▶ 숨기기	`Ctrl`+`3`
	▶ 모두 표시하기	`Alt`+`Ctrl`+`3`
	▶ 패스 연결하기	`Ctrl`+`J`
	▶ 클리핑 마스크 만들기	`Ctrl`+`7`
	▶ 클리핑 마스크 풀기	`Alt`+`Ctrl`+`7`
선택, 이동 단축키	▶ 모두 선택하기	`Ctrl`+`A`
	▶ 활성 대지 모두 선택하기	`Alt`+`Ctrl`+`A`
	▶ 선택 취소하기	`Shift`+`Ctrl`+`A`
	▶ 재선택하기	`Ctrl`+`6`
	▶ 다음 오브젝트 위로 이동하기	`Alt`+`Ctrl`+`]`
	▶ 다음 오브젝트 아래로 이동하기	`Alt`+`Ctrl`+`[`

보기 관련 단축키	▶ 확대하기	`Ctrl` + `+`
	▶ 축소하기	`Ctrl` + `-`
	▶ 윈도우 대지 맞추기	`Ctrl` + `0`
	▶ 윈도우 모두 맞추기	`Alt` + `Ctrl` + `0`
	▶ 실제 크기로 보기	`Ctrl` + `1`
	▶ 가장자리 표시/숨기기	`Ctrl` + `H`
	▶ 대지 표시/숨기기	`Shift` + `Ctrl` + `H`
	▶ 템플릿 숨기기	`Shift` + `Ctrl` + `W`
	▶ 눈금자 표시/숨기기	`Ctrl` + `R`
	▶ 전체 눈금자로 변경하기	`Alt` + `Ctrl` + `R`
	▶ 바운딩 박스 표시/숨기기	`Shift` + `Ctrl` + `B`
	▶ 투명 격자 표시하기	`Shift` + `Ctrl` + `D`
	▶ 안내선 숨기기	`Ctrl` + `;`
	▶ 안내선 잠그기	`Alt` + `Ctrl` + `;`
	▶ 안내선 만들기	`Ctrl` + `5`
	▶ 안내선 잠금 해제하기	`Alt` + `Ctrl` + `5`
	▶ 격자에 물리기	`Shift` + `Ctrl` + `"`
	▶ 점에 물리기	`Alt` + `Ctrl` + `"`
패널 표시에 관한 단축키	▶ Align 패널 표시/숨기기	`Shift` + `F7`
	▶ Brushes 패널 표시/숨기기	`F5`
	▶ Color 패널 표시/숨기기	`F6`
	▶ Color Guide 패널 표시/숨기기	`Shift` + `F3`
	▶ Gradient 패널 표시/숨기기	`Shift` + `F9`
	▶ Layers 패널 표시/숨기기	`F7`
	▶ Pathfinder 패널 표시/숨기기	`Shift` + `Ctrl` + `F9`
	▶ Stroke 패널 표시/숨기기	`Ctrl` + `F10`
	▶ Symbols 패널 표시/숨기기	`Shift` + `Ctrl` + `F11`
	▶ Transform 패널 표시/숨기기	`Shift` + `F8`
	▶ Transparency 패널 표시/숨기기	`Shift` + `Ctrl` + `F10`
	▶ Character 패널 표시/숨기기	`Ctrl` + `T`
	▶ Paragraph 패널 표시/숨기기	`Alt` + `Ctrl` + `T`